Statistische Datenanalyse

Unter Berücksichtigung von Stichproben-,
Apriori- und Schadeninformationen

von

Gerhard Marinell

und

Gabriele Steckel-Berger

R. Oldenbourg Verlag München Wien

Bibliografische Information der Deutschen Nationalbibliothek

Die Deutsche Nationalbibliothek verzeichnet diese Publikation in der Deutschen
Nationalbibliografie; detaillierte bibliografische Daten sind im Internet über
<http://dnb.d-nb.de> abrufbar.

© 2007 Oldenbourg Wissenschaftsverlag GmbH
Rosenheimer Straße 145, D-81671 München
Telefon: (089) 45051-0
oldenbourg.de

Lektorat: Wirtschafts- und Sozialwissenschaften, wiso@oldenbourg.de
Herstellung: Anna Grosser
Satz: DTP-Vorlagen des Autors
Coverentwurf: Kochan & Partner, München
Gedruckt auf säure- und chlorfreiem Papier
Druck: Grafik + Druck, München
Bindung: Thomas Buchbinderei GmbH, Augsburg

ISBN 978-3-486-58201-7

VORWORT

Ein Unternehmer, der ein neues Produkt bestellen will, kann sich bei der Bestellmenge auf die Ergebnisse seiner Marktforschungsabteilung verlassen, die die Kaufbereitschaft für das neue Produkt in einer Stichprobenbefragung der potentiellen Kunden erfasst hat. Die klassische Statistik (u. a. von Jerzy Neyman, 1894 – 1981, und Egon Pearson, 1895 – 1980, entwickelt) bietet hier die Basis für die Bestimmung des besten Schätzwertes.

Wenn der Unternehmer auch sein Vorwissen aus früheren Jahren über die Einführung neuer Produkte bei dieser Schätzung der Bestellmenge berücksichtigen will, dann muss er auf die Bayes'sche Statistik (benannt nach Thomas Bayes, 1702 -1761) zurückgreifen. In dieser werden Stichprobeninformationen und Informationen aus fundiertem Vorwissen zu Posterioriinformationen verknüpft, die nun die Basis für einen besten Schätzwert bilden.

Schließlich kann er auch noch sein Wissen über den Einkaufspreis und Verkaufspreis des neuen Produktes bei der Schätzung einbeziehen. Wenn er zu viel bestellt, dann muss er mit einem finanziellen Verlust rechnen, wenn er zu wenig anfordert, dann mit einem entgangenen Gewinn. Er wird daher einen Schätzwert für die Bestellmenge suchen, bei der der erwartete Verlust (bzw. entgangene Gewinn) ein Minimum ist. Das dazu nötige Werkzeug findet er im Wald Modell der entscheidungsorientierten Statistik (benannt nach Abraham Wald, 1902 -1950).

Nicht nur für Schätzverfahren ist die berücksichtigte Informationsmenge das Kriterium für die Wahl des geeigneten Modells, auch für die Testverfahren ist sie von entscheidender Bedeutung. Ein Unternehmer wird ein neues Produkt nur dann produzieren, wenn der erwartete Marktanteil über dem Break-even-point, der Gewinnschwelle liegt. In der klassischen Statistik wird dieses Problem mit Hilfe eines Signifikanztests gelöst. Auf Grund einer Stichprobenbefragung der potentiellen Kunden wird festgestellt, ob der erwartete Marktanteil signifikant größer ist als der mit Hilfe der Kostenrechnung bestimmte Break-even-point. Wenn z. B. nur in 5 von 100 Fällen zu erwarten ist, das der Stichprobenanteil der potentiellen Käufer über dem Break-even-point liegt, obwohl in Wirklichkeit nicht ausreichend viele Kunden das neue Produkt kaufen werden, dann wird dem Unternehmer empfohlen, das neue Produkt einzuführen.

Wird wiederum das Vorwissen des Unternehmers als Information berücksichtigt, dann kann man dies im Bayes Modell einbeziehen und jene Aktion wählen (Produkteinführung oder Nichteinführung), die die größere Wahrscheinlichkeit hat. Im Wald Modell wird der Unternehmer noch zusätzlich beachten, mit welchen Verlusten er zu rechnen hat, wenn er das neue Produkt einführt und es ein Flop wird oder wenn er auf die Einführung verzichtet, obwohl genügend Käufer dafür vorhanden sind.

Für eine Stichprobe sowie zwei Stichproben (unabhängig, abhängig, Zusammenhang) werden die entsprechenden Verfahren an rechnerisch leicht nachvollziehbaren Beispielen gezeigt. Dabei steht nicht die mathematische Ableitung der Verfahren im Vordergrund, sondern die richtige und adäquate Anwendung der Formeln und der daraus folgenden zutreffenden Interpretation der Ergebnisse.

Schätz- und Testverfahren für quantitative und qualitative Merkmale werden für die drei Modelle im ersten Teil erörtert. Im zweiten Teil werden die Formeln für die entsprechenden Stichprobenumfänge dargestellt. Wie viele potentiellen Kunden soll der Unternehmer befragen lassen, um einen Schätzwert für die Bestellmenge eines neuen Produktes zu erhalten oder um zu entscheiden, ob er überhaupt ein neues Produkt am Markt einführen soll? Im klassischen Modell spielt u. a. die Genauigkeit der Schätzung für den notwendigen Stichprobenumfang eine wichtige Rolle, nicht aber die Erhebungskosten für die Befragung. Diese sind im Wald Modell von wesentlicher Bedeutung. Je größer die Kosten der Befragung im Vergleich zum Informationsstand vor der Erhebung, umso geringer wird der optimale Stichprobenumfang ausfallen. Im klassischen und Bayes Modell werden die Erhebungskosten für die Berechnung des optimalen Stichprobenumfanges weder bei Schätz- noch Testverfahren beachtet.

Das klassische, Bayes und Wald Modell haben für die statistische Datenauswertung die größte praktische Bedeutung erlangt. Weitere Inferenztheorien zur Datenauswertung wie die Likelihoodinferenz, Fiduzialinferenz oder die Theorie unsicherer Daten findet man in der Literatur.

Die Autoren haben für die drei Modelle ein anwenderfreundliches Softwarepaket für Mathcad 13 programmiert, das zum Download von der Homepage

http://homepage.uibk.ac.at/~c40314/default.htm

zur Verfügung steht (Mathcad ist ein eingetragenes Warenzeichen von MathSoft, Inc. 101 Main Street Cambridge, MA 02142 USA). Die Software ist in gepackter Form unter der Bezeichnung „StatMod.zip" zu finden.

Innsbruck, September 2006   Gerhard Marinell, Gabriele Steckel-Berger

Inhaltsverzeichnis

1_0 EINE STICHPROBE

a) Skalierung

Für die neue Spielkonsole Yoki soll der Käufermarkt untersucht werden, der circa 100000 potentielle Kunden umfasst. Jeder Teil dieser Grundgesamtheit ist eine Stichprobe. Für die Anwendung statistischer Verfahren, die in diesem Buch behandelt werden, muss man voraussetzen, dass die Stichproben so genannte Zufallsstichproben sind. Der einfachste Fall einer Zufallsstichprobe liegt vor, wenn jeder potentielle Kunde der Spielkonsole Yoki die gleiche Chance hat, in die Stichprobe zu gelangen.

Bei einer Werbeveranstaltung für die neue Spielkonsole Yoki wurde den 30 (zufällig ausgewählten) potentiellen Kunden die Frage gestellt, ob sie die Spielkonsole Yoki kaufen werden. Die Zahl 30 wird als Stichprobenumfang n bezeichnet und die Auszählung der Befragten nach den Antworten "Ja", "Nein" und "Weiß nicht" als Stichprobenverteilung.

Die Antworten sind nominal skaliert. Zwischen "Ja", "Nein" und "Weiß nicht" besteht keine Rangfolge und noch weniger die Möglichkeit, eine Antwort als das Vielfache einer anderen auszudrücken.

Von ordinaler Skalierung spricht man z. B. bei den Antworten sehr gut, gut, mittelmäßig, schlecht und sehr schlecht auf die Frage "Wie beurteilen Sie die Handlichkeit der neuen Spielkonsole Yoki?"

"Wie alt sind Sie (in Jahren)?" ist eine metrisch skalierte Frage. Hier werden keine Antworten vorgegeben, sie sind selbsterklärend. Die Antworten sind metrisch skaliert, da zwischen ihnen sinnvolle Verhältnisse gebildet werden können. 40 Jahre alt ist doppelt so alt wie 20 Jahre.

Für die Auswertung werden die Fragen kodiert. So werden z. B. die Antworten auf die Frage "Werden Sie die Spielkonsole Yoki kaufen?" mit 1 (= Ja), 2 (= Nein) und 3 (=Weiß nicht) kodiert. Die Beurteilung der Handlichkeit wird mit 1 (= sehr gut), 2 (= gut), ..., 5 (= sehr schlecht) ausgedrückt. Nur bei einer metrisch skalierten Frage wie Alter, ist keine Codierung erforderlich. Hier stimmt die Antwort mit der "Codierung" überein.

Wozu dient diese Einteilung der Stichprobenverteilungen in nominal, ordinal oder metrisch skaliert? Die Skalierung ist für die Auswahl des geeigneten Verfahrens relevant, um von der Stichprobe auf die Grundgesamtheit zu schließen. Jedes statistisches Verfahren setzt eine bestimmte Skalierung der Antworten auf eine Frage voraus.

b) Schätzverfahren

Klassische Schätzverfahren

Von den 30 zufällig ausgewählten potentiellen Käufern der Spielkonsole Yoki gaben 15 an, dass sie die Spielkonsole kaufen werden, das sind 50% der Befragten. Kann man auf Grund dieses Stichprobenergebnisses annehmen, dass auch in der Grundgesamtheit aller potentiellen Kunden 50% die Spielkonsole kaufen werden?

Sicher nicht. Es ist sehr unwahrscheinlich, dass in der Grundgesamtheit auch genau 50% die Spielkonsole kaufen werden. Es ist aber zu erwarten, dass der Prozentsatz der Käufer in der Nähe von 50% liegt. Was in der Nähe von 50% genau heißt, kann man mit Hilfe eines so genannten Konfidenzintervalls präzisieren.

So kann man z. B. mit einem Vertrauen von 95% erwarten, dass der unbekannte Käuferanteil in der Grundgesamtheit der 100000 potentiellen Kunden zwischen 31% und 69% liegt.

Wie kommt man zu diesem Ergebnis? Man unterscheidet zwei Arten von Verfahren: Punktschätzungen und Intervallschätzungen. Bei einer Punktschätzung wird für den zu schätzenden Anteilswert an Hand der Stichprobenergebnisse lediglich ein einziger Schätzwert (Punktschätzwert) bestimmt (hier also 0.50), oder ein Intervall, in dem der unbekannte Anteilswert der Grundgesamtheit liegt. Beide Verfahren unterscheiden sich vor allem dadurch, dass das Vertrauen fast Null ist, dass der Punktschätzwert aus der Stichprobe mit dem entsprechenden unbekannten Wert in der Grundgesamtheit übereinstimmt. Beim Konfidenzintervall kann man hingegen mit einem vorgegebenen Vertrauen (z. B. 95%) berechnen, innerhalb welcher Grenzen der unbekannte Anteil in der Grundgesamtheit zu erwarten ist.

Diese statistische Verfahren nennt man Schätzverfahren: An Hand einer Stichprobe wird ein Schätzwert sowie ein Konfidenzintervall für einen unbekannten Prozentsatz in der Grundgesamtheit bestimmt. Diese Verfahren werden für verschiedene Maßzahlen und Skalierungen im Abschnitt "Eine Stichprobe" behandelt.

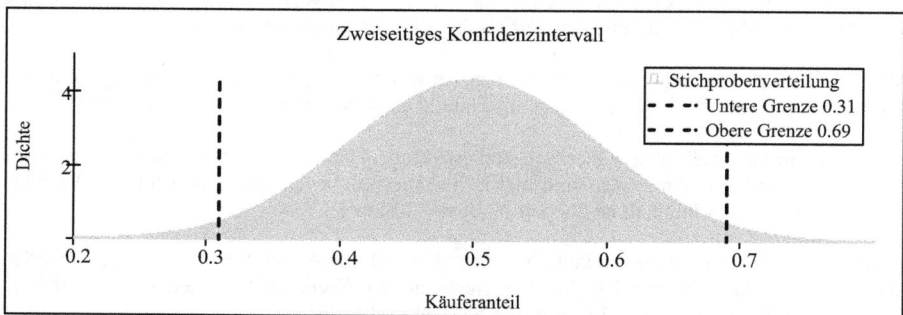

Will man nur wissen, mit welchem Käuferprozentsatz man beim gleichen Vertrauen von 95% höchstens rechnen kann, dann berechnet man kein zweiseitig begrenztes Konfidenzintervall, sondern ein einseitig begrenztes. Bei "höchstens" ist das Intervall rechtsseitig begrenzt durch 66%. Mit einem Vertrauen von 95% kann man den unbekannten Anteil der Käufer in der Grundgesamtheit höchstens zwischen 0% und 66% erwarten. Dass mehr als 66% Käufer in der Grundgesamtheit sind, hat nur eine Wahrscheinlichkeit von 5%.

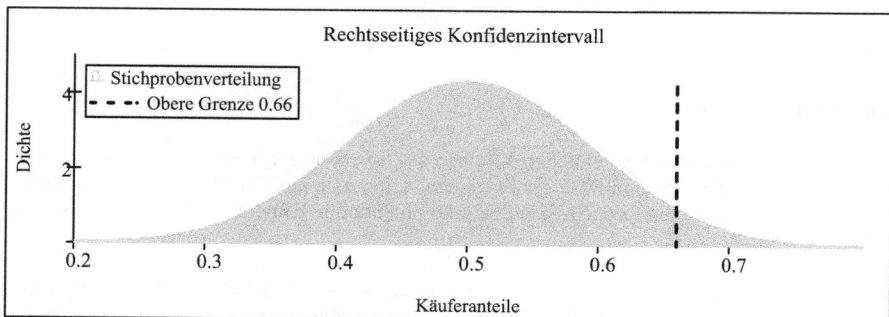

Neben den rechtsseitig begrenzten Konfidenzintervallen gibt es auch die linksseitig begrenzten. Sie entsprechen der Frage: Mit welchen Käuferprozentsatz kann ich bei einem Vertrauen von 95% in der Grundgesamtheit aller potentiellen Käufer mindestens rechnen? Hier ist das Konfidenzintervall linksseitig begrenzt durch 34% und rechts durch 100%. Dass weniger als 34% die Spielkonsole Yoki kaufen werden, hat nur eine Wahrscheinlichkeit von 5%.

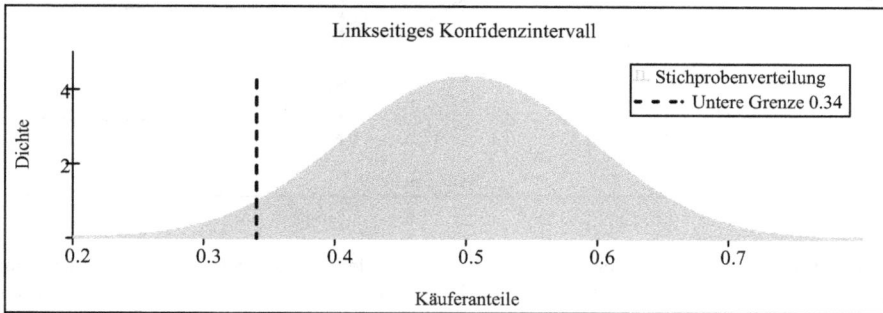

Warum bezeichnet man das Konfidenz- (oder Vertrauens-) Intervall nicht als Wahrscheinlichkeitsintervall? Warum kann man nicht sagen: "Der unbekannte Prozentsatz der Grundgesamtheit liegt mit einer Wahrscheinlichkeit von 95% innerhalb bestimmter Grenzen"? Man will mit der Bezeichnung darauf hinweisen, dass der unbekannte Prozentsatz der Grundgesamtheit natürlich mit einer Wahrscheinlichkeit von 0 oder 100% innerhalb der Grenzen eines konkret berechneten Intervalls liegt, man weiß es nur nicht. Auf lange Sicht werden aber z. B. 95 von 100 so berechnete Intervalle den wahren unbekannten Prozentsatz der Grundgesamtheit überdecken, 5 von 100 aber nicht.

Bayes Schätzverfahren

Beim Bayes'schen Schätzverfahren werden nicht nur Stichprobeninformationen zum Schätzen verwendet, sondern auch Informationen, die man vor der Erhebung einer Stichprobe schon hat. Diese so genannten Prioriinformationen können frühere Stichprobenerhebungen sein oder aber auch subjektive Einschätzungen der unbekannten Parameter auf Grund von Erfahrung oder Fachwissen. Diese Prioriinformationen werden mit den Stichprobeninformationen zur Posterioriverteilung verknüpft, die die Basis für die Schätzungen im Bayes-Modell bildet.

Wenn man mit diesem Modell ein Intervall für den unbekannten Prozentsatz der Spielkonsolenkäufer sucht, dann berechnet man nicht ein Konfidenzintervall sondern ein Wahrscheinlichkeitsintervall mit Hilfe der Posterioriverteilung dieses unbekannten Prozentsatzes: "Der unbekannte Prozentsatz der Grundgesamtheit liegt mit einer Wahrscheinlichkeit von 95% innerhalb bestimmter Grenzen". Diese Aussage ist im Bayes-Modell möglich, da ein unbekannter Parameter der Grundgesamtheit keine fixe Größe ist wie im klassischen Modell, sondern eine wahrscheinliche Größe mit einer Posterioriwahrscheinlichkeitsverteilung.

Weiß man z. B., dass bei der Einführung der Spielkonsole in einem Nachbarland 40% der potentiellen Käufer dieses Produkt gekauft haben, dann kann man diese Prioriinformation bei der Berechnung eines Schätzintervalls für den unbekannten Käuferanteil berücksichtigen. Wenn man der Ansicht ist, dass diese Information einer hypothetischen Stichprobe von 15 Befragten entspricht, dann kommt man zur Aussage: "Der unbekannte Prozentsatz der Spielkonsolenkäufer liegt mit einer Wahrscheinlichkeit von 95% innerhalb der Untergrenze von 32 und der Obergrenze von 61%.

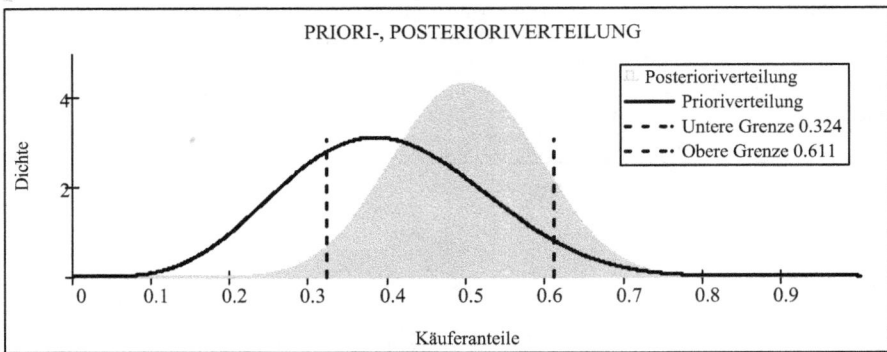

Auch im Hinblick auf Punktschätzungen bestehen zwischen dem klassischen Modell und dem Bayes-Modell grundlegende Unterschiede. Im klassischen Modell hängt die Punktschätzung von der Präferenz für eine oder mehrere der zahlreichen Güteeigenschaften ab, die die einzelnen Schätzfunktionen aufweisen, im Bayes-Modell wird der wahrscheinlichste Wert der Posterioriverteilung als Schätzwert genommen. Im Beispiel der Spielkonsole ist der beste Schätzwert für den unbekannten Käuferanteil der Modus der Posterioriverteilung. Dies sind 46.5%.

Wald Schätzverfahren

Die Vorgabe eines Konfidenzniveaus zur Berechnung eines Konfidenzintervalls im klassischen Schätzverfahren oder der Wahrscheinlichkeit für ein Wahrscheinlichkeitsintervall im Bayes-Modell sind üblicherweise konventionell festgelegte Niveaus oder Wahrscheinlichkeiten. Meist berechnet man ein 95% Konfidenzintervall, seltener ein 99% Intervall. Diese Vorgehensweise ist gerechtfertigt, wenn man keine Informationen über die möglichen Schäden einer Fehlschätzung hat. Weiß man jedoch über die Schäden Bescheid, die entstehen, wenn das Konfidenzintervall den wahren Parameter z. B. nicht überdeckt, dann ist es angebracht, das Schätzintervall so zu bestimmen, dass der erwartete Schaden minimal ist.

Das gleiche Prinzip gilt auch für die Bestimmung eines besten Schätzwertes. Nicht die möglichen Güteeigenschaften sind das Auswahlkriterium für eine beste Schätzfunktion. Man bestimmt den Schätzwert für einen unbekannten Parameter der Grundgesamtheit so, dass sein Schadenerwartungswert minimal wird.

Im Rahmen einer weihnachtlichen Sonderpreisaktion der Spielkonsolenimportfirma will sich z. B. ein Händler mit Spielkonsolen für das Weihnachtsgeschäft eindecken. Die Spielkonsole die im Einkauf 150 Geldeinheiten kostet, kann er um 200 Geldeinheiten verkaufen. Nach Weihnachten kann er die nichtverkauften Spielkonsolen um 50 Geldeinheiten pro Stück zurückgeben. Wie viele Spielkonsolen soll er auf Lager nehmen, wenn er ca. 1000 Kunden erwartet und die oben angeführten Stichprobenergebnisse und Prioriinformationen kennt? Soll er an Hand der Stichprobeninformationen schließen, dass 50% der potentiellen Käufer die Spielkonsole kaufen und 500 Stück auf Lager nehmen oder soll er die Prioriinformationen mitberücksichtigen und 46.5% Käufer annehmen und daher 465 Stück einlagern?

Der Händler wird 434 Spielkonsolen auf Lager nehmen, wenn er neben den Stichproben- und Prioriinformationen auch die möglichen entgangenen Gewinne und Kosten berücksichtigt die entstehen, wenn er zu wenig Konsolen bestellt oder zu viel Stück einkauft. Im entscheidungsorientierten Schätzmodell werden neben den Stichproben- und Prioriinformationen auch die Schäden möglicher Fehlentscheidungen berücksichtigt.

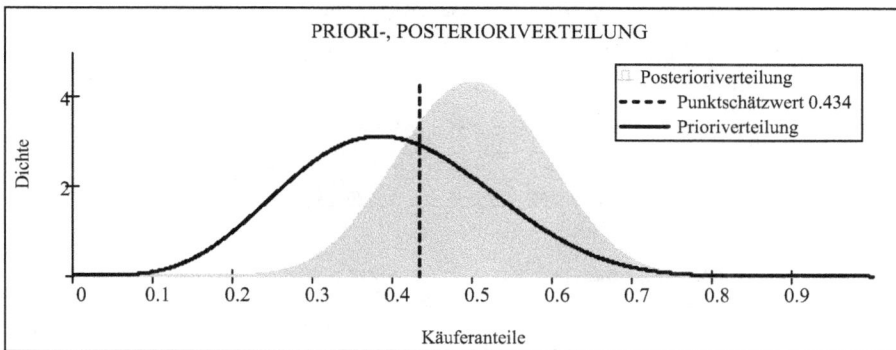

PRIORI-, POSTERIORIVERTEILUNG

Im Wald-Modell werden die gängigsten Schadenfunktionen berücksichtigt nämlich die konstante, lineare und quadratische Schadenfunktion.

c) Testverfahren

Klassische Testverfahren

Auf Grund der Kostenrechnung weiß der Produzent der Spielkonsole Yoki, dass mindestens 40% der potentiellen Käufer seine Spielkonsole kaufen müssen, um in die Gewinnzone zu gelangen. Von den zufällig ausgewählten 30 Besuchern einer Werbeveranstaltung haben 15 angegeben, dass sie die Spielkonsole kaufen werden. Kann der Produzent daraus schließen, dass mehr als 40% aller potentiellen Kunden seine Spielkonsole kaufen? Diese Frage wird mit Hilfe eines geeigneten Testverfahrens geklärt.

Zuerst werden die möglichen Annahmen über die Grundgesamtheit in Form von Hypothesen formuliert. Als Nullhypothese nimmt man an, dass der Anteil der Spielkonsolenkäufer in der Grundgesamtheit aller potentiellen Käufer höchstens 40% beträgt. Dies drückt man formal wie folgt aus:

H_0: $\pi \leq 0.4$.

π ist der unbekannte Anteil der Spielkonsolenkäufer in der Grundgesamtheit und 0.4 der oben erwähnte Break-even-point des Produzenten. Eine Alternative zu dieser Nullhypothese ist die Annahme, dass dieser unbekannte Anteil π größer als der Break-even-point ist:

H_1: $\pi > 0.4$.

An Hand der Ergebnisse obiger Stichprobe entscheidet man sich für die Annahme oder Ablehnung der Null- oder Alternativhypothese. Folgende Konsequenzen können bei dieser Entscheidung auftreten: Entscheidet man sich für die Annahme der Nullhypothese, dann kann dies die richtige Entscheidung sein. Der Käuferanteil in der Grundgesamtheit aller Käufer ist kleiner oder gleich 40%. Wenn es die falsche Entscheidung war, wenn also der Käuferanteil in Wirklichkeit größer als 40% ist, dann ist dies eine Fehlentscheidung, die als Fehler 2. Art oder β–Fehler bezeichnet wird.

Wird auf Grund der Stichprobenergebnisse die Alternativhypothese angenommen, dann kann auch dies die richtige Entscheidung sein, wenn der Käuferanteil in der Grundgesamtheit tatsächlich größer ist als der

Break-even-point von 40%. Ist aber in Wirklichkeit der Käuferanteil über 40%, dann liegt wieder eine Fehlentscheidung vor, die als Fehler 1. Art oder α-Fehler bezeichnet wird. Der Unternehmer muss in diesem Fall mit einem entgangenen Gewinn rechnen. In folgender Übersicht sind diese vier Möglichkeiten nochmals zusammengefasst:

FEHLERARTEN	RICHTIG H_0	RICHTIG H_1
ANNAHME VON H_0	Richtige Entscheidung	Fehler 2. Art oder β-Fehler
ANNAHME VON H_1	Fehler 1. Art oder α-Fehler	Richtige Entscheidung

Beim Signifikanztest berücksichtigt man nur den α-Fehler (oder Fehler 1. Art) durch die Vorgabe eines Signifikanzniveaus. Wird z. B. ein Test mit einem 5% Signifikanzniveau durchgeführt, dann weiß man, dass die Wahrscheinlichkeit höchstens 5% beträgt, die richtige Nullhypothese abzulehnen. Wenn man also die Nullhypothese auf Grund der Stichprobenergebnisse ablehnt, dann kennt man die Obergrenze seines Fehlerrisikos.

Kann die Nullhypothese auf Grund der Stichprobenergebnisse nicht abgelehnt werden, dann kennt man beim Signifikanztest sein Fehlerrisiko nicht. Denn in diesem Fall kann nur ein β-Fehler (oder Fehler 2. Art) auftreten und über seine Höhe weiß man beim Signifikanztest nicht Bescheid. Zwei Signifikanzniveaus sind üblich, nämlich 5% und 1%. Wird die Nullhypothese auf dem Niveau von 5% abgelehnt, dann spricht man von einem signifikanten Unterschied. Bei einem 1% Signifikanzniveau sagt man, dass der Unterschied sehr signifikant ist. So wie bei den Konfidenzintervallen kann man auch hier drei Arten von Tests unterscheiden: Zweiseitiger Test, rechtsseitiger Test und linksseitiger Test.

Da der Produzent prüfen will, ob der Käuferanteil kleiner oder größer als sein Break-even-point von 40% ist, wird er als Nullhypothese behaupten, der unbekannte Käuferanteil ist höchstens 0.4:

H_0: $\pi \leq 0.4$.

Als Alternativhypothese wird er postulieren, dass der Käuferanteil größer als der Break-even-point ist:

H_1: $\pi > 0.4$.

Da die möglichen Werte der Alternativhypothese rechts von den Werten der Nullhypothese liegen, wird der entsprechende Test auch als rechtsseitiger Test bezeichnet. Wenn man bereit ist, in höchstens 5 von 100 Fällen eine richtige Nullhypothese abzulehnen (das Signifikanzniveau ist also 0.05), dann ist der kritische Wert c = 17. Die möglichen Käuferanzahlen die größer gleich 17 sind, haben insgesamt eine Wahrscheinlichkeit von 4,8% wenn der wahre Käuferanteil in der Grundgesamtheit 0.4 ist. Wenn also die Stichprobenanzahl der Käufer größer als 16 ist, dann kann man die Nullhypothese ablehnen, da das Auftreten eines solchen Stichprobenergebnisses bei einem Anteil von 0.4 höchst selten auftreten wird. Ist die Anzahl kleiner als der kritische Wert von 17, dann gehört dieses Ergebnis zum so genannten Nichtablehnungsbereich der Nullhypothese. Da von den 30 befragten Besuchern 15 angeben, dass sie die Spielkonsole Yoki kaufen werden, kann die Nullhypothese nicht abgelehnt werden. Man kann auf Grund dieses Stichprobenergebnisses nicht behaupten, dass der Käuferanteil in der Grundgesamtheit größer ist als 40%.

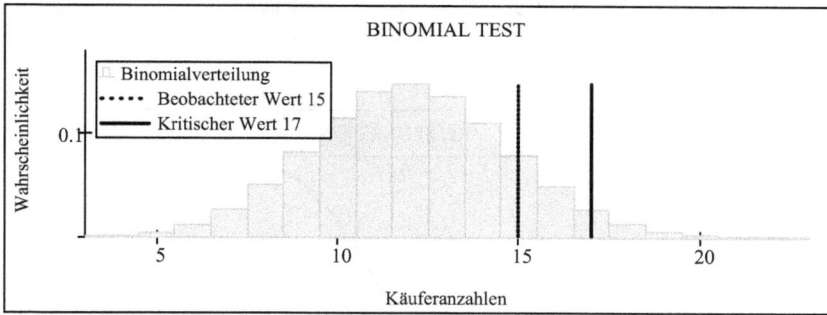

Das Risiko, dass diese Entscheidung falsch ist, ist bei einem Signifikanztest numerisch nicht bekannt (= β -Fehler). Der Unternehmer kann jedenfalls auf Grund dieser Stichprobe noch nicht annehmen, dass sich unter allen potentiellen Käufern der Grundgesamtheit mehr als 40% Käufer befinden. Wenn tatsächlich der unbekannte Käuferanteil in der Grundgesamtheit z. B. 50% beträgt, dann kann man für die vorliegende Entscheidung das β–Risiko berechnen. Für die Entscheidung des Unternehmers besteht dann die Wahrscheinlichkeit von 57%, dass diese Entscheidung falsch ist, wenn der unbekannte Käuferanteil in der Grundgesamtheit tatsächlich 0.5 ist. Die folgende Grafik zeigt die beiden Verteilungen:

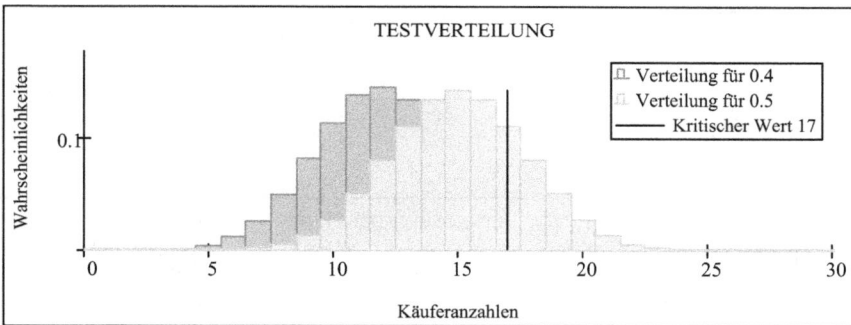

Die Wahrscheinlichkeiten für die beiden möglichen richtigen und falschen Entscheidungen sind in folgender Tabelle nochmals zusammengestellt:

AKTIONEN	ZUSTAND z_0: $\pi \leqq 0.4$	ZUSTAND z_1: $\pi > 0.4$
AKTION a_0: $\pi \leqq 0.4$	Richtige Entscheidung: 0.903	Fehler 2. Art: 0.572
AKTION a_1: $\pi > 0.4$	Fehler 1. Art: 0.097	Güte: 0.428

Die Wahrscheinlichkeit für die Entscheidung die Alternativhypothese anzunehmen, wenn sie zutrifft, nennt man auch Güte des Tests. Will man nicht nur eine Alternativhypothese berücksichtigen sondern alle denkbaren, dann gibt es dementsprechend viele Wahrscheinlichkeiten für den Fehler 2. Art. Man nennt die entsprechende Funktion der Wahrscheinlichkeiten 2. Art und Alternativhypothesen Operationscharakteristik des Tests und ihr Komplement Gütefunktion. Folgende Grafik zeigt die Gütefunktion für obiges Beispiel und die Alternativhypothesen:

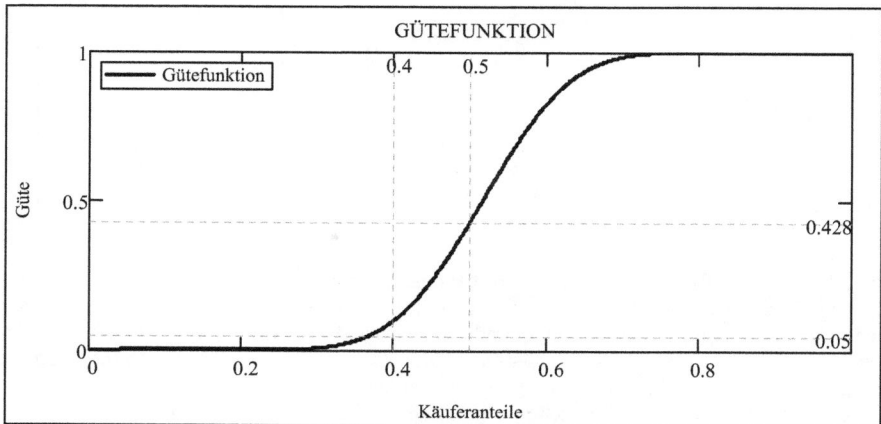

Von einem linksseitigen Test spricht man, wenn sich der Ablehnungsbereich der Nullhypothese links von der Nullhypothese befindet:

H_0: $\pi \geq 0.4$

H_1: $\pi < 0.4$

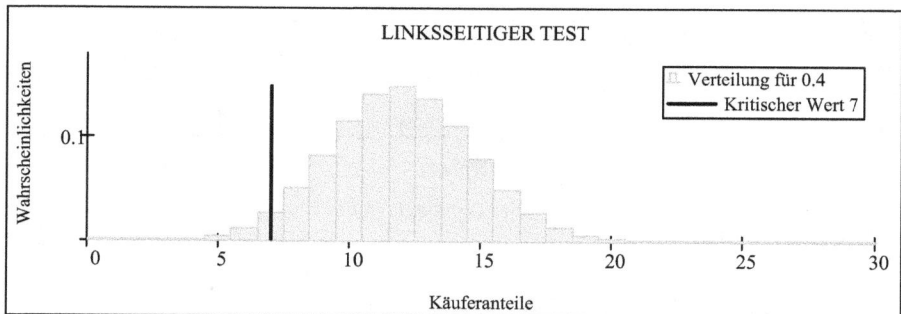

Zum Ablehnungsbereich der Nullhypothese zählen hier alle Werte zwischen 0 und 7 und zum Nichtablehnungsbereich alle Werte größer 7 bis 30.

Beim zweiseitigen Test zählen zum Ablehnungsbereich der Nullhypothese sowohl Werte links als auch rechts von der Nullhypothese:

H_0: $\pi = 0.4$

H_1: $\pi \neq 0.4$

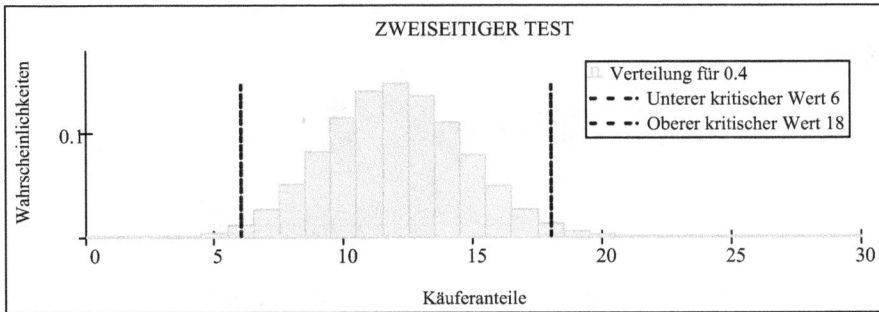

Hier gehören alle Werte zwischen 0 und 6 sowie zwischen 18 und 30 zum Ablehnungsbereich der Nullhypothese und alle Werte zwischen 7 und 17 zum Nichtablehnungsbereich.

Bayes Testverfahren

Im Unterschied zum klassischen Modell ist der unbekannte Parameter der Grundgesamtheit keine fixe Größe, sondern eine Zufallsvariable mit einer Wahrscheinlichkeitsverteilung. Bei einseitiger Hypothesenformulierung berechnet man daher an Hand der Posterioriverteilung die Wahrscheinlichkeiten für die beiden Hypothesen und entscheidet sich für jene Hypothese mit der größeren Posterioriwahrscheinlichkeit. Die Vorgabe eines Signifikanzniveaus ist nicht erforderlich.

Um zu entscheiden, ob der Käuferanteil für die Spielkonsole höchstens 0.4 ist oder größer als 0.4,

H_0: $\pi \leq 0.4$.

H_1: $\pi > 0.4$.

berechnet man an Hand der Posterioriverteilung die Wahrscheinlichkeiten für die beiden Hypothesen. Berücksichtigt man die beim Bayes'schen Schätzverfahren angeführten Stichproben- und Prioriinformationen, dann erhält man für die Nullhypothese eine Wahrscheinlichkeit von 0.1856 und für die Alternativhypothese eine Wahrscheinlichkeit von 0.8144. Man nimmt daher an, dass in der Grundgesamtheit der Käuferanteil größer als 0.4 ist.

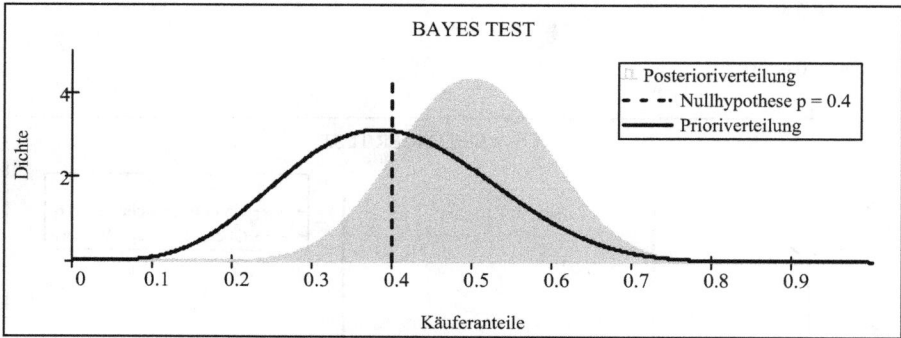

Die Wahrscheinlichkeiten für die beiden Hypothesen sind in folgender Entscheidungstabelle nochmals zusammengestellt:

AKTIONEN	ZUSTAND z_0: $\pi \leq 0.4$	ZUSTAND z_1: $\pi > 0.4$
AKTION a_0: $\pi \leq 0.4$	Richtige Entscheidung	Fehler 2. Art
AKTION a_1: $\pi > 0.4$	Fehler 1. Art	Richtige Entscheidung
WAHRSCHEINLICHKEIT	0.1856	0.8144

Wenn man die Posterioriwahrscheinlichkeit der Nullhypothese zur Posterioriwahrscheinlichkeit der Alternativhypothese in Beziehung setzt

$$\frac{0.1856}{0.8144} = 0.228$$

dann erhält man die so genannten Odds, die wie folgt interpretiert werden können:

Odds zwischen:

    1 und 9 sind für die Nullhypothese unterstützend, aber wenig bemerkenswert;
    9 und 19 sind für die Nullhypothese bemerkenswert, aber nicht signifikant;
    19 und 99 sind für die Nullhypothese signifikant
    und über 99 hochsignifikant.

Nach dieser Odds-Bewertungsregel (oder auch 9:19:99-Bewertungsregel) ist das obige Ergebnis für die Nullhypothese nicht unterstützend, wohl aber für die Alternativhypothese. Bei einem zweiseitigen Test ist die Nullhypothese ein Punkt (auf der Zahlengeraden) und hat daher (bei stetigen Zufallsvariablen) keine Wahrscheinlichkeit. Im Bayes-Modell wird daher einerseits der Punkt- Nullhypothese apriori eine Wahrscheinlichkeit zugeordnet und andererseits den restlichen möglichen Parameterwerten das Komplement dieser Wahrscheinlichkeit. Ein anderer Lösungsweg nimmt für die (klassische) Punkt-Nullhypothese nicht einen Punkt auf der Zahlengeraden an sondern ein kleines Intervall. Man kann in diesem Fall die Intervallwahrscheinlichkeit der Nullhypothese zuordnen.

Wald Testverfahren

Die Durchführung eines (klassischen) Signifikanztests ist angebracht, wenn man keine Prioriinformation und vor allem keine expliziten Informationen über die möglichen Schäden der Fehlentscheidungen hat. Will man z. B. wissen, ob mehr Männer als Frauen die neue Spielkonsole kaufen werden, dann kann man durch die Vorgabe eines konventionellen Signifikanzniveaus und die Auswertung einer Stichprobe diese Frage eventuell beantworten. Wenn jedoch der Produzent dieser Spielkonsole wissen will, ob der Anteil der Käufer dieses neuen Produktes größer oder kleiner ist als der Break-even-point von 0.4, dann wird ihm das Testergebnis eines konventionellen Signifikanztest wenig oder gar nichts bei seiner Entscheidung helfen, das neue Produkt einzuführen oder nicht. In dieser Situation weiß der Produzent jedoch über die möglichen Schäden von Fehlentscheidungen genau Bescheid.

Aus der Berechnung des Break-even-point von 0.4 weiß er, dass er pro nichtverkaufter Spielkonsole mit einem Schaden von 30 Geldeinheiten rechnen muss, wenn er die Produktion des neuen Produktes aufnimmt, die Nachfrage aber unter dem Break-even-point bleibt. Liegt die künftige Nachfrage aber über dem Break-even-point und er hat die Produktion der Spielkonsole nicht aufgenommen, dann muss er mit einem entgangenen Gewinn von 20 Geldeinheiten pro Spielkonsole rechnen.

Wenn der Produzent der Spielkonsole diese Daten anstelle des konventionellen Signifikanzniveaus neben den oben angeführten Stichproben- und Prioriinformationen verwendet, dann kommt er zum Ergebnis, die Produktion der Spielkonsole aufzunehmen. Der Schadenerwartungswert ist für diese Entscheidung mit 0.216 Geldeinheiten geringer als der Schadenerwartungswert für die Aktion, die Spielkonsole nicht zu produzieren. Der erwartete Schaden beträgt für diese Aktion 1.477 Geldeinheiten.

AKTIONEN	ZUSTAND z_0: $\pi \leqq 0.4$	ZUSTAND z_1: $\pi > 0.4$	SE(a_i)
AKTION a_0: $\pi \leqq 0.4$	0	$20 \cdot (\pi - 0.4)$	1.477
AKTION a_1: $\pi > 0.4$	$30 \cdot (0.4 - \pi)$	Richtige Entscheidung	0.216
WAHRSCHEINLICHKEIT	0.186	0.814	*

Die Grafik zeigt neben der Priori- und Posterioriverteilung des Anteilswertes der Käufer die beiden Schadenfunktionen für den Fehler 1. und 2. Art:

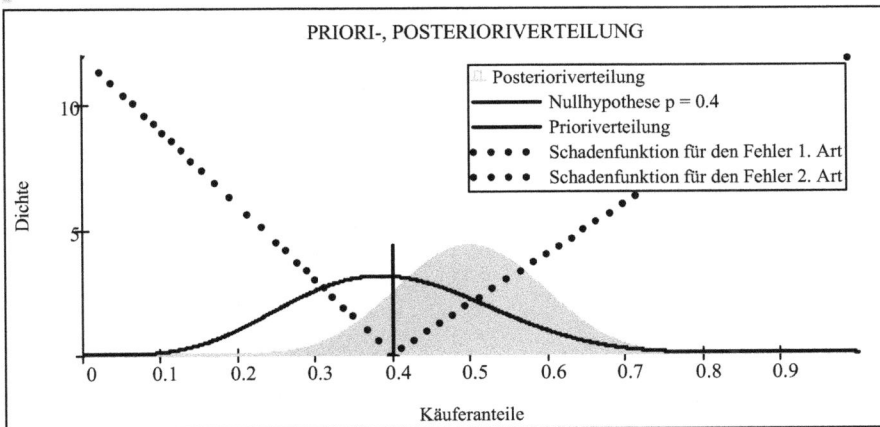

PRIORI-, POSTERIORIVERTEILUNG

d) Vorschau

Die Frage nach dem Anteil der potentiellen Käufer der neuen Spielkonsole Yoki wird im Abschnitt "1_1 Anteilswert" untersucht. Für die Anwendung dieses Schätzverfahrens ist die Skalierung der Antworten belanglos. Selbst für metrisch skalierte Antworten wie das Alter kann beispielsweise der Anteil der 20-Jährigen in der Stichprobe bestimmt und auf den unbekannten Anteil in der entsprechenden Grundgesamtheit hochgerechnet werden.

Während im Abschnitt 1_1 Schätzverfahren für den Anteilswert gezeigt werden, sind Testverfahren für den Anteilswert einer Stichprobe der Inhalt von Abschnitt 1_2. Das oben angezeigte Problem mit dem Break-even-point wird ausführlich dargestellt und berechnet.

Wie viele Kilogramm Fleisch kaufen die Kunden eines Fleischhändlers wöchentlich? Diese metrisch skalierte Frage wird im Abschnitt "1_3 Durchschnitt" analysiert. Fragen mit nominal oder ordinal skalierten Antworten können mit den Methoden dieses Abschnittes nicht ausgewertet werden. Die entsprechenden Testverfahren für eine Frage mit metrisch skalierten Antworten findet man im Abschnitt 1_4.

1_1 ANTEILSWERT, SCHÄTZVERFAHREN

a) Klassisches Modell

Wie viele der potentiellen Kunden werden das neue Produkt, die Spielkonsole Yoki, kaufen? Bei einer Werbeveranstaltung wurden 30 Kunden befragt. Kennzeichnet man die Kunden ohne Kaufabsicht durch "1" und die mit Kaufabsicht mit "2", dann ergab sich folgende Stichprobe:

1, 1, 2, 1, 2, 2, 2, 1, 1, 2, 1, 1, 2, 2, 1, 2, 2, 1, 1, 1, 2, 2, 1, 2, 1, 1, 2, 1, 2, 2

Der Stichprobenumfang ist in diesem Fall n = 30 und das untersuchte Merkmal "Kaufabsicht" kommt x = 15 mal vor. Der Stichprobenanteil ist allgemein definiert als

$$p = \frac{x}{n}$$

und im vorliegenden Beispiel gleich p = 15/30 = 0.5. Ausgezählt nach den beiden Antworten erhält man folgende Häufigkeitstabelle und Grafik:

(Kaufabsicht)	Häufigkeit	Prozent
Nein	15	50
Ja	15	50
SUMME	30	100

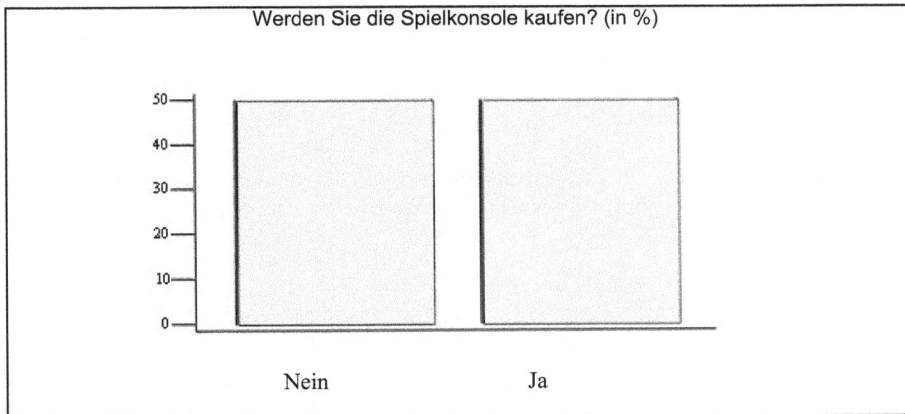

Werden Sie die Spielkonsole kaufen? (in %)

15 von 30 Kunden haben eine Kaufabsicht. Der Anteilswert der Kunden mit Kaufabsicht ist also 0.5 oder in Prozent ausgedrückt 50%. Kann man nun annehmen, dass 50% der 100000 potentiellen Kunden die neue Spielkonsole "Yoki" kaufen werden?

Sicher nicht. Unter der Voraussetzung, dass die Stichprobe eine Zufallsstichprobe aus der Grundgesamtheit der 100.000 potentiellen Kunden ist, kann man nur erwarten, dass der "wahre" Anteil in der Nähe von 50% liegt. Was "in der Nähe" heißt, ist mit Hilfe der Statistik präzisierbar: Mit einem Vertrauen (Konfidenz) von 95% kann man annehmen, dass der wahre Anteil der Kunden mit Kaufabsicht zwischen 31% und 69% liegt.

"Konfidenzniveau"	0.95

Wie kommt man zu dieser Aussage? Da die Ergebnisse einer Stichprobenerhebung zufallsabhängig sind, wird auch ein gefundener Punktschätzwert nur in den seltensten Fällen genau mit dem gesuchten Anteilswert der Grundgesamtheit übereinstimmen. Um wenigstens Aussagen über ein Intervall machen zu können, in dem der unbekannte Anteilswert zu erwarten ist, führt man eine Intervallschätzung durch. Ausgehend von den Ergebnissen einer Stichprobe wird ein Konfidenzintervall berechnet, das den unbekannten Anteilswert der Grundgesamtheit mit vorgegebenem Vertrauen enthält. Folgende Wahrscheinlichkeitsverteilungen kann man dazu verwenden:

Binomial- und Betaverteilung

Für den unbekannten Anteilswert der Grundgesamtheit wird ein zweiseitiges Konfidenzintervall zum Niveau $1-\alpha$ und den Stichprobenergebnissen n und x mit Hilfe folgender Formeln berechnet:

Die Untergrenze K_u und die Obergrenze K_O des Konfidenzintervalls werden so bestimmt, dass gilt

$$\sum_{k=0}^{x-1} \left[\frac{n!}{x!\,(n-x)!} \cdot p^k \cdot (1-p)^{n-k} \right] = 1 - \frac{\alpha}{2}$$

$$\sum_{k=x+1}^{n} \left[\frac{n!}{x!\,(n-x)!} \cdot p^k \cdot (1-p)^{n-k} \right] = 1 - \frac{\alpha}{2}$$

$1-\alpha$ ist das Konfidenzniveau des Schätzintervalls (meist 95% oder 99%) und p der gesuchte Anteilswert der möglichen Stichproben, der diese Gleichung erfüllt. Weiteres ist n der Stichprobenumfang und n! (gelesen "n Fakultät") gleich

$$n! = n \cdot (n-1) \cdot (n-2) .. 3 \cdot 2 \cdot 1 \quad \text{und } 0! = 1.$$

Der Stichprobenumfang ist im obigen Beispiel n = 30 und die Stichprobenrealisation x = 15 und α gleich 0.05. K_u muss so bestimmt werden, dass gilt

$$\sum_{k=0}^{15-1} \left[\frac{30!}{k!\,(30-k)!} \cdot p^k \cdot (1-p)^{30-k} \right] = 1 - \frac{0.05}{2} = 0.975$$

Von den möglichen p-Werten erfüllt p = 0.3134 diese Gleichung:

$$
\begin{bmatrix}
\text{Mögliche\_Stichprobenergebnisse} & \text{Wahrscheinlichkeit} \\[2mm]
\dfrac{30!}{0!\cdot(30-0)!}\cdot 0.3134^0\cdot(1-0.3134)^{30-0} & 0.000 \\[4mm]
\dfrac{30!}{1!\cdot(30-1)!}\cdot 0.3134^1\cdot(1-0.3134)^{30-1} & 0.000 \\[2mm]
\ldots\ldots & \ldots.. \\[2mm]
\dfrac{30!}{14!\cdot(30-14)!}\cdot 0.3134^{14}\cdot(1-0.3134)^{30-14} & 0.031 \\[4mm]
\hline \\[-2mm]
\displaystyle\sum_{k=0}^{15-1}\left[\dfrac{30!}{k!\,(30-k)!}\cdot 0.3134^k\cdot(1-0.3134)^{30-k}\right] & 0.975
\end{bmatrix}
$$

Die Untergrenze K_u des Schätzintervalls ist daher 0.31. Die Obergrenze wird auf die gleiche Art bestimmt. Es muss gelten

$$
\sum_{k=15+1}^{30}\left[\dfrac{30!}{k!\,(30-k)!}\cdot p^k\cdot(1-p)^{30-k}\right] = 1 - \dfrac{0.05}{2} = 0.975
$$

Von den möglichen p-Werten erfüllt p = 0.6866 diese Gleichung:

$$
\sum_{k=15+1}^{30}\left[\dfrac{30!}{k!\,(30-k)!}\cdot 0.6866^k\cdot(1-0.6866)^{30-k}\right] = 0.975
$$

Die Obergrenze des Schätzintervalls ist daher 0.69. Mit einem Vertrauen von 95% kann man in der Grundgesamtheit aller potentiellen Kunden mit 31% bis 69% Personen mit Kaufabsicht rechnen. Die Grafik zeigt die Stichprobenverteilung der möglichen Anteilswerte:

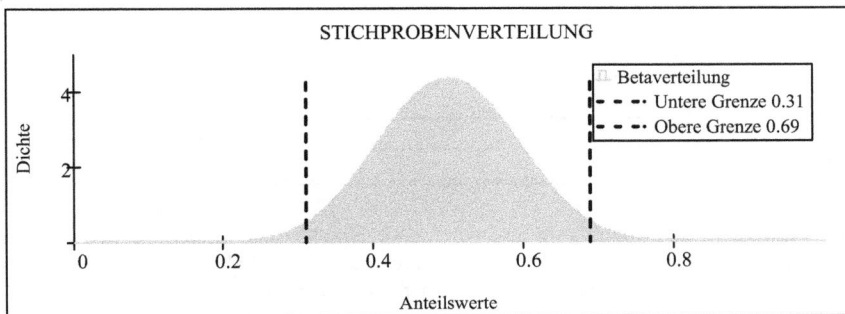

Zwei- und einseitige Konfidenzintervalle

Bisher lautete die Frage "Wie viele der potentiellen Kunden werden das neue Produkt, die Spielkonsole Yoki, kaufen?" An Hand vorn Stichprobenergebnissen kann man sich ein Intervall berechnen, in dem der unbekannte Anteil der Grundgesamtheit mit einem vorgegebenen Vertrauen liegt. Dieses Intervall hat eine Untergrenze und eine Obergrenze. Es ist ein zweiseitig (begrenztes) Intervall.

Man kann aber auch fragen: "Wie viele der potentiellen Kunden werden das neue Produkt, die Spielkonsole Yoki, mindestens kaufen?" oder auch "Wie viele der potentiellen Kunden werden das neue Produkt, die Spielkonsole Yoki, höchstens kaufen?" In beiden Fällen sucht man ein einseitig begrenztes Konfidenzintervall. Will man z. B. mit einem Vertrauen von 95% wissen, wie viele potentielle Kunden die Spielkonsole mindestens kaufen werden, dann bestimmt man die Untergrenze so, dass 5% (und nicht 2.5% wie beim zweiseitigen Intervall) links vor dieser Untergrenze liegen:

$$\sum_{k=0}^{x-1} \left[\frac{n!}{x! \, (n-x)!} \cdot \pi^k \cdot (1-\pi)^{n-k} \right] = 1 - \alpha = 0.95$$

Für $\pi = 0.336$ ist diese Gleichung erfüllt. Mit einem Vertrauen von 95% kann man erwarten, dass mindestens 33.6% der potentiellen Kunden die Spielkonsole Yoki kaufen werden. Auf die gleiche Art kann man eine Konfidenzobergrenze bestimmen, wenn nach "höchstens" gefragt wird.

b) Bayes-Modell

Bei der Einführung der Spielkonsole in einem Nachbarland haben 40% der potentiellen Käufer dieses Produkt gekauft. Diese Information will man bei der Berechnung eines Intervalls für den unbekannten Anteilswert der Spielkonsolenkäufer neben der oben angeführten Stichprobeninformation mitberücksichtigen. Dazu benützt man das so genannte Beta-Binomialmodell: Die Prioriinformation wird in Form eine Betaverteilung für den unbekannten Anteilswert π ausgedrückt, die Stichprobeninformation wird durch die Binomialverteilung dargestellt und beide Informationen werden mit Hilfe des Bayes Theorems zur Posterioriverteilung für π zusammengefasst.

Wenn die Prioriinformation über den Käuferanteil im Nachbarland z. B. halb so stark berücksichtigt werden soll wie die Stichprobe mit 30 Befragten, dann ist der hypothetische Stichprobenumfang n' gleich 30/2 = 15

$$n' = 15$$

und die hypothetische Stichprobenrealisation x' gleich $0.4 \cdot 15 = 6$

Hypothetischer Stichprobenumfang	15
Hypothetische Stichprobenrealisation	6

Die Information aus dem Nachbarland wird also durch eine hypothetische Stichprobe von 15 Befragten wiedergegeben, von denen 6 die Spielkonsole kaufen. Durch dieses n' und x' ist eine Betaverteilung definierbar, die die Information über den unbekannten Parameter π wiedergibt:

PRIORIBETAVERTEILUNG

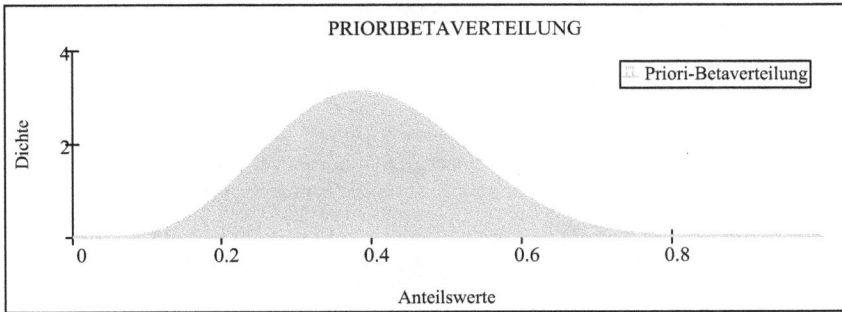

Die Stichprobeninformation besagt, dass von n = 30 Befragten x = 15 Befragte die Spielkonsole kaufen wollen. Die Verknüpfung dieser Stichprobeninformation mit der Prioriinformation entsprechend dem Bayes Theorem ist sehr einfach. Die Posterioriinformation für den unbekannten Anteilswert π ergibt sich einfach durch die Addition des hypothetischen mit dem tatsächlichen Stichprobenumfang

$$n'' = n' + n = 15 + 30 = 45$$

sowie die Addition der hypothetischen mit der tatsächlichen Stichprobenrealisation

$$x'' = x' + x = 6 + 15 = 21.$$

Durch n'' und x'' ist wieder eine Betaverteilung definiert, die nun die Priori- und Stichprobeninformation über den unbekannten Anteilswert π enthält.

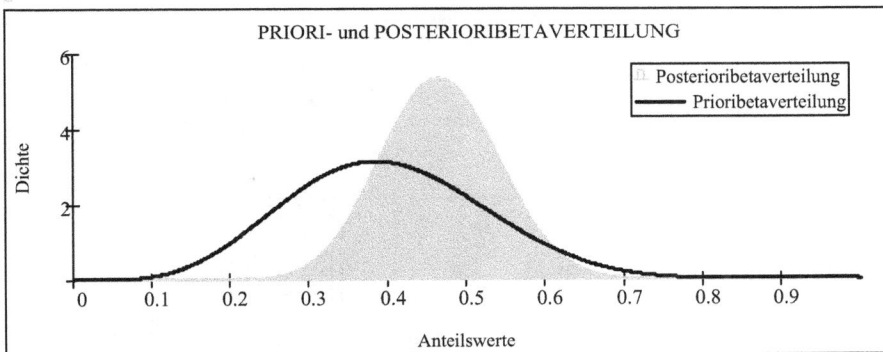

PRIORI- und POSTERIORIBETAVERTEILUNG

Man kann an Hand dieser Posterioriverteilung von π ein Intervall berechnen, das den unbekannten Anteilswert mit einer vorgegebenen Wahrscheinlichkeit enthält. Dieses Intervall wird so bestimmt, dass die Intervalllänge möglichst klein wird. Diese so genannten HPD-Intervalle (Intervalle höchster posteriori Dichte) sind so beschaffen, dass die Dichte jedes Punktes innerhalb des Intervalls mindestens so groß ist wie die Dichte eines Punktes außerhalb. Bei symmetrischen Verteilungen wie z. B. der Normalverteilungen stimmen die HPD-Intervalle mit den zweiseitigen Konfidenzintervallen überein, nicht jedoch bei nichtsymmetrischen Verteilungen wie den Betaverteilungen. Bei einem 95% HPD-Betaintervall liegen zwar ebenfalls 5% der möglichen Werte außerhalb, aber nicht unbedingt genau 2.5% unterhalb der Untergrenze und 2.5% oberhalb der Obergrenze des Schätzintervalls. An Hand der Posterioriinformationen errechnet sich ein 95% HPD-Intervall für den unbekannten Käuferanteil mit der Untergrenze 32.4% und der Obergrenze 61.1%. Würde man nur die Prioriinformationen für die Berechnung verwenden, dann wäre die Untergrenze 32.5% und die Obergrenze 67.5%. Dieses Intervall wäre um 6.4 Prozentpunkte länger als das Posterioriintervall. Durch die Stichprobeninformation kann also die Länge des Schätzintervalls um 6.4 Prozentpunkte verkürzt werden.

Die Intervallgrenzen findet man durch das Gleichsetzen der Ordinatenwerte der Dichtefunktion der Betaverteilung. Die Dichtefunktion der Betaverteilung für π ist für die Parameter x und n wie folgt definiert:

$$f_b(\pi, x, n - x) = \frac{(n - 1)!}{(x - 1)!} \cdot (n - x - 1)! \cdot \pi^{x - 1} \cdot (1 - \pi)^{n - x - 1}$$

Nun setzt man einerseits von 0 kommend in den linken Ausdruck fortlaufend Werte für π ein, andererseits von 1 kommend in den rechten Ausdruck fortlaufend Werte für π ein bis beide Ausdrücke gleich sind:

$$\frac{(n - 1)!}{(x - 1)! \cdot (n - x - 1)!} \cdot \pi^{x-1} \cdot (1 - \pi)^{n-x-1} = \frac{(n - 1)!}{(x - 1)! \cdot (n - x - 1)!} \cdot \pi^{x-1} \cdot (1 - \pi)^{n-x-1}$$

Wenn man in linken Term für π den Wert 0.323629 einsetzt und im rechten 0.610516, dann erreicht man Gleichheit beider Ordinaten auf 5 Dezimalstellen:

$$\frac{0.323629^{21-1} \cdot (1 - 0.323629)^{45-21-1}}{\frac{(21-1)! \cdot (45-21-1)!}{(45-1)!}} = \frac{0.610516^{21-1} \cdot (1 - 0.610516)^{45-21-1}}{\frac{(21-1)! \cdot (45-21-1)!}{(45-1)!}} = 0.83403.$$

In der Grafik sind die Grenzen des HPD-Intervalls eingetragen. Die strichlierte waagrechte Gerade zeigt, dass jeder Punkt innerhalb des Intervalls mindestens eine so große Dichte aufweist wie einer außerhalb. Vor dem Intervall liegen nicht genau 2.5% der möglichen Werte und auch nicht genau 2.5% der möglichen Werte liegen oberhalb der Intervallobergrenze. Trotzdem liegen 5% außerhalb des Intervalls. Der Unterschied zu symmetrischen Intervallgrenzen ist aber hier sehr gering, da die Verteilung fast symmetrisch ist.

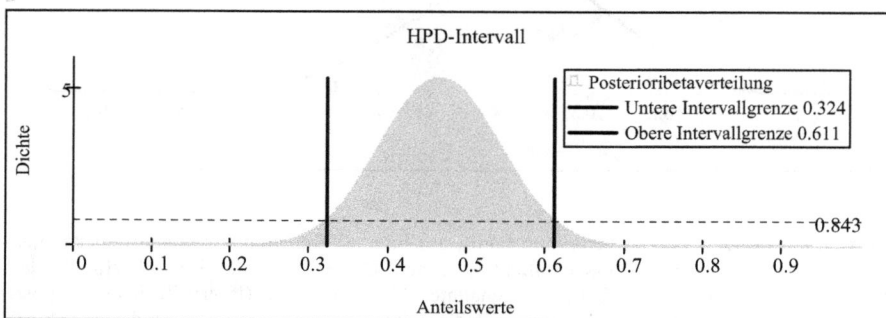

Im klassischen Modell wird als bester Punktschätzwert für den unbekannten Anteilswert der Stichprobenanteil genommen. Demnach ist der beste Schätzwert für den Käuferanteil

$$p = \frac{x}{n} = \frac{15}{30} = 0.5$$

oder 50%. Im Bayes-Modell wird der Modus der Posterioriverteilung genommen. Der beste Schätzwert für den unbekannten Käuferanteil ist hier

$$\text{Modus} = \frac{x'' - 1}{n'' - 2} = 21 - \frac{1}{45} - 2 = 0.465$$

oder 46.5%. Ein Händler mit etwa 1000 Kunden wird daher für das bevorstehende Weihnachtsgeschäft 465 Spielkonsolen auf Lager nehmen, wenn er nach dem Bayes-Modell geht und 500, wenn er nur die Stichprobeninformationen berücksichtigen will.

Nichtinformative Prioriinformation

Hat man keine apriori Informationen, dann nimmt man als Prioriverteilung eine Gleichverteilung im Intervall [0, 1] an. Dies ist die Betaverteilung mit den Parametern

$$x' = 1$$

und

$$n' = 2.$$

Der hypothetische Stichprobenumfang ist 2 und die hypothetische Stichprobenrealisation ist 1. Folgende Grafik zeigt die Dichtefunktion dieser Betaverteilung:

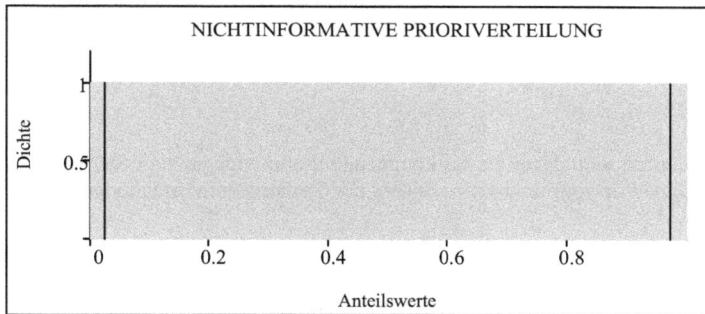

Die Interwallgrenzen für ein 95% HPD-Interwall dieser Verteilung sind in der Grafik eingezeichnet. Mit 95% Wahrscheinlichkeit liegt apriori der unbekannte Anteilswert der Yoki-Käufer zwischen 2.5% und 97.5%.

Wenn man diese nichtinformative Prioriinformation mit der Stichprobeninformation von

$$n = 30$$

und

$$x = 15$$

kombiniert, erhält man die Posterioriverteilung mit den Parametern

$$n'' = 2 + 30 = 32$$

und

$$x'' = 1 + 15 = 16.$$

Diese Posterioribetaverteilung mit den entsprechenden 95% HPD-Interwallgrenzen zeigt folgende Grafik:

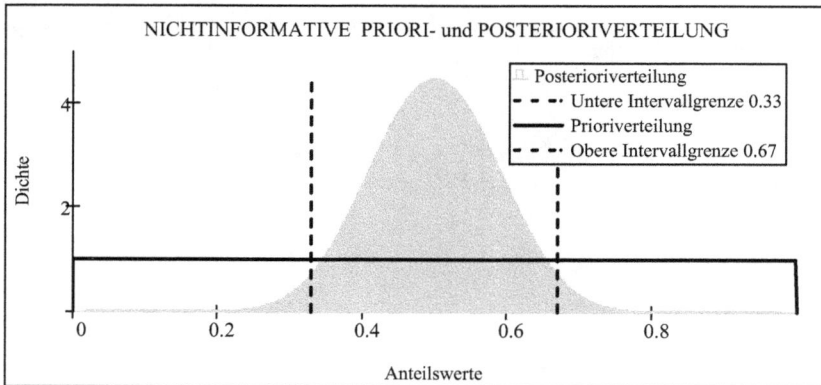

Mit 95% Wahrscheinlichkeit liegt der unbekannte Prozentsatz der Yoki-Käufer in der Grundgesamtheit zwischen 33 und 67 Prozent. Der beste Schätzwert für diesen unbekannten Prozentsatz ist der Modus der Posterioriverteilung mit 50%:

$$\text{Modus} = \frac{x'' - 1}{n'' - 1} = \frac{16 - 1}{32 - 2} = \frac{15}{30} = 0.5$$

Ein Händler mit etwa 1000 Kunden wird daher für das kommende Weihnachtsgeschäft 500 Spielkonsolen auf Lager nehmen, wenn er keine Prioriinformationen sondern nur Stichprobeninformationen hat.

c) Wald-Modell

Dem Händler ist bekannt, dass er im Rahmen der Sonderpreisaktion des Spielkonsolenimporteurs vor Weihnachten die Spielkonsole um 150 Geldeinheiten einkaufen, nichtverkaufte Stück nach Weihnachten um 50 Geldeinheiten zurückgeben kann. Er verkauft die Spielkonsole um 200 Geldeinheiten. Da er wegen der langen Lieferzeiten nur einmal zu dieser Sonderpreisaktion bestellen kann, muss er überlegen, wie viele Spielkonsolen er bestellen soll, wenn er etwa 1000 Kunden hat. Da er die oben angeführte Stichprobeninformation und Prioriinformation kennt, könnte er z. B. 500 Stück bestellen, wenn er nur die Stichprobeninformation berücksichtigen will oder 465 Spielkonsolen, wenn er auch die Prioriinformation verwendet. Bei beiden Schätzungen werden aber nicht seine Kosten bzw. entgangenen Gewinne berücksichtigt, die auftreten, wenn er sich verschätzt.

Bestellt der Händler z. B. 500 Spielkonsolen, kann aber nur 499 verkaufen, dann kann er dieses nicht verkaufte Stück nach Weihnachten um 50 Geldeinheiten zurückgeben. Sein Verlust sind in diesem Fall 100

Geldeinheiten, da er die Spielkonsole um 150 Geldeinheiten eingekauft hat. Verkauft er nur 498 Spielkonsolen, dann erhöht sich sein Verlust auf insgesamt 200 Geldeinheiten (= 2 · 100). Wie man sieht, steigt sein Verlust mit der Anzahl nicht verkaufter Stück. Wenn der Händler aber eine Spielkonsole mehr als 500 verkaufen kann, sie aber nicht auf Lager hat, dann wird er einen entgangenen Gewinn von 50 Geldeinheiten haben, da er die Konsole um 200 Geldeinheiten verkauft und um 150 einkauft. Bei 502 möglichen Verkäufen wächst der entgangene Gewinn auf 100 Geldeinheiten. Man kann diese möglichen Verluste und entgangenen Gewinne durch folgende lineare Schadenfunktion ausdrücken:

$$s(a, \pi) = \begin{bmatrix} 0 & \text{für} & a = \pi \\ s_u \cdot (a - \pi) & \text{für} & a > \pi \\ s_o \cdot (\pi - a) & \text{für} & a < \pi \end{bmatrix} = \begin{bmatrix} 0 & \text{für} & a = \pi \\ 100 \cdot (a - \pi) & \text{für} & a > \pi \\ 50 \cdot (\pi - a) & \text{für} & a < \pi \end{bmatrix}$$

Überschätzung des wahren Wertes: $a > \pi$	100
Unterschätzung des wahren Wertes: $a < \pi$	50

a ist der Schätzwert für den unbekannten Anteilswert π. Wenn tatsächlich $a = \pi$ ist, dann entsteht kein Schaden. Wenn der unbekannte Anteilswert π kleiner ist als der Schätzwert a, dann tritt ein Schaden auf, der der Differenz $(a - \pi) \cdot 100$ entspricht. Bei 495 nachgefragten Spielkonsolen ist der Schaden gleich

$$(0.5 - 0.495) \cdot 100 = 0.5$$

Da der Kundenstock des Händlers etwa 1000 Personen zählt, ist der Schaden in diesem Fall gleich 1000 · 0.5 = 500 Geldeinheiten. 100 wird als Schaden der Überschätzung s_u bezeichnet, da der unbekannte Anteilswert π kleiner ist als der Schätzwert a, also unterhalb von a liegt. Ist der unbekannte Anteilswert π größer als der Schätzwert a, dann liegt eine Unterschätzung des wahren Anteilswertes vor, der unbekannte Anteilswert π liegt oberhalb des Schätzwertes a. Im vorliegenden Beispiel ist $s_o = 50$ der Schaden der Unterschätzung pro Abweichungseinheit. Bei einer tatsächlichen Nachfrage von 505 Spielkonsolen ist der Schaden der Unterschätzung gleich

$$(0.505 - 0.5) \cdot 50 = 0.25$$

Bei 1000 Kunden ist der Schaden in diesem Fall gleich 1000 · 0.25 = 250 Geldeinheiten.

Da der Händler im Vorhinein nicht weiß, wie viele Spielkonsolen er verkaufen wird, wird er versuchen, jene Menge an Spielkonsolen zu bestellen, bei der der erwartete Schaden minimal ist. Dazu berechnet er im Prinzip für jede mögliche Bestellmenge die Schäden (= Verluste und entgangene Gewinne) und gewichtet sie mit ihren Eintrittswahrscheinlichkeiten. Die Posterioriverteilung des unbekannten Käuferanteiles, dem hier die Nachfrage entspricht, beinhaltet diese Eintrittswahrscheinlichkeiten. Mit ihnen kann man für jede der hier möglichen Bestellmengen von 0 bis 1000 den erwarteten Schaden berechnen. Der Händler wird jene Menge an Spielkonsolen bestellen, bei der der Schadenerwartungswert minimal ist.

Für die Menge von 434 Spielkonsolen ist der Schadenerwartungswert minimal. Der Händler wird daher diese Menge auf Lager nehmen. Der Schadenerwartungswert dieser Bestellmenge sind 4018 Geldeinheiten. Für eine lineare Schadenfunktion findet man den optimalen Schätzwert a_{opt} durch die Relation

$$F_\beta\left(a_{opt}, x'', n'' - x''\right) = \frac{s_o}{s_o + s_u}$$

F_β ist die Verteilungsfunktion der Posterioribetaverteilung. a_{opt} wird so bestimmt, dass der Quotient aus den Schäden der Über- und Unterschätzung gleich dieser Verteilungsfunktion wird. Für das Beispiel muss also gelten:

$$F_\beta\left(a_{opt}, 21, 24\right) = \frac{50}{100 + 50} = 0.333$$

Setzt man für a_{opt} den Wert 0.4341 ein, dann ist diese Relation erfüllt:

$$F_\beta\left(0.4341, 21, 24\right) = 0.333.$$

Der optimale Punktschätzwert ist daher 434 Stück der Spielkonsole. Der Schadenerwartungswert SE dieser optimalen Schätzung wird mit Hilfe folgender Formel berechnet:

$$SE\left(a_{opt}\right) = \frac{x''}{n''} \cdot \left[s_o - \left(s_u + s_o\right) \cdot F_\beta\left(a_{opt}, x'' + 1, n'' - x''\right)\right]$$

Für den optimalen Schätzwert 0.4341 ist der Schadenerwartungswert

$$SE(0.4341) = \frac{21}{45} \cdot \left[50 - (100 + 50) \cdot F_\beta\left(0.4341, 21 + 1, 24\right)\right] = 4.018$$

Die Grafik zeigt die Priori- und Posterioriverteilung sowie die linearen Schadenfunktionen der Über- und Unterschätzung des optimalen Schätzwertes:

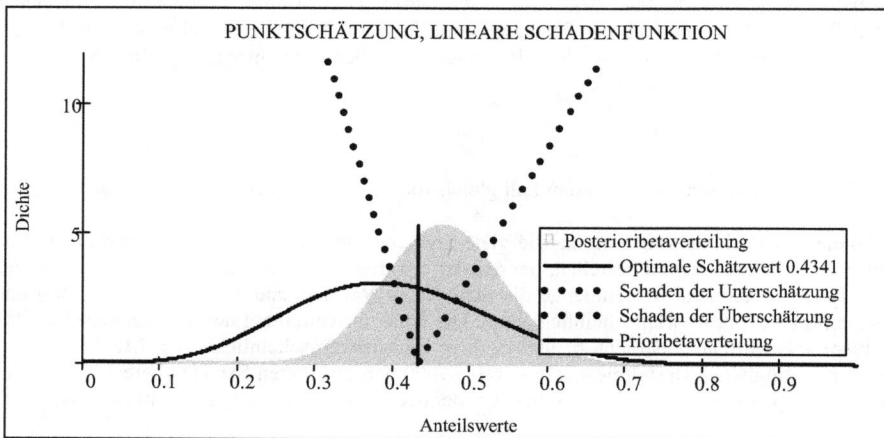

Wenn z. B. der Händler keine Punktschätzung für seine Bestellmenge benötigt, sondern nur wissen will, in welchem Bereich er die Nachfrage zu erwarten hat, dann reicht in diesem Fall eine Intervallschätzung. Die Schadenfunktion für eine Intervallschätzung a für den unbekannten Anteilswert π ist folgendermaßen definiert:

$$s\left(a, \pi\right) = s_l \cdot \left(T_o - T_u\right) \cdot \begin{bmatrix} s_u \cdot \left(T_u - \pi\right) & \text{für} & T_u > \pi \\ s_o \cdot \left(\pi - T_o\right) & \text{für} & T_o < \pi \end{bmatrix}$$

T_u ist die Untergrenze des Schätzintervalls und T_o die Obergrenze. s_u und s_o sind die von der Punktschätzung bekannten Schäden pro Einheit Über- und Unterschätzung des wahren Anteilswertes. Neu ist s_l, der Schaden pro Einheit Interwallänge. Je länger das Schätzintervall umso größer der Schaden. Nimmt man für s_l 5 Geldeinheiten an und übernimmt für s_u und s_o die Beträge von der Punktschätzung, dann lautet die Schadenfunktion

$$s(a, \pi) = 5 \cdot (T_o - T_u) \cdot \begin{bmatrix} 100 \cdot (T_u - \pi) & \text{für} & T_u > \pi \\ 50 \cdot (\pi - T_o) & \text{für} & T_o < \pi \end{bmatrix}$$

Überschätzung des wahren Wertes: $a > \pi$	100
Unterschätzung des wahren Wertes: $a < \pi$	50
Schaden pro Einheit Intervalllänge	5

Für das Intervall mit minimalem erwartetem Schaden müssen die Grenzen die Bedingungen

$$F_\beta(T_u, x'', n'' - x'') = \frac{s_l}{s_u}$$

$$F_\beta(T_o, x'', n'' - x'') = 1 - \frac{s_l}{s_o}$$

erfüllen. F_β ist wieder die Verteilungsfunktion der Posterioribetaverteilung. Wenn man für

$$T_u = 0.3466$$

als Untergrenze nimmt und für

$$T_o = 0.562$$

als Obergrenze, dann sind die beiden Bedingungen erfüllt:

$$F_\beta(0.3466, 21, 24) = \frac{5}{100} = 0.05$$

$$F_\beta(0.562, 21, 24) = 1 - \frac{5}{50} = 0.9$$

Der Händler kann mit einer Nachfrage nach der Spielkonsole zwischen 35 bis 56 Prozent seiner Stammkunden rechnen, wenn er diese Schadenfunktion voraussetzt. Bei etwa 1000 Kunden sind das zwischen 347 und 562 Spielkonsolen.

OPTIMALES SCHÄTZINTERVALL

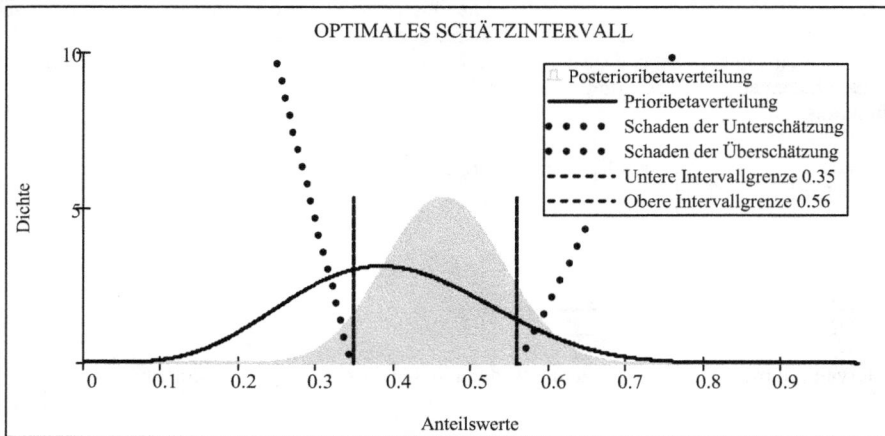

Der Schadenerwartungswert dieses optimalen Intervalls wird nach folgender Formel berechnet:

$$SE(a_{opt}) = s_l \cdot (T_o - T_u) + U + O$$

$$U = s_u \cdot \left(T_u \cdot F_\beta(T_u, x'', n'' - x'') - \frac{x''}{n''} \cdot F_\beta(T_u, x'' + 1, n'' - x'') \right)$$

$$O = s_o \cdot \left[\frac{x''}{n''} \cdot (1 - F_\beta(T_o, x'' + 1, n'' - x'')) - T_o \cdot (1 - F_\beta(T_o, x'', n'' - x'')) \right]$$

Für das Beispiel ergeben sich folgende numerische Ergebnisse:

$$U = 100 \cdot \left(0.3466 \cdot F_\beta(0.3466, 21, 45) - \frac{21}{45} \cdot F_\beta(0.3466, 21 + 1, 45) \right) = 0.1427$$

$$O = 50 \cdot \left[\frac{21}{45} \cdot (1 - F_\beta(0.562, 21 + 1, 45)) - 0.562 \cdot (1 - F_\beta(0.562, 21, 45)) \right] = 0.1719$$

$$SE(a_{opt}) = [5 \cdot (0.562 - 0.3466) + 0.1427 + 0.1719] = 1.392$$

Der Schadenerwartungswert für dieses Schätzintervall ist 1.392. Er ist bedeutend kleiner als der Schadenerwartungswert der Punktschätzung mit 4.018.

Je nach Informationsstand erhält man unterschiedliche Punktschätzwerte für den unbekannten Käuferanteil der Spielkonsole. Im klassischen Modell, das nur die Informationen der Stichprobe berücksichtigt, ist der beste Schätzwert für den unbekannten Käuferanteil 50%, im Bayes-Modell 46.5% und im Entscheidungsmodell ist er 43.4%. Im Bayes-Modell werden, neben den Stichprobeninformationen noch Prioriinformationen berücksichtigt, im Entscheidungsmodell auch noch Schadeninformationen.

Das gleich gilt auch für die Intervallschätzungen. Je nach Modell erhält man unterschiedliche Schätzintervalle für den unbekannten Käuferanteil. Den Softwareoutput für dieses Beispiel findet man auf Seite 212 für das klassische, Bayes- und Wald-Modell.

1_2 ANTEILSWERT, TESTVERFAHREN

a) Klassisches Modell

Der Produzent der neuen Spielkonsole Yoki weiß auf Grund einer Break-even-Analyse, dass mindestens 40% der potentiellen Kunden die Spielkonsole Yoki kaufen müssen, um in die Gewinnzone zu gelangen. Von einer Werbeveranstaltung ist bekannt, dass von 30 Befragten 15 die neue Spielkonsole kaufen will. Der Anteilswert der Kunden mit Kaufabsicht ist also in der Stichprobe 0.5 oder in Prozent ausgedrückt 50%. Kann man auf Grund dieses Ergebnisses annehmen, dass mindestens 40% der 100000 potentiellen Kunden die neue Spielkonsole "Yoki" kaufen werden oder spricht das Stichprobenergebnis gegen diese Annahme?

Unter der Voraussetzung, dass die Stichprobe eine Zufallsstichprobe aus der Grundgesamtheit der 100000 potentiellen Kunden ist und der "wahre" Anteil in dieser Grundgesamtheit höchstens 0.40 beträgt, kann man auch erwarten, dass in einer Zufallsstichprobe von 30 potentiellen Kunden der Käuferanteil von 0.5 auftritt. Das Stichprobenergebnis von 50% spricht nicht gegen die Annahme, dass in der Grundgesamtheit der Käuferanteil höchstens 40% ausmacht. (Man kann die Hypothese nicht ablehnen).

Wie kommt man zu diesem Ergebnis? Zuerst werden Null- und Alternativhypothese formuliert. Da der Unternehmer weiß, dass mindestens 40% der potentiellen Kunden die Spielkonsole kaufen müssen, um aus der Verlustzone zu kommen, formuliert er als Nullhypothese

$$H_0: \pi \leq 0.40$$

Höchstens 40% der potentiellen Kunden kaufen die Spielkonsole Yoki. Die Alternativhypothese zu dieser Nullhypothese ist

$$H_1: \pi > 0.40$$

Der Käuferanteil ist größer als 0.40.

Um die Hypothesen zu prüfen, berechnet man die Wahrscheinlichkeiten für das Auftreten der Käuferzahlen von 0 bis 30 in einer Stichprobe vom Umfang 30, wenn in der Grundgesamtheit der Anteilswert 0.40 ist. Die allgemeine Formel für die Berechnung dieser Wahrscheinlichkeit ist die Wahrscheinlichkeitsfunktion der Binomialverteilung

$$f_B(x, n, \pi) = \frac{n!}{x!(n-x)!} \cdot \pi^k \cdot (1 - \pi)^{n-k}$$

n ist der Stichprobenumfang, π der Anteil in der Grundgesamtheit und x die Anzahl der Käufer in der Stichprobe. Die Wahrscheinlichkeit für genau 15 Käufer in der Stichprobe von 30 potentiellen Kunden ist für einen Anteil von 0.40 in der Grundgesamtheit

$$f_B(15, 30, 0.40) = \frac{30!}{15! \cdot (30 - 15)!} \cdot 0.40^{15} \cdot (1 - 0.40)^{30-15} = 0.0783.$$

Für genau 16 Käufer ist die Wahrscheinlichkeit 0.0489. Die folgende Tabelle zeigt die Wahrscheinlichkeiten für die Käuferanzahlen von x = 15 bis 22 auf 3 Dezimalstellen:

x	15	16	17	18	19	20	21	22
$f_B(x, 30, 0.4)$	0.078	0.045	0.027	0.013	0.005	0.002	0.001	0.000
$\sum_{k=30}^{x} f_B(k, 30, 0.4)$	0.175	0.097	0.048	0.021	0.008	0.003	0.001	0.000

Die Wahrscheinlichkeit für genau 17 Käufer unter 30 Befragten ist 0.027, für 17 oder mehr Käufer ist sie jedoch schon 0.048. Diese Wahrscheinlichkeit steht in der dritten Zeile der Tabelle. Diese Wahrscheinlichkeit ist kleiner als das Signifikanzniveau von 0.05 oder 5%. Man sieht in dieser Tabelle auch, dass die Wahrscheinlichkeit für 16 und mehr Käufer unter 30 Befragten eine Wahrscheinlichkeit von 0.097 oder 9.7% hat und damit größer ist als das Signifikanzniveau von 5%. Für dieses Signifikanzniveau sind daher 17 Käufer der kritische Wert. Stichproben im Umfang von 30 Befragten mit Käuferanzahlen von 17 und mehr sind aus einer Grundgesamtheit mit einem Käuferanteil von 0.4 nur mit einer Wahrscheinlichkeit von höchsten 5% zu erwarten. Solche Stichproben sprechen gegen die Nullhypothese. Man kann daher beim Auftreten einer Stichprobe mit 17 oder mehr Käuferanzahlen die Nullhypothese ablehnen.

In der vorliegenden Stichprobe haben 15 von 30 potentiellen Kunden Kaufabsicht bekundet. Die Wahrscheinlichkeit für diese Stichprobe oder Stichproben mit mehr Kaufabsichten ist 17.5%:

$$\sum_{k=15}^{30} f_B(k, 30, 0.40) = 0.175$$

Da 17.5% größer ist als das Signifikanzniveau von 5%, kann man die Nullhypothese auf Grund der vorliegenden Stichprobe nicht ablehnen. Bei Käuferanzahlen von 16 oder weniger in einer Stichprobe von 30 Befragten kann die Alternativhypothese nicht angenommen werden. In folgender Grafik ist die Wahrscheinlichkeitsverteilung der Binomialverteilung für $\pi = 0.40$ und $n = 30$ dargestellt mit dem kritischen Wert c = 17, der den Ablehnungsbereich der Nullhypothese vom Nichtablehnungsbereich trennt und dem beobachteten Wert x = 15, der im Nichtablehnungsbereich der Nullhypothese liegt.

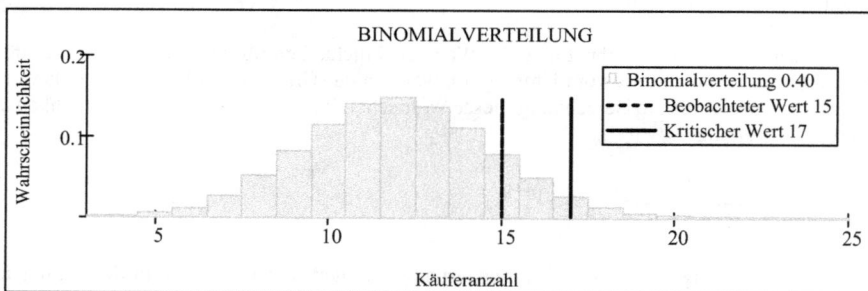

Da die Nullhypothese nicht abgelehnt werden kann, besteht die Gefahr eines β-Fehlers. Bei einem Signifikanztest hat man nur das Risiko eines α-Fehlers quantitativ beschränkt. Man weiß daher im konkreten Fall, dass der Käuferanteil in der Grundgesamtheit auch größer als 0.40 sein kann. Wie groß dieses Risiko jedoch quantitativ ist, kann man nicht allgemein angeben. Nimmt man z. B. als Alternativhypothese an, der Anteilswert der Grundgesamtheit ist 0.5

$H_1: \pi = 0.5,$

dann ist das β-Risiko gleich den Eintrittswahrscheinlichkeiten für die Stichprobenergebnisse 0 bis 16 Käuferanzahlen unter der Voraussetzung, dass der unbekannte Käuferanteil 0.5 ist:

$$\sum_{k=0}^{16} f_B(k, 30, 0.50) = 0.7077 = \beta(0.5).$$

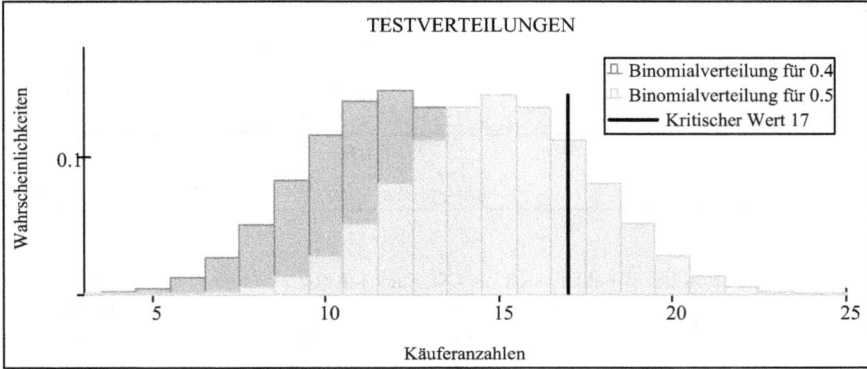

In der folgenden Entscheidungstabelle sind die entsprechenden Wahrscheinlichkeiten für diese spezielle Alternativhypothese $\pi = 0.5$ und die konkrete Stichprobe $x = 15$ nochmals zusammengefasst:

AKTIONEN	ZUSTAND z_0: $\pi \leq 0.4$	ZUSTAND z_1: $\pi > 0.4$
AKTION a_0: $\pi \leq 0.4$	Richtige Entscheidung: 0.8246	Fehler 2. Art: 0.7077
AKTION a_1: $\pi > 0.4$	Fehler 1. Art: 0.1754	Güte: 0.2923

Für einen Käuferanteil in der Grundgesamtheit von 0.6 und einen kritischen Wert von $x = 17$ ist das Risiko eines β-Fehlers nur noch

$$\sum_{k=0}^{16} f_B(k, 30, 0.60) = 0.2855 = \beta(0.6).$$

In der Grafik sind die β-Fehler für einige Alternativhypothesen eingezeichnet. Für die oben angeführten Alternativhypothesen $\pi_1 = 0.5$ und 0.6 sind der β-Fehler hervorgehoben.

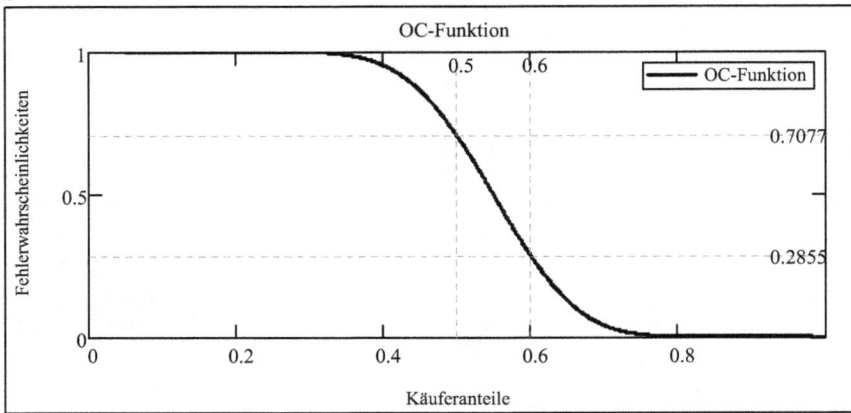

Man bezeichnet die Funktion der β-Fehler auch als OC-Funktion (OC = Operationscharakteristik) eines Tests und ihr Komplement 1 − OC als Macht- oder Gütefunktion. Für die Alternativhypothese $\pi_1 = 0.5$ ist z. B. die Güte gleich $1 - 0.7077 = 0.2923$. Die Grafik zeigt die Gütefunktion für dieses Beispiel.

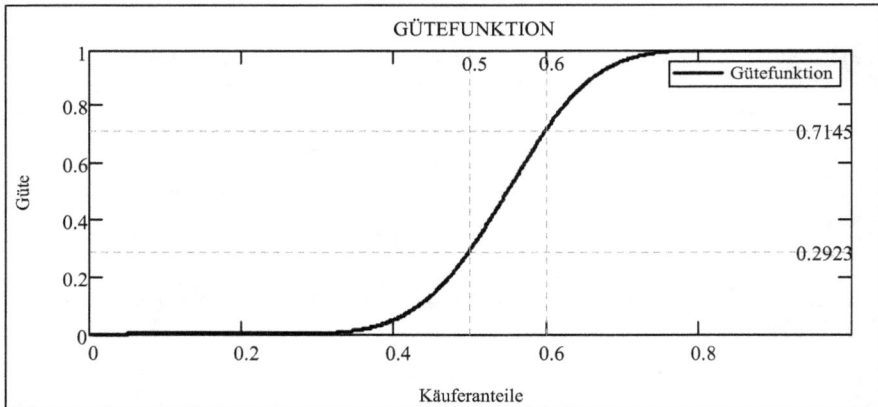

Für eine rechtsseitige Alternativhypothese wird allgemein der kritische Wert c_o, der den Ablehnungsbereich der Nullhypothese vom Nichtablehnungsbereich trennt, nach folgender Formel berechnet:

$$\sum_{k=c_o}^{n} f_B(k, n, \pi) = 1 - \sum_{k=0}^{c_o-1} \left[\frac{n!}{k!(n-k)!} \cdot \pi^k \cdot (1 - \pi)^{n-k} \right] \leq \alpha$$

Für eine linksseitige Alternativhypothese bestimmt man den kritischen Wert c_u nach folgender Formel:

$$\sum_{k=0}^{c_u} \left[\frac{n!}{k!\,(n-k)!} \cdot \pi^k \cdot (1-\pi)^{n-k} \right] \leq \alpha$$

und für eine zweiseitige Alternativhypothese werden die beiden kritischen Werte so bestimmt, dass obige Ungleichungen für $\alpha/2$ gelten.

b) Bayes-Modell

Um zu entscheiden, ob der unbekannte Käuferanteil für die Spielkonsole höchstens gleich dem Break-even-point von 0.4 ist oder größer als 0.4

$$H_0: \pi \leq 0.4$$

$$H_1: \pi > 0.4.$$

berechnet man an Hand der Posterioriverteilung die Wahrscheinlichkeiten für die beiden Hypothesen. Neben den Stichprobeninformationen

und

$$n = 30,$$

$$x = 15,$$

berücksichtigt man noch die Prioriinformationen, dass in einem Nachbarland bei der Einführung der neuen Spielkonsole 40% der potentiellen Käufer diese gekauft haben. Diese Prioriinformation soll halb so stark wie die Stichprobeninformation berücksichtigt werden, d. h. der hypothetische Stichprobenumfang entspricht 15 Befragte und die hypothetische Stichprobenrealisation ist gleich $0.4 \cdot 15 = 6$ hypothetischer Käufer:

$$n' = 15$$

$$x' = 6.$$

Hypothetischer Stichprobenumfang	15
Hypothetische Stichprobenrealisation	6

Die Parameter für die Posterioribetaverteilung vom unbekannten Anteilswert π berechnet man einfach mit Hilfe folgender Formeln

$$n'' = n' + n = 15 + 30 = 45$$

$$x'' = x' + x = 6 + 15 = 21.$$

Die Grafik zeigt die Priori- und Posterioribetaverteilung für den unbekannten Anteilswert π sowie den Break-even-point 0.4:

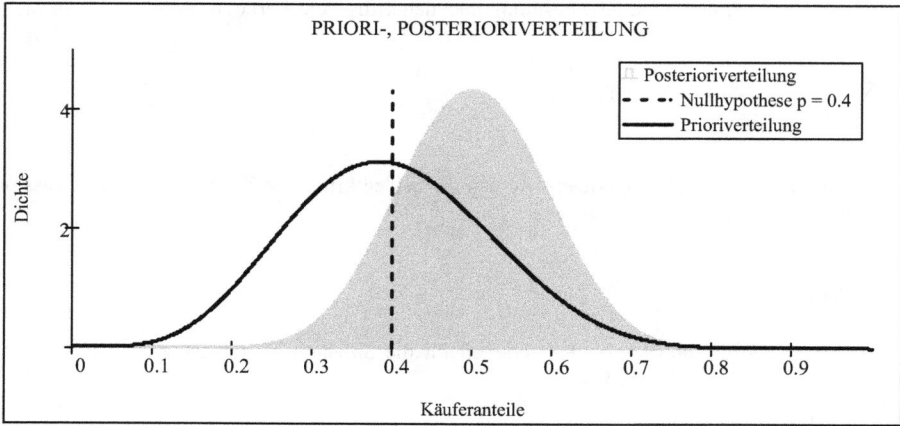

PRIORI-, POSTERIORIVERTEILUNG

Der Wahrscheinlichkeit für die Nullhypothese H_0: $\pi \leq 0.4$ entspricht der Flächenanteil der Posteriorivereilung von 0 bis 0.4 und für die Alternativhypothese der Flächenanteil von 0.4 ist 1:

$$W(H_0) = \int_0^{0.4} f_\beta(\pi, 21, 45 - 21)\, d\pi = F_\beta(0.4, 21, 24) = 0.1856$$

$$W(H_1) = \int_{0.4}^{1} f_\beta(\pi, 21, 45 - 21)\, d\pi = G_\beta(0.4, 21, 24) = 1 - F_\beta(0.4, 21, 24) = 0.8144$$

Die Hypothese, dass der unbekannte Käuferanteilswert höchstens 0.40 ist, hat eine Wahrscheinlichkeit von 18.56% und die Alternativhypothese, dass dieser Anteil größer als 0.40 ist, hat eine Wahrscheinlichkeit von 81.44%. Der Produzent wird sich daher für die Annahme entscheiden, dass der unbekannte Käuferanteil über dem Break-even-point liegt und die Produktion aufnehmen. In der Tabelle ist dieses Entscheidungsproblem zusammengefasst:

AKTIONEN	ZUSTAND z_0: $\pi \leq 0.4$	ZUSTAND z_1: $\pi > 0.4$
AKTION a_0: $\pi \leq 0.4$	Richtige Entscheidung	Fehler 2. Art
AKTION a_1: $\pi > 0.4$	Fehler 1. Art	Richtige Entscheidung
WAHRSCHEINLICHKEIT	0.186	0.814

Das Wahrscheinlichkeitsverhältnis der Null- zur Alternativhypothese ist

$$\frac{W(H_0, \pi \leq 0.4)}{1 - W(H_0, \pi \leq 0.4)} = \frac{0.1856}{0.8144} = 0.228.$$

Dieses Odd besagt nach der 9:19:99-Bewertungsregel, dass dieses Ergebnis nicht die Nullhypothese unterstützt, sondern die Alternativhypothese.

Punktnullhypothese

Bei einer stetigen Verteilung (wie z. B. der Betaverteilung für π) hat ein Punkt auf der Zahlengerade keine Wahrscheinlichkeit. Man kann z. B. nicht an Hand einer Posterioribetaverteilung die 'Wahrscheinlichkeit angeben, dass der unbekannte Käuferanteil genau 0.4 ist. Will man z. B. an Hand von Stichproben- und Prioriinformationen prüfen, ob der Käuferanteil genau 40% ist oder kleiner oder größer

H_0: $\pi = 0.4$

H_1: $\pi \neq 0.4$,

dann kann für diese Punktnullhypothese und Alternativhypothese die Zuordnung einer Prioriwahrscheinlichkeit durch folgende zwei Schritte erfolgen: Der Punktnullhypothese wird priori eine Wahrscheinlichkeit $p_0 > 0$ zugeordnet und der Alternativhypothese die restliche Wahrscheinlichkeit $1 - p_0$ in Form einer Verteilung.

Prioriwahrscheinlichkeit=		
	p_0 für zweiseitig	0.5

Die Posterioriwahrscheinlichkeiten berechnet man dann an Hand der Formeln

$$W\left(H_o, \pi = \pi_0\right) = \frac{f_B(x, n, \pi) \cdot p_0}{f_B(x, n, \pi) \cdot p_0 + f_{\beta B}(x, x', n', n) \cdot (1 - p_0)}$$

$$W\left(H_1, \pi \neq \pi_0\right) = 1 - W\left(H_o, \pi = \pi_0\right)$$

f_B ist die Wahrscheinlichkeitsfunktion der Binomialverteilung

$$f_B(x, n, \pi) = \frac{n!}{x!(n-x)!} \cdot \pi^k \cdot (1 - \pi)^{n-k}$$

und $f_{\beta B}$ die Wahrscheinlichkeitsfunktion der Betabinomialverteilung

$$f_{\beta B}(x, x', n', n) = \frac{n!}{x! \cdot (n-x)!} \cdot \frac{(n'-1)!}{(x'-1)! \cdot (n'-x'-1)!} \cdot \frac{(x''-1)! \cdot (n''-x''-1)!}{(n''-1)!}.$$

Wenn man die oben angeführten Stichproben- und Prioriinformationen berücksichtigt

$$n = 30, \quad x = 15, \quad n' = 15, \quad x' = 6$$

und für die Punktnullhypothese apriori die Wahrscheinlichkeit von

$$p_0 = 0.5$$

annimmt, dann ist die Posterioriwahrscheinlichkeit für die Nullhypothese gleich

$$W\left(H_o, \pi = 0.40\right) = \frac{f_B(15,30,0.40)\cdot 0.5}{f_B(15,30,0.40)\cdot 0.5 + f_{\beta B}(15,6,15,30)\cdot 0.5} = 0.5422$$

und die für die Alternativhypothese gleich

$$W\left(H_1, \pi \neq 0.40\right) = 1 - W\left(H_o, \pi = 0.40\right) = 0.4578$$

Unter diesen Voraussetzungen nimmt man die Nullhypothese an, da die Wahrscheinlichkeit dafür gleich 54.22% ist, etwas mehr als für die Alternativhypothese mit 45.78%.

Eine andere Möglichkeit besteht darin, aus einer Punktnullhypothese eine kleine Intervallhypothese zu machen. Wenn man zwar weiterhin als Alternativhypothese prüfen will, ob der unbekannte Käuferanteil für die Spielkonsole größer oder kleiner ist als 0.4, aber der Ansicht ist, dass die Nullhypothese nicht genau 0.4 sein muss, dann kann man anstelle von 0.4 z. B. ein kleines Intervall von 0.39 bis 0.41 als Käuferanteil der Nullhypothese annehmen:

$$H_0: \pi \in [0.39, 0.41] \qquad H_0: \pi \notin [0.39, 0.41]$$

Intervallnullhypothese	:=		
		Untergrenze	0.39
		Obergrenze	0.41

In diesem Fall ist keine direkte apriori Wahrscheinlichkeitszuordung für die Nullhypothese notwendig, sondern die Wahrscheinlichkeit für die Nullhypothese entspricht dem Flächeninhalt der Verteilung zwischen den beiden Grenzen des Intervalls und wird mit folgender Formel berechnet:

$$W(H_0: \pi \in [0.39, 0.41]) =$$

$$= \int_{0.39}^{0.41} f_\beta\left(\pi, 21, 45 - 21\right) d\pi = F_\beta(0.41, 21, 24) - F_\beta(0.39, 21, 24) = 0.0733$$

Die Posterioriwahrscheinlichkeit für einen Käuferanteil zwischen 0.39 und 0.41 ist 7.33%. Für einen Käuferanteil kleiner oder größer als dieses Intervall ist die Wahrscheinlichkeit gleich 92.27%:

$$W(H_1: \pi \notin [0.39, 0.41]) = 1 - W(H_0: \pi \in [0.39, 0.41]) = 1 - 0.0733 = 0.9267.$$

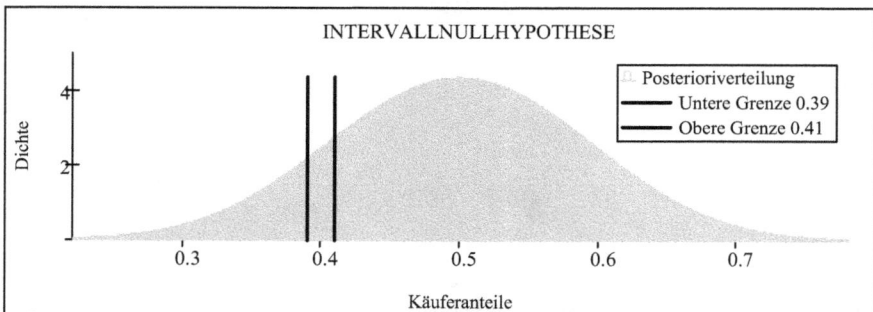

c) Wald-Modell

Der Produzent der Spielkonsole kennt aus seiner Berechnung des Break-even-points die möglichen Schäden und entgangenen Gewinne für den Fall, dass die tatsächliche Nachfrage nicht der angenommenen entspricht. Verzichtet er auf die Produktion der Spielkonsole und die Nachfrage liegt über dem Break-even-point von 0.4, dann hat er einem entgangenen Gewinn von 20 Geldeinheiten pro Spielkonsole. Keinen Schaden oder entgangenen Gewinn hat er, wenn er auf die Produktion verzichtet und die Nachfrage unter dem Break-even-point bleibt.

Schaden bei falscher Wahl von Aktion_0	30
Schaden bei falscher Wahl von Aktion_1	20

Diese Informationen kann man auch folgendermaßen anschreiben:

$$s(a_0, \pi) = \begin{bmatrix} 0 & \text{für } \pi \leq 0.4 \\ 20 \cdot (\pi - 0.4) & \text{für } \pi > 0.4 \end{bmatrix}$$

$s(a_0, \pi)$ ist die lineare Schadenfunktion für die Aktion, die Spielkonsolenproduktion nicht aufzunehmen. Wenn er die Produktion der Spielkonsole aufnimmt, die Nachfrage aber unter dem Break-even-point von 0.4 bleibt, dann muss er mit einem Schaden von 30 Geldeinheiten pro zu viel produzierten Stück rechnen. Keinen Schaden hat er in dieser Situation, wenn die Nachfrage tatsächlich über dem Break-even-point liegt.

$$s(a_1, \pi) = \begin{bmatrix} 0 & \text{für } \pi \geq 0.4 \\ 30 \cdot (0.4 - \pi) & \text{für } \pi < 0.4 \end{bmatrix}$$

$s(a_1, \pi)$ ist die lineare Schadenfunktion für die Aktion, die Konsolenproduktion aufzunehmen. Die beiden Aktionen des Produzenten und die möglichen Nachfragesituationen samt möglichen Schäden sind in folgender Entscheidungstabelle nochmals zusammengefasst:

AKTIONEN	ZUSTAND z_0: $\pi \leq 0.4$	ZUSTAND z_1: $\pi > 0.4$
AKTION a_0: $\pi \leq 0.4$	0	$20 \cdot (\pi - 0.4)$
AKTION a_1: $\pi > 0.4$	$30 \cdot (0.4 - \pi)$	0

Die Unsicherheit über die beiden möglichen Nachfragesituationen (π kleiner gleich 0.4 oder größer) kann der Unternehmer durch die Posterioribetaverteilung zum Ausdruck bringen. Er wird daher die möglichen Schäden, die bei der Wahl einer der beiden Aktionen auftreten können, mit diesen Posterioriwahrscheinlichkeiten gewichten und als Ergebnis die Schadenerwartungswerte der beiden Aktionen erhalten. Die folgende erweiterte Entscheidungstabelle zeigt in der letzten Zeile die vom Bayes-Modell bekannten Posterioriwahrscheinlichkeiten für die beiden Nachfragesituationen und in der letzten Spalte die berechneten Schadenerwartungswerte der beiden Aktionen:

AKTIONEN	ZUSTAND z_0: $\pi \leq 0.4$	ZUSTAND $z1$: $\pi > 0.4$	SE(a_i)
AKTION a_0: $\pi \leq 0.4$	0	$20 \cdot (\pi - 0.4)$	1.477
AKTION a_1: $\pi > 0.4$	$30 \cdot (0.4 - \pi)$	0	0.216
WAHRSCHEINLICHKEIT	0.186	0.814	*

Der erwartete Schaden für die Aktion, die Spielkonsolenproduktion nicht aufzunehmen, beträgt 1.477 Geldeinheiten und für die Aktion, die Produktion aufzunehmen, 0.216 Geldeinheiten. Da die Aktion, die

Konsolenproduktion aufzunehmen, den geringeren Schadenerwartungswert hat, wird der Unternehmer diese Aktion wählen. Die beiden Schadenerwartungswerte werden mit Hilfe folgender Formeln berechnet:

$$SE(a_0) = 0 \cdot \int_0^{\pi_0} f_\beta(\pi, x'', n'' - x'') \, d\pi + s_2 \cdot \int_{\pi_0}^1 (\pi - \pi_0) \cdot f_\beta(\pi, x'', n'' - x'') \, d\pi$$

$$= 0 + s_2 \cdot \left(\frac{x''}{n''} \cdot G_\beta(\pi_0, x'' + 1, n'' - x'') - \pi_0 \cdot G_\beta(\pi_0, x'', n'' - x'') \right)$$

$$SE(a_1) = s_1 \cdot \int_0^{\pi_0} (\pi_0 - \pi) \cdot f_\beta(\pi, x'', n'' - x'') \, d\pi + 0 \cdot \int_{\pi_0}^1 f_\beta(\pi, x'', n'' - x'') \, d\pi$$

$$= s_1 \cdot \left(\pi_0 \cdot F_\beta(\pi_0, x'', n'' - x'') - \frac{x''}{n''} \cdot F_\beta(\pi_0, x'' + 1, n'' - x'') \right)$$

Wenn man die konkreten Schaden-, Priori- und Stichprobeninformationen einsetzt, dann erhält man obige Ergebnisse:

$$SE(a_0) = 20 \cdot \left(\frac{21}{45} \cdot G_\beta(0.4, 21 + 1, 24) - 0.4 \cdot G_\beta(0.4, 21, 24) \right) = 1.4773$$

$$SE(a_1) = 30 \cdot \left(0.4 \cdot F_\beta(0.4, 21, 24) - \frac{21}{45} \cdot F_\beta(0.4, 21 + 1, 24) \right) = 0.216$$

Die Grafik zeigt neben der Priori und Posterioriverteilung des Käuferanteilswertes die beiden Schadenfunktionen für die Fehlentscheidungen:

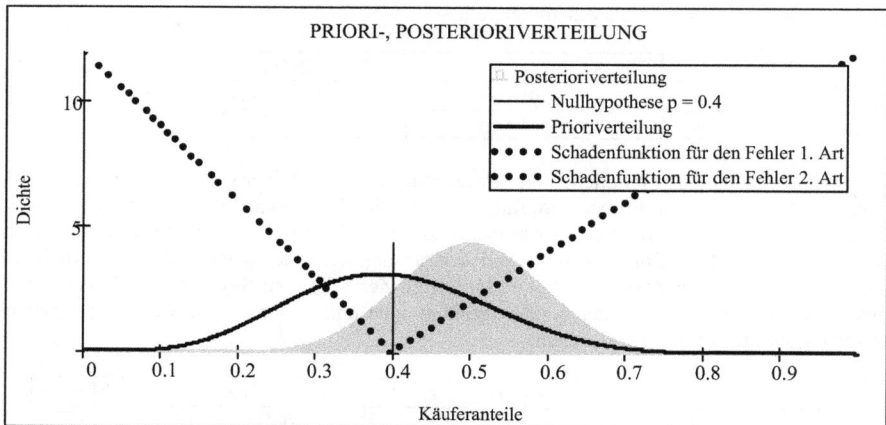

1_3 DURCHSCHNITT, SCHÄTZVERFAHREN

a) Klassisches Modell

Wie viele Kilogramm Fleisch kaufen die Kunden eines Fleischhändlers im Schnitt pro Woche? Auf diese Frage antworteten 5 Kunden mit folgenden Angaben:

4.4 12 9 9 5.6

Der Stichprobenumfang ist in diesem Fall $n = 5$. Fasst man die einzelnen Angaben in folgenden Intervallen zusammen und zählt sie nach diesen Intervallen aus, dann erhält man folgende Tabelle:

"Unter-"	"Ober-"	"Mittel-"	"Häufig-"	"Kumulierte"	"Prozente"	"Kumulierte"
"grenze"	"grenze"	"punkt"	"keiten"	"Häufigkeit"	"%"	"%"
0	5	2	1	1	20	20
5	7	6	1	2	20	40
7	10	8	2	4	40	80
10	13	11	1	5	20	100
"*"	"*"	("SUMME")	5	"*"	100	"*"

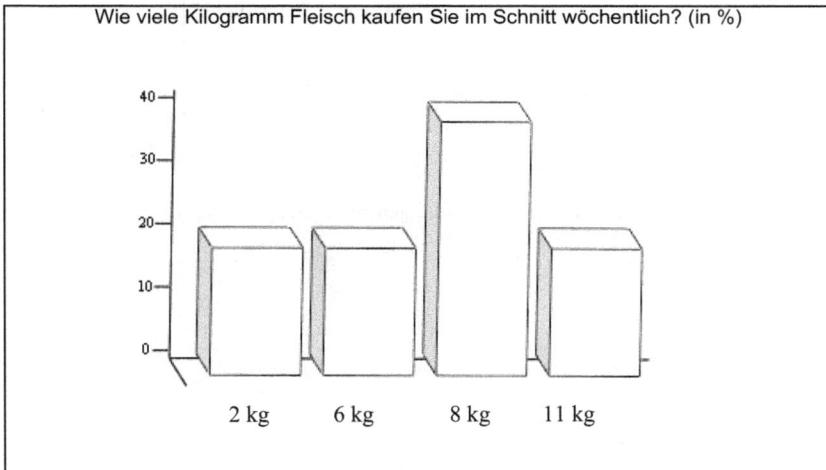

Wie viele Kilogramm Fleisch kaufen Sie im Schnitt wöchentlich? (in %)

Bei der Wahl der Intervalle ist es am einfachsten, wenn man die gewünschten Intervalle einzeln angibt. Für die angegebenen Intervalle

Intervallgrenzen :=

Untergrenze	Obergrenze
0	5
5	7
7	10
10	13

erhält man obige Auszählung. Man kann aber auch keine Intervallgrenzen vorgeben, sondern die Anzahl gleichlanger Intervalle.

Anzahl_Intervalle :=

2

Will man z. B. obige 5 Daten zu 2 Intervallen gleicher Länge zusammenfassen, dann berechnet man zuerst die Intervallbreite

$$\text{Breite} = \frac{\max(\text{Daten}) - \min(\text{Daten})}{\text{Intervallanzahl} + 1} = \frac{12 - 4.4}{2 + 1} = 2.533$$

Die auf ganze Zahlen aufgerundete Breite wird zum kleinsten Wert der Daten fortlaufend dazugezählt. Das Ergebnis zeigt folgende Tabelle:

"Unter-"	"Ober-"	"Mittel-"	"Häufig-"	"Prozente"	"Kumulierte"
"grenze"	"grenze"	"punkt"	"keiten"	"%"	"%"
4.4	7.4	5	2	40	40
7.4	13	10	3	60	100
"Zeit"	"Zeit"	("SUMME")	5	100	"*"

Schließlich kann man sich auch die Anzahl der gleichlangen Intervalle nach folgender Formel berechnen lassen:

$$\text{Intervallanzahl} = 1 + 3.322 \cdot \log(n) = 3.322$$

Aufgerundet sind diese 4 Intervalle. Das Ergebnis ist

"Unter-"	"Ober-"	"Mittel-"	"Häufig-"	"Prozente"	"Kumulierte"
"grenze"	"grenze"	"punkt"	"keiten"	"%"	"%"
4.4	6.4	5	2	40	40
6.4	8.4	7	0	0	40
8.4	10.4	9	2	40	80
10.4	13	11	1	20	100
"Zeit"	"Zeit"	(SUMME)	5	100	"*"

Im Durchschnitt kaufen die 5 Befragten wöchentlich 8 Kilogramm Fleisch. Der Durchschnitt (oder auch das arithmetisches Mittel) einer Verteilung ist die reale oder fiktive Merkmalsausprägung, die sich aus der Summe aller Merkmalsausprägungen dividiert durch die Anzahl der Einheiten ergibt. Für seine Bestimmung werden folgende Formeln verwendet:

$$xquer = \frac{1}{n} \cdot (x_1 + x_2 + \dots + x_n) = \frac{1}{n} \cdot \sum_{i=1}^{n} x_i$$

oder

$$xquer = \frac{1}{n} \cdot \sum_{j=1}^{m} (h_j \cdot x_j)$$

mit h_j = absolute Häufigkeit von x_j. Wenn die Ausprägungen nur in Form einer Urliste vorliegen, dann wird die erste Formel genommen. Die zweite verwendet man bei Häufigkeitsverteilungen.

Man nennt xquer meistens den Mittelwert und lässt den Zusatz arithmetisch weg. Wird das Mittel nicht aus einer Stichprobe sondern aus einer Grundgesamtheit berechnet, dann kürzt man es mit μ ab.

Die Summe der Merkmalsausprägungen ist im Beispiel gleich der insgesamt gekauften Fleischmenge

$$\sum_{i=1}^{5} x_i = (4.4 + 12 + 9 + 9 + 5.6) = 40$$

Und n = 5. Daher ist der Durchschnitt der Quotient aus beiden Zahlen nämlich gleich

$$xquer = \frac{40}{5} = 8$$

Kilogramm. Fasst man die gleichen Merkmalsausprägungen zusammen, dann erhält man folgende Häufigkeitsverteilung:

$$\begin{bmatrix} (\text{Ausprägung}) & \text{Häufigkeit} \\ x_j & h_j \\ 4.4 & 1 \\ 5.6 & 1 \\ 9.0 & 2 \\ 12.0 & 1 \\ \text{SUMME} & 5 \end{bmatrix}$$

Wenn man die Ausprägungen mit ihren Häufigkeiten multipliziert und dann diese Produkte summiert, dann erhält man wieder die Summe der Merkmalsausprägungen (letztes Element in der 3. Spalte):

$$
\begin{bmatrix}
\text{Ausprägung} & \text{Häufigkeit} & \text{Produkt} \\
x_j & h_j & x_j \cdot h_j \\
4.4 & 1 & 4.4 \\
5.6 & 1 & 5.6 \\
9.0 & 2 & 18.0 \\
12.0 & 1 & 12.0 \\
(\text{SUMME}) & 5 & 40.0
\end{bmatrix}
$$

Die Division durch die Summe der Häufigkeiten liefert wieder den Mittelwert xquer = 8.

Kann man nun annehmen, dass auch alle Kunden des Fleischhändlers im Mittel 8 Kilogramm Fleisch pro Woche einkaufen? Sicher nicht. Man kann aber ein Konfidenzintervall für den unbekannten Durchschnitt der Grundgesamtheit von circa 100 Kunden berechnen. Dazu benötigt man neben dem Stichprobendurchschnitt noch die Stichprobenvarianz bzw. einen Schätzwert für die unbekannte Varianz der Grundgesamtheit.

Den Durchschnitt aus den Abweichungsquadraten der Merkmalsausprägungen einer Verteilung von ihren arithmetischen Mittel bezeichnet man als Varianz. Sie wird mit s^2 abgekürzt, wenn sie aus einer Stichprobe errechnet wird und mit σ^2, wenn sie die Streuung einer Grundgesamtheit kennzeichnet.

$$
s^2 = \frac{1}{n} \cdot \sum_{i=1}^{n} \left(x_i - xquer\right)^2 = \frac{1}{n} \cdot \sum_{i=1}^{n} x_i - n \cdot xquer^2
$$

In folgender Tabelle sind die Berechnungsschritte für die Varianz der wöchentlich gekauften Fleischmengen von 5 Befragten angeführt. In der ersten Spalte stehen die Merkmalsausprägungen x_j und ihren Häufigkeiten h_j in der zweiten Spalte. In der dritten Spalte stehen die Abweichungen der Ausprägungen vom Durchschnitt xquer = 8. Die Quadrate dieser Abweichungen vom Durchschnitt findet man in der vierten Spalte. Diese Quadrate werden mit den Häufigkeiten der zweiten Spalte gewichtet und summiert. Das Ergebnis ist die Abweichungsquadratsumme von 36.72.

$$
\begin{bmatrix}
x_j & h_j & x_j - xquer & \left(x_j - xquer\right)^2 & \left(x_j - xquer\right)^2 \cdot h_j \\
4.4 & 1 & -3.6 & 12.96 & 12.96 \\
5.6 & 1 & -2.4 & 5.76 & 5.76 \\
9.0 & 2 & 1.0 & 1.00 & 2.00 \\
12.0 & 1 & 4.0 & 16.00 & 16.00 \\
\text{SUMME} & 5 & "*" & "*" & 36.72
\end{bmatrix}
$$

Wenn man die Abweichungsquadratsumme durch die Anzahl der Einheiten dividiert, dann erhält man die Varianz dieser Verteilung:

$$
s^2 = \frac{36.72}{5} = 7.344
$$

Die positive Wurzel aus der Varianz ist die Standardabweichung. Zum Unterschied zur Varianz ist die Standardabweichung eine benannte Zahl.

$$s = \sqrt{s^2}$$

Für obiges Beispiel ist die Standardabweichung gleich s = 2.71 Kilogramm. Im Mittel weichen die 5 wöchentlich eingekauften Fleischmengen um 2.71 Kilogramm von ihren Durchschnitt 8 Kilogramm ab.

Wenn die Varianz der Grundgesamtheit σ^2 bekannt ist,

$$\sigma^2 = 9,$$

dann wird ein zweiseitiges Konfidenzintervall für den unbekannten Mittelwert μ zum Niveau $1 - \alpha$ nach folgenden Formeln berechnet:

$$K_u = \text{xquer} - z_{1-\frac{\alpha}{2}} \cdot \frac{\sigma}{\sqrt{n}}$$

$$K_o = \text{xquer} + z_{1-\frac{\alpha}{2}} \cdot \frac{\sigma}{\sqrt{n}}$$

z ist das $1 - (\alpha/2)$.-te Perzentil der standardisierten Normalverteilung:

$$F_Z(z) = \int_{-\infty}^{z} f_Z(x)\, dx = 1 - \frac{\alpha}{2}$$

und $f_Z(z)$ ist die Dichtefunktion dieser Verteilung:

$$f_Z(z) = \frac{1}{\sqrt{2 \cdot \pi}} \cdot e^{-\frac{z^2}{2}}$$

Dieses Perzentil bestimmt man aus entsprechenden Tabellen der Normalverteilung oder berechnet es mit geeigneten Programmen.

"Konfidenzniveau"	0.95

Für ein Konfidenzniveau von 95% ist z gleich

$$z_{1-0.05/2} = 1.96$$

Unter- und Obergrenze des zweiseitigen Konfidenzintervalls für den Durchschnitt sind

$$K_u = 8 - 1.96 \cdot \frac{3}{\sqrt{5}} = 5.37$$

$$K_o = 8 + 1.96 \cdot \frac{3}{\sqrt{5}} = 10.63$$

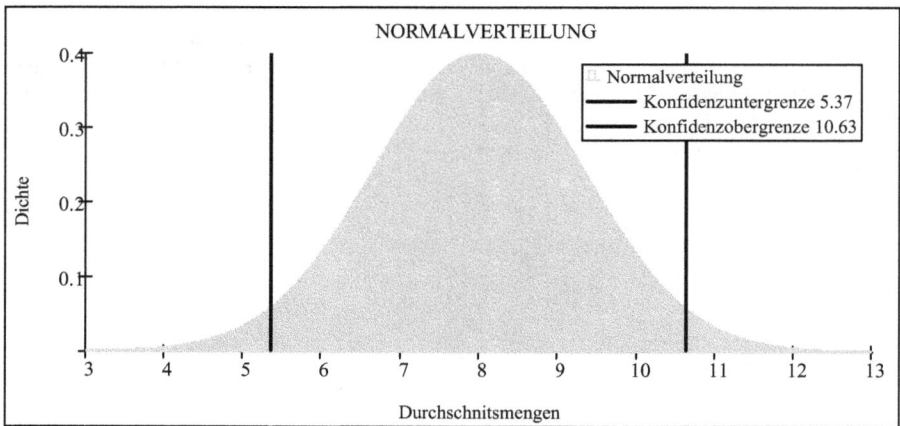

NORMALVERTEILUNG

	Normalverteilung	
	Konfidenzuntergrenze 5.37	
	Konfidenzobergrenze 10.63	

Dichte

Durchschnitsmengen

Mit einem Vertrauen von 95% kann man den unbekannten Durchschnitt der wöchentlich gekauften Fleischmengen im Intervall von 5.37 bis 10.63 Kilogramm erwarten.

b) Bayes-Modell

Bei einer früheren Befragung haben 5 Kunden angegeben, dass sie im Durchschnitt pro Woche 6 Kilogramm Fleisch kaufen. Diese Information kann man als Prioriinformation zur oben angeführten Stichprobeninformation betrachten. Die Stichprobeninformation ist

xquer = 8

n = 5

und die Prioriinformation ist

μ' = 6

n' = 5.

Die Anzahl der Befragten der Prioriinformation n' wird wieder als hypothetischer Stichprobenumfang bezeichnet und μ' als Prioridurchschnitt. Wenn man die Varianz der Grundgesamtheit σ^2 kennt und Normalverteilung voraussetzen kann, dann ist durch μ' und σ^2/n' eine Priorinormalverteilung definiert.

Hypothetischer Stichprobenumfang	5
Priorimittelwert	6

Wenn man diese Verteilung für die Berechnung von Punkt- und Intervallschätzungen als Prioriinformation berücksichtigen will, dann kann man die Parameter der Posteriorinormalverteilung, die sich aus der Verknüpfung der Stichprobeninformation mit dieser Prioriinformation ergibt, nach folgenden Formeln berechnen:

$$\mu'' = \frac{n' \cdot \mu' + n \cdot \text{xquer}}{n' + n}$$

$$\sigma''^2 = \frac{\sigma^2}{n' + n}$$

Wenn die Varianz der Grundgesamtheit gleich

$$\sigma^2 = 9$$

ist, dann sind der Posterioridurchschnitt und -varianz gleich

$$\mu'' = \frac{n' \cdot \mu' + n \cdot \text{xquer}}{n' + n} = \frac{5 \cdot 6 + 5 \cdot 8}{5 + 5} = 7$$

$$\sigma''^2 = \frac{\sigma^2}{n' + n} = \frac{9}{5 + 5} = 0.9.$$

In der Grafik sind die Priori- und Posteriorinormalverteilung sowie der Priori- und Posterioridurchschnitt dargestellt.

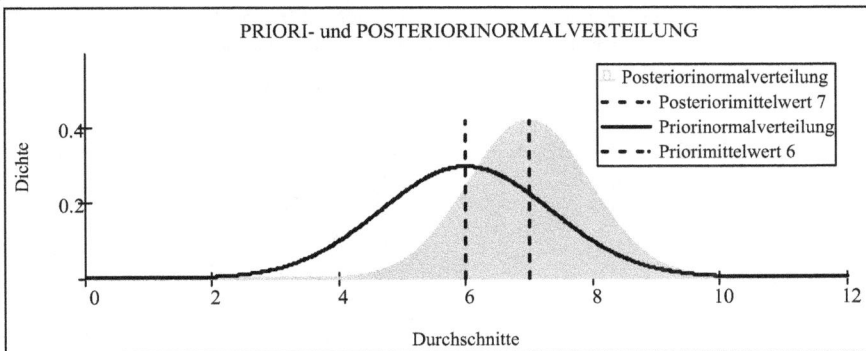

Mit Hilfe dieser Posteriorinormalverteilung kann man ein Intervall bestimmen, in dem der unbekannte Durchschnitt der wöchentlich gekauften Fleischmenge mit vorgegebener Wahrscheinlichkeit liegt. Für ein 95%-iges Wahrscheinlichkeitsintervall werden Unter- und Obergrenze nach folgenden Formeln berechnet:

$$I_u = \mu'' - z_{1-\frac{\alpha}{2}} \cdot \sigma'' = 7 - 1.96\sqrt{0.9} = 5.141$$

$$I_o = \mu'' + z_{1-\frac{\alpha}{2}} \cdot \sigma'' = 7 + 1.96\sqrt{0.9} = 8.859$$

Der unbekannte Durchschnitt der wöchentlich gekauften Fleischmenge liegt mit einer Wahrscheinlichkeit von 95% zwischen 5.1 und 8.9 Kilogramm. Da die Normalverteilung symmetrisch ist, ist dies auch ein HPD-Intervall für den unbekannten Durchschnitt. Die Dichten der Unter- und Obergrenze des Intervalls sind gleich:

$$f_N\left(5.141\,,7\,,\sqrt{0.9}\right) = 0.062 = f_N\left(8.859\,,7\,,\sqrt{0.9}\right).$$

Die Grenzen dieses Intervalls sind in der Grafik der Posteriorinormalverteilung eingezeichnet.

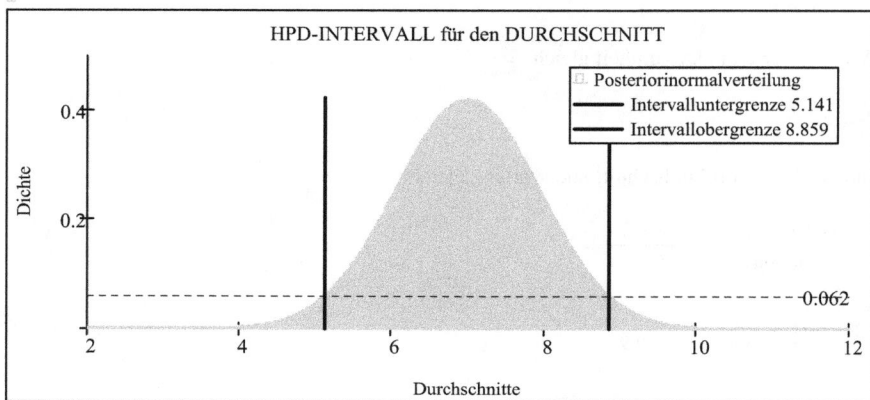

Der Stichprobendurchschnitt von 8 Kilogramm ist der beste Punktschätzwert für den unbekannten Durchschnitt der wöchentlich gekauften Fleischmenge eines Kunden im klassischen Modell:

$$xquer = 8$$

Im Bayes-Modell ist der Mittelwert der Posteriorinormalverteilung mit 7 Kilogramm der beste Punktschätzwert:

$$\mu'' = 7$$

c) Wald-Modell

Der Fleischhändler will seine Lagerhaltungspolitik überprüfen. Da er circa 100 Kunden hat, die bei ihm im Schnitt 8 kg Fleisch pro Woche einkaufen, kauft er insgesamt

$$xquer \cdot 100 = 8 \cdot 100 = 800$$

Kilogramm Fleisch pro Woche ein. Es kommt aber immer wieder vor, dass er zu wenig oder zu viel Fleisch eingekauft hat. Für das Kilogramm Fleisch bezahlt er im Einkauf 10 Geldeinheiten und verkauft es um 20 Geldeinheiten. Fleisch, das er nach einer Woche nicht verkauft, kann er nur mehr zu Tierfutter verarbeiten. Für ein Kilogramm Tierfutter bekommt er 8 Geldeinheiten. Er hat also für jedes Kilogramm Fleisch, das er zu viel eingekauft hat, einen Verlust von 2 Geldeinheiten. Andererseits hat er einen entgangenen Gewinn von 10 Geldeinheiten für jedes Kilogramm Fleisch, das er zu wenig eingekauft hat. Man kann diese möglichen Verluste und entgangenen Gewinne durch folgende lineare Schadenfunktion ausdrücken:

Überschätzung des wahren Wertes: $a > \mu$	2
Unterschätzung des wahren Wertes: $a < \mu$	10

$$s(a,\mu) = \begin{bmatrix} 0 & \text{für} & a = \mu \\ s_u \cdot (a - \mu) & \text{für} & a > \mu \\ s_o \cdot (\mu - a) & \text{für} & a < \mu \end{bmatrix} = \begin{bmatrix} 0 & \text{für} & a = \mu \\ 2 \cdot (a - \mu) & \text{für} & a > \mu \\ 10 \cdot (\mu - a) & \text{für} & a < \mu \end{bmatrix}$$

a ist der Schätzwert für den unbekannten Durchschnitt μ. Wenn tatsächlich $a = \mu$ ist, dann entsteht kein Schaden. Wenn der unbekannte Durchschnitt μ kleiner ist als der Schätzwert a, dann tritt ein Schaden auf, der der Differenz $2 \cdot (a - \mu)$ entspricht. Bei durchschnittlich 6 nachgefragten Kilogramm Fleisch und 8 100 Kilogramm auf Lager ist z. B. der Schaden gleich

$$2 \cdot (8 - 6) \cdot 100 = 400$$

Geldeinheiten, da der Kundenstock des Händlers etwa 1000 Personen zählt. 400 wird als Schaden der Überschätzung s_u bezeichnet, da der unbekannte Durchschnitt μ kleiner ist als der Schätzwert a, also unterhalb von a liegt.

Ist der unbekannte Durchschnitt μ größer als der Schätzwert a, dann liegt eine Unterschätzung des wahren Durchschnittes vor, der unbekannte Durchschnitt μ liegt oberhalb des Schätzwertes a. Im vorliegenden Beispiel ist $s_o = 10$ der Schaden der Unterschätzung pro Abweichungseinheit. Bei einer tatsächlichen Nachfrage von durchschnittlich 10 Kilogramm Fleisch pro Woche ist der Schaden der Unterschätzung gleich

$$10 \cdot (10 - 8) \cdot 100 = 2000$$

Geldeinheiten.

Im Prinzip muss der Fleischhändler für jede mögliche Durchschnittsfleischmenge den Schaden oder entgangenen Gewinn berechnen, diesen mit der Eintrittswahrscheinlichkeit aus der Posteriorinormalverteilung gewichten und dann jene Durchschnittsmenge suchen, die den kleinsten Schadenerwartungswert aufweist. Für die oben angeführte Posteriorinormalverteilung und die Schäden der Unter- und Überschätzung hat die Durchschnittsmenge von 7.92 Kilogramm den kleinsten Schadenerwartungswert von 2.84 Geldeinheiten. Der Fleischhändler wird daher in Zukunft

$$7.92 \cdot 100 = 792$$

Kilogramm Fleisch wöchentlich bestellen. Zu diesem Ergebnis kommt man mit Hilfe folgender Formeln. Bei einer linearen Schadenfunktion findet man den optimalen Schätzwert a_{opt} für den unbekannten Durchschnitt durch die Beziehung

$$F_Z\left(\frac{a_{opt} - \mu''}{\sigma''}\right) = \frac{s_o}{s_u + s_o}$$

F_Z ist die standardisierte Verteilungsfunktion der Posteriorinormalverteilung

$$F_Z(z) = \frac{1}{\sqrt{2 \cdot \pi}} \cdot \int_{-\infty}^{z} e^{-\frac{x^2}{2}} \, dx$$

mit

$$z = \frac{a_{opt} - \mu''}{\sigma''}$$

und s_u, s_o die Schäden der Unter- und Überschätzung. Für das Beispiel ist diese Beziehung erfüllt, wenn man für $a_{opt} = 7.92$ nimmt:

$$F_Z\left(\frac{7.918 - 7}{\sqrt{0.9}}\right) = \frac{10}{2 + 10} = 0.833 \ .$$

Der Schadenerwartungswert SE für diese optimale Punktschätzung wird mit Hilfe der Formel

$$SE(a_{opt}) = (s_u + s_o) \cdot \sigma'' \cdot f_Z\left(\frac{a_{opt} - \mu''}{\sigma''}\right)$$

berechnet. f_Z ist die Dichtefunktion der standardisierten Normalverteilung

$$f_Z(z) = \frac{1}{\sqrt{2 \cdot \pi}} \cdot e^{-\frac{z^2}{2}}$$

Der Schadenerwartungswert ist

$$SE(7.918) = (2 + 10) \cdot \sqrt{0.9} \cdot f_Z\left(\frac{7.918 - 7}{\sqrt{0.9}}\right) = 12 \cdot \left[\frac{1}{\sqrt{2 \cdot \pi}} \cdot e^{-\frac{\left(\frac{7.918-7}{\sqrt{0.9}}\right)^2}{2}}\right] = 2.844$$

Geldeinheiten. Die Grafik zeigt die Priori- und Posterioriverteilung sowie den optimalen Schätzwert:

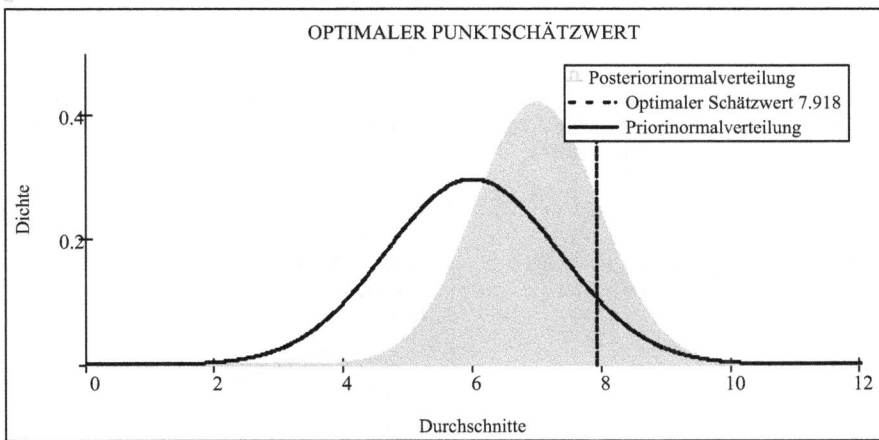

Die Schadenfunktion für eine Intervallschätzung ohne Vorgabe der Interwallänge ist für den unbekannten Durchschnitt μ folgendermaßen definiert:

$$s(a,\mu) = s_l \cdot (T_o - T_u) \cdot \begin{bmatrix} s_u \cdot (T_u - \mu) & \text{für} & T_u > \mu \\ s_o \cdot (\mu - T_o) & \text{für} & T_o < \mu \end{bmatrix}$$

T_u ist die Untergrenze des Schätzintervalls und T_o die Obergrenze. s_u und s_o sind die von der Punktschätzung bekannten Schäden pro Einheit Über- und Unterschätzung des wahren Durchschnittes. s_l ist der Schaden pro Einheit Interwallänge. Je länger das Schätzintervall umso größer der Schaden. Nimmt man für s_l gleich 0.5 Geldeinheiten an und übernimmt für s_u und s_o die Beträge von der Punktschätzung, dann lautet die Schadenfunktion

$$s(a,\mu) = 0.5 \cdot (T_o - T_u) \cdot \begin{bmatrix} 2 \cdot (T_u - \mu) & \text{für} & T_u > \mu \\ 10 \cdot (\mu - T_o) & \text{für} & T_o < \mu \end{bmatrix}$$

Für das Intervall mit minimalem Schadenerwartungswert müssen die Grenzen die Bedingungen

$$F_Z(z_u) = \frac{s_l}{s_u} \qquad z_u = \frac{T_u - \mu''}{\sigma''}$$

$$F_Z(z_o) = 1 - \frac{s_l}{s_o} \qquad z_o = \frac{T_o - \mu''}{\sigma''}$$

erfüllen. F_Z ist wieder die standardisierte Verteilungsfunktion der Posteriorinormalverteilung. Wenn man für T_u 6.36 annimmt und für T_o 8.56, dann sind die Bedingungen erfüllt:

$$F_Z\left(\frac{6.36 - 7}{\sqrt{0.9}}\right) = \frac{0.5}{2} = 0.25$$

$$F_Z\left(\frac{8.56 - 7}{\sqrt{0.9}}\right) = 1 - \frac{0.5}{10} = 0.95$$

Der Fleischhändler kann annehmen, dass die durchschnittliche Fleischmenge, die pro Woche nachgefragt wird, zwischen 6.36 Kilogramm und 8.56 Kilogramm liegt. Der Schadenerwartungswert dieses optimalen Intervalls wird mit folgender Formel bestimmt:

$$SE(a_{opt}) = \sigma'' \cdot \left[s_l \cdot (z_o - z_u) + s_u \cdot (z_u \cdot F_Z(z_u) + f_Z(z_u)) + s_o \cdot (f_Z(z_o) - z_o \cdot G_Z(z_o))\right]$$

Wenn man in diese Formel einsetzt, dann erhält man 9.63 Geldeinheiten als Schadenerwartungswert für dieses optimale Intervall. In der Grafik sind die Grenzen des optimalen Intervalls eingezeichnet.

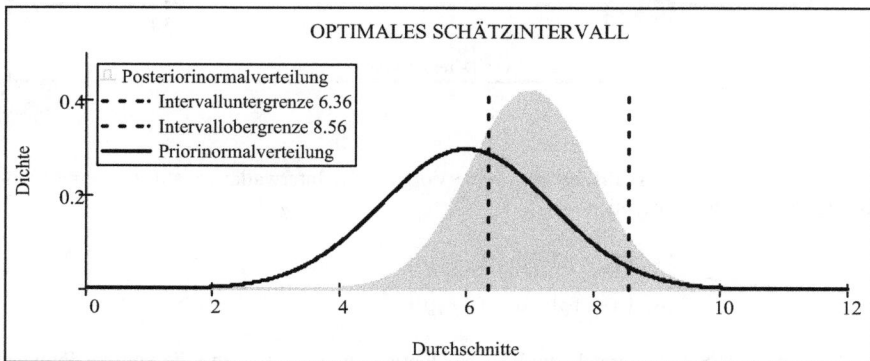

1_4 DURCHSCHNITT, TESTVERFAHREN

a) Klassisches Modell

Ein Fleischhändler plant die Errichtung einer Filiale in einem neuen Stadtteil. Der Break-even-point liegt bei durchschnittlich 5 Kilogramm Fleisch pro Woche und Kunden. Kann er annehmen, dass die potentiellen Kunden im Schnitt pro Woche mindestens 5 Kilogramm Fleisch kaufen? Auf die Frage nach den wöchentlichen Fleischmengen, die üblicherweise gekauft werden, antworteten 5 potentielle Kunden einer Werbeveranstaltung mit folgenden Angaben (siehe Durchschnitt, Schätzverfahren):

4.4   12   9   9   5.6

Der Stichprobenumfang ist in diesem Fall $n = 5$ und der Durchschnitt aus diesen 5 Angaben ist 8 Kilogramm. Im Mittel kaufen die 5 Befragten wöchentlich 8 Kilogramm Fleisch. Widerlegt dieses Stichprobenergebnis die Annahme, dass alle potentiellen Kunden im Mittel höchstens 5 Kilogramm Fleisch pro Woche kaufen?

Das Ergebnis vorweggenommen: Unter der Voraussetzung, dass der "wahre" Durchschnitt in dieser Grundgesamtheit höchstens 5 Kilogramm Fleisch pro Woche ist, kann man nicht erwarten, dass in einer Zufallsstichprobe von 5 potentiellen Kunden ein Durchschnitt von 8 Kilogramm auftritt. Da das Stichprobenergebnis gegen die Annahme spricht , dass in der Grundgesamtheit aller potentiellen Kunden diese höchstens 5 Kilogramm Fleisch im Durchschnitt pro Woche kaufen, kann man auch annehmen, dass dieser Durchschnitt über 5 Kilogramm Fleisch pro Woche liegt.

Um zu diesem Ergebnis zu gelangen, stellt man zuerst Null- und Alternativhypothese auf. Die Nullhypothese ist

$H_0: \mu \leq 5$.

Alle potentiellen Kunden des Stadtteils kaufen im Mittel höchstens 5 Kilogramm Fleisch pro Woche.

Nullhypothese	5

Die Alternative dazu ist

$H_1: \mu > 5$.

Alle potentiellen Kunden des Stadtteils kaufen im Mittel mehr als 5 Kilogramm Fleisch pro Woche. Unter der Voraussetzung einer normalverteilten Grundgesamtheit und bekannter Varianz der Grundgesamtheit verwendet man die Testmaßzahl

$$z_{beob} = \frac{xquer - \mu_0}{\frac{\sigma}{\sqrt{n}}}.$$

Standardabweichung der Grundgesamtheit	3

Da im Beispiel $n = 5$ ist und die Varianz der Grundgesamtheit mit

$$\sigma^2 = 9$$

bekannt ist, verwendet man die normalverteilte Testmaßzahl z_{beob}. Der Durchschnitt der Stichprobe, xquer, ist gleich

$$xquer = \frac{1}{n} \cdot \sum_{i=1}^{n} x_i = \frac{1}{5} \cdot (4.4 + 12 + 9 + 9 + 5.6) = 8,$$

und μ_0 ist 5. z_{beob} ist daher

$$z_{beob} = \frac{8 - 5}{\frac{3}{\sqrt{5}}} = 2.236.$$

Wenn man ein Signifikanzniveau von 5% voraussetzt, dann ist der kritische Wert z_c der standardisierten Normalverteilung gleich

$$z_c = 1.645.$$

Signifikanzniveau	0.05

Da der Wert dieser Verteilung mit 1.645 kleiner ist als der beobachtete mit 2.236, kann die Nullhypothese abgelehnt werden. Das Stichprobenergebnis spricht gegen die Annahme, dass die durchschnittlich gekaufte Fleischmenge pro Woche und Käufer höchstens 5 Kilogramm beträgt. Man kann behaupten, dass die durchschnittlich gekaufte Fleischmenge pro Woche und Käufer größer als 5 Kilogramm ist. Da die Nullhypothese abgelehnt werden kann, ist mit dieser Entscheidung kein β sondern ein α Risiko verknüpft. Wie hoch dieses Risiko zahlenmäßig ist, weiß man bei einem Signifikanztest genau. Es ist

$$1 - F_Z\left(\frac{xquer - \mu_0}{\frac{\sigma}{\sqrt{n}}}\right) = 1 - F_Z\left(\frac{8 - 5}{\frac{3}{\sqrt{5}}}\right) = 0.013 \,.$$

F_Z ist die Verteilungsfunktion der standardisierten Normalverteilung:

$$F_Z(z) = \frac{1}{\sqrt{2 \cdot \pi}} \cdot \int_{-\infty}^{z} e^{-\frac{x^2}{2}} \, dx$$

mit

$$z = \frac{x - \mu}{\sigma}.$$

Das Risiko, dass die Behauptung falsch ist, die durchschnittlich gekaufte Fleischmenge pro Woche und Käufer ist größer als 5 Kilogramm, dieses Risiko ist 1.3%, also weniger als 5%. Man nimmt daher diese Behauptung an, da man sie auch annehmen würde, wenn das Risiko kleiner gleich 5% wäre.

Folgende Grafik zeigt den kritischen ($z_c = 1.645$) und beobachteten Wert ($z_{beob} = 2.236$) der standardisierten Normalverteilung.

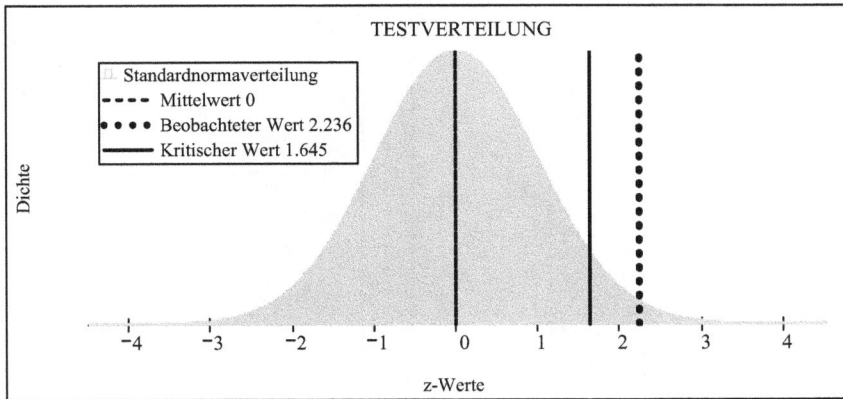

Da die Nullhypothese abgelehnt werden kann, besteht nur die Gefahr eines α-Fehlers oder Fehlers 1. Art. Man weiß daher im konkreten Fall, dass die durchschnittlich gekaufte Fleischmenge pro Woche und Kunden in der Grundgesamtheit auch kleiner gleich 5 Kilogramm sein kann. Dieses Risiko ist jedoch nur 1.3%.

Nimmt man z. B. als Alternativhypothese an, die durchschnittlich gekaufte Fleischmenge pro Woche und Kunden in der Grundgesamtheit ist 8 Kilogramm

H_1: $\mu = 8$,

dann ist das β-Risiko gleich den Eintrittswahrscheinlichkeiten für Stichprobendurchschnitte von 0 bis 7.21 Kilogramm:

$$\mu_0 + z_{1-\alpha} \cdot \frac{\sigma}{\sqrt{n}} = 5 + 1.645 \cdot \frac{3}{\sqrt{5}} = 7.207$$

Diese Wahrscheinlichkeit ist gleich

$$F_Z \left(\frac{7.207 - 8}{\frac{3}{\sqrt{5}}} \right) = 0.277 .$$

Die Grafik zeigt die beiden Verteilungen und den kritischen Wert 7.21 Kilogramm für die Stichprobendurchschnitte.

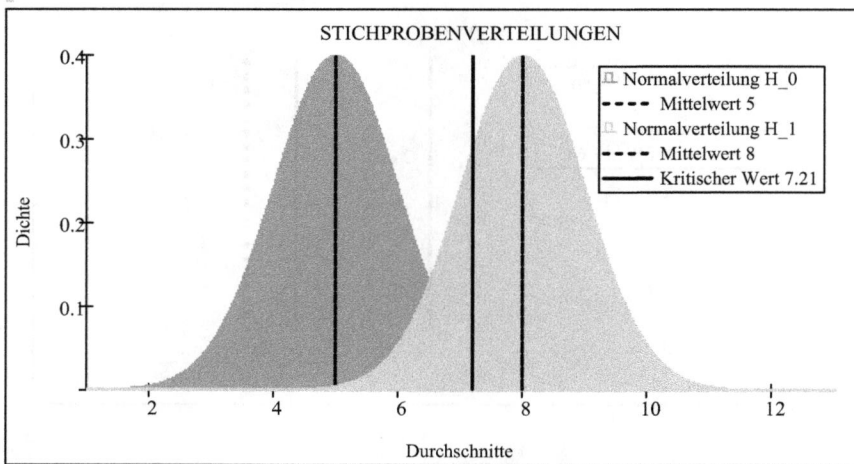

In der folgenden Entscheidungstabelle sind die entsprechenden Wahrscheinlichkeiten für die Nullhypothese $\mu \leq 5$ und diese spezielle Alternativhypothese $\mu = 8$ sowie das Stichprobenergebnis xquer = 8 nochmals zusammengefasst:

AKTIONEN	ZUSTAND z0: $\mu \leq 5$	ZUSTAND z1: $\mu = 8$
AKTION a_0: $\mu \leq 5$	Richtige Entscheidung: 0.987	Fehler 2. Art: 0.277
AKTION a_1: $\mu = 8$	Fehler 1. Art: 0.013	Güte: 0.723

Für die Alternative

$$H_1: \mu = 8$$

ist das β-Risiko schon

$$F_Z\left(\frac{7.207 - 7}{\frac{3}{\sqrt{5}}} \right) = 0.561 .$$

Mögliche weitere Alternativhypothesen samt ihren β-Risiken werden zur OC-Funktion zusammengefasst, wie sie folgende Grafik zeigt:

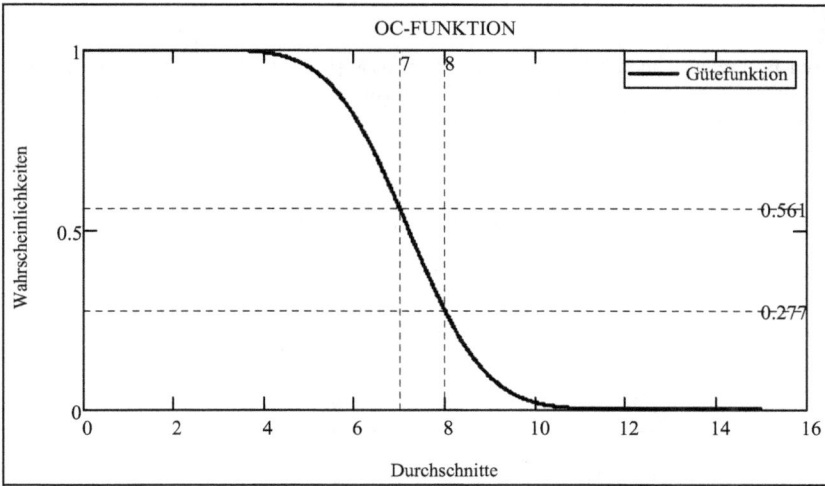

OC-FUNKTION

Die Gütefunktion, das Komplement der OC-Funktion, zeigt insbesondere die Güte für die beiden Alternativhypothesen 7 und 8:

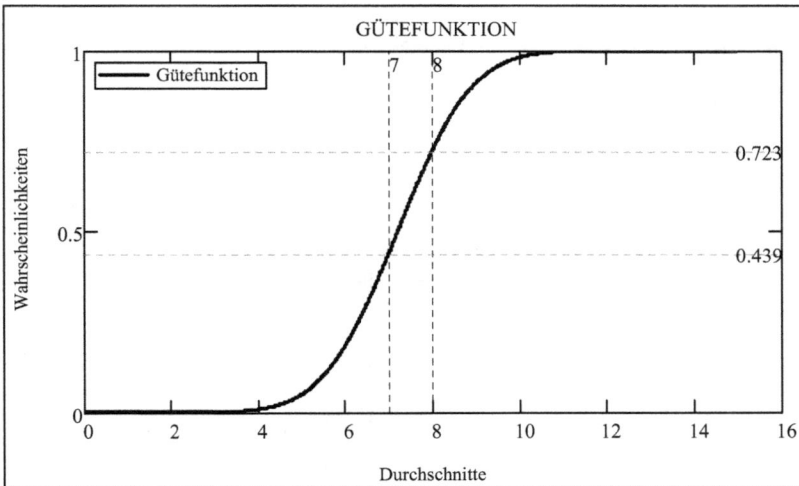

GÜTEFUNKTION

b) Bayes-Modell

Bei einer früheren Befragung haben 5 Kunden angegeben, dass sie im Durchschnitt pro Woche 6 Kilogramm Fleisch kaufen. Diese Information kann man als Prioriinformation zur oben angeführten Stichprobeninformation betrachten. Die Stichprobeninformation ist

$$xquer = 8$$

$$n = 5$$

und die Prioriinformation ist

$$\mu' = 6$$

$$n' = 5.$$

Hypothetischer Stichprobenumfang	6
Priorimittelwert	5

Durch diese Informationen sind die Parameter der Posterioriverteilung bestimmt, wenn man die Varianz der Grundgesamtheit σ^2 als bekannt voraussetzen kann:

$$\sigma^2 = 9.$$

Der Posteriorierwartungswert μ'' und die Posteriorivarianz σ'' sind

$$\mu'' = \frac{n' \cdot \mu' + n \cdot xquer}{n' + n} = \frac{5 \cdot 6 + 5 \cdot 8}{5 + 5} = 7$$

$$\sigma''^2 = \frac{\sigma^2}{n' + n} = \frac{9}{5 + 5} = 0.9.$$

Mit Hilfe dieser Posteriorinormalverteilung kann man die Wahrscheinlichkeiten für die beiden Hypothesen

$$H_0: \mu \leq 5$$

und

$$H_1: \mu > 5$$

berechnen. Die Grafik zeigt die Priori- und Posteriorinormalverteilung für den unbekannten Durchschnitt μ der wöchentlich gekauften Fleischmenge pro Kunden sowie den Break-even-point 5:

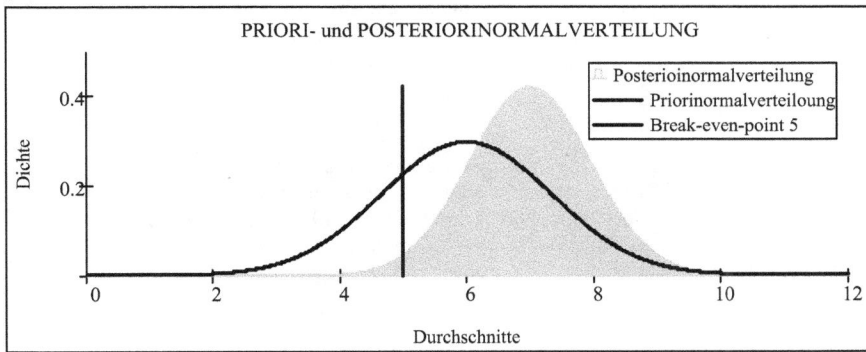

Der Wahrscheinlichkeit für die Nullhypothese H_0: $\mu \lesssim 5$ entspricht der Flächenanteil der Posteriori-verteilung von 0 bis 5 und für die Alternativhypothese der Flächenanteil von 5 bis ∞:

$$W(H_0: \mu \lesssim 5) = \int_0^5 f_N(\mu, 7, \sqrt{0.9}) \, d\mu = F_Z\left(\frac{5-7}{\sqrt{0.9}}\right) = 0.018$$

$$W(H_1: \mu > 5) = \int_5^\infty f_N(\mu, 7, \sqrt{0.9}) \, d\mu = G_Z\left(\frac{5-7}{\sqrt{0.9}}\right) = 1 - F_Z\left(\frac{5-7}{\sqrt{0.9}}\right) = 0.982$$

Die Hypothese, dass die unbekannte wöchentliche Durchschnittsmenge an gekauftem Fleisch höchstens 5 Kilogramm ist, hat eine Wahrscheinlichkeit von 1.8% und die Alternativhypothese, dass dieser Durchschnitt größer als 5 Kilogramm ist, hat eine Wahrscheinlichkeit von 98.2%. Der Fleischhändler wird sich daher für die Annahme entscheiden, dass der unbekannte Durchschnitt über dem Break-even-point liegt und die Filiale eröffnen. In der Tabelle ist dieses Entscheidungsproblem zusammengefasst:

AKTIONEN	ZUSTAND z_0: $\mu \lesssim 5$	ZUSTAND z_1: $\mu > 5$
AKTION a_0: $\mu \lesssim 5$	Richtige Entscheidung	Fehler 2. Art
AKTION a_1: $\mu > 5$	Fehler 1. Art	Richtige Entscheidung
WAHRSCHEINLICHKEIT	0.018	0.982

Das Wahrscheinlichkeitsverhältnis der Null- zur Alternativhypothese ist

$$\frac{W(H_0, \mu \leq 5)}{1 - W(H_0, \mu \leq 5)} = \frac{0.018}{0.982} = 0.018.$$

Dieses Odd besagt nach der 9:19:99-Bewertungsregel, dass dieses Ergebnis nicht die Nullhypothese unterstützt, sondern die Alternativhypothese:

$$\frac{W(H_1, \mu > 5)}{1 - W(H_1, \mu > 5)} = \frac{0.982}{0.018} = 54.556.$$

Die Alternativhypothese ist rund 55 Mal wahrscheinlicher als die Nullhypothese. Da $19 < 54.556 < 99$ kann man behaupten, dass das Ergebnis die Alternativhypothese signifikant unterstützt. Die durchschnittliche Fleischmenge pro Woche und Kunden liegt über 5 Kilogramm.

Punktnullhypothese

Bei einer stetigen Verteilung (wie z. B. der Normalverteilung für μ) hat ein Punkt auf der Zahlengerade keine Wahrscheinlichkeit. Man kann z. B. nicht an Hand einer Posteriorinormalverteilung die 'Wahrscheinlichkeit angeben, dass der unbekannte Durchschnitt gekauftes Fleisch pro Woche und Kunde genau 5 Kilogramm ist. Will man z. B. an Hand von Stichproben- und Prioriinformationen prüfen, ob der Durchschnitt genau 5 Kilogramm ist oder kleiner oder größer

$$H_0: \mu = 5$$

$$H_1: \mu \neq 5,$$

dann kann für diese Punktnullhypothese und Alternativhypothese die Zuordnung einer Prioriwahrscheinlichkeit durch folgende zwei Schritte erfolgen: Der Punktnullhypothese wird priori eine Wahrscheinlichkeit $p_0 > 0$ zugeordnet und der Alternativhypothese die restliche Wahrscheinlichkeit $1 - p_0$ in Form einer Verteilung. Die Posterioriwahrscheinlichkeiten berechnet man dann an Hand der Formeln

$$W(H_0) = f_N\left(\text{xquer}, \mu_0, \frac{\sigma}{\sqrt{n}}\right) \cdot \frac{p_0}{f_N\left(\text{xquer}, \mu_0, \frac{\sigma}{\sqrt{n}}\right) \cdot p_0 + f_N\left[\text{xquer}, \mu', \sqrt{\sigma^2 \cdot \left(\frac{1}{n'} + \frac{1}{n}\right)}\right] \cdot (1 - p_0)}$$

$$W(H_1, \mu \neq \mu_0) = 1 - W(H_0, \mu = \mu_0)$$

f_N ist die Dichtefunktion der Normalverteilung

$$f_N(x, \mu, \sigma) = \frac{1}{\sqrt{2 \cdot \pi \cdot \sigma}} \cdot e^{-\frac{(x-\mu)^2}{2 \cdot \sigma^2}}$$

Wenn man die oben angeführten Stichproben- und Prioriinformationen berücksichtigt

$$n = 5, \text{ xquer} = 8, \text{ } n' = 5, \text{ } \mu' = 6 \text{ und } \sigma = 3$$

sowie für die Punktnullhypothese apriori die Wahrscheinlichkeit von

$$p_0 = 0.5$$

annimmt,

Prioriwahrscheinlichkeit=		
	p_0 für zweiseitig	0.5

dann ist die Posterioriwahrscheinlichkeit für die Nullhypothese gleich

$$W\left(H_o, \mu = 5\right) = \frac{f_N\left(8, 5, \frac{3}{\sqrt{5}}\right) \cdot 0.5}{f_N\left(8, 5, \frac{3}{\sqrt{5}}\right) \cdot 0.5 + f_N\left[8, 6, \sqrt{3^2 \cdot \left(\frac{1}{5} + \frac{1}{5}\right)}\right] \cdot (1 - 0.5)} = 0.168$$

und die für die Alternativhypothese gleich

$$W\left(H_1, \mu \neq 5\right) = 1 - W\left(H_o, \mu = 5\right) = 0.832.$$

Unter diesen Voraussetzungen nimmt man die Alternativhypothese an, da die Wahrscheinlichkeit dafür gleich 83.2% ist, weitaus mehr als für die Nullhypothese mit 16.8%

Eine andere Möglichkeit besteht darin, aus einer Punktnullhypothese eine kleine Intervallhypothese zu machen. Wenn man zwar weiterhin als Alternativhypothese prüfen will, ob der unbekannte Durchschnitt für die Fleischmenge pro Woche und Kunden größer oder kleiner ist als 5, aber der Ansicht ist, dass die Nullhypothese nicht genau 5 sein muss, dann kann man anstelle von 5 z. B. ein kleines Intervall von 4.5 bis 5.5 als Intervall für den unbekannten Durchschnitt der Nullhypothese annehmen:

H_0: $\mu \in [4.5, 5.5]$

H_1: $\mu \notin [4.5, 5.5]$

Intervallnullhypothese=	
Untergrenze	4.5
Obergrenze	5.5

In diesem Fall ist keine direkte apriori Wahrscheinlichkeitszuordung für die Nullhypothese notwendig, sondern die Wahrscheinlichkeit für die Nullhypothese entspricht dem Flächeninhalt der Verteilung zwischen den beiden Grenzen des Intervalls und wird mit folgender Formel berechnet:

$$W(H_0: \mu \in [4.5, 5.5]) =$$

$$= \int_{4.5}^{5.5} f_N(\mu, 7, \sqrt{0.9})\, d\pi = F_N(5.5, 7, \sqrt{0.9}) - F_N(4.5, 7, \sqrt{0.9}) = 0.053$$

Die Posterioriwahrscheinlichkeit für einen Durchschnitt zwischen 4.5 und 5.5 Kilogramm ist 5.3%. Für einen Käuferanteil kleiner oder größer als dieses Intervall ist die Wahrscheinlichkeit gleich 94.7%:

$$W(H_0: \mu \notin [4.5, 5.5]) = 1 - W(H_0: \mu \in [4.5, 5.5]) = 1 - 0.053 = 0.947.$$

INTERVALLNULLHYPOTHESE

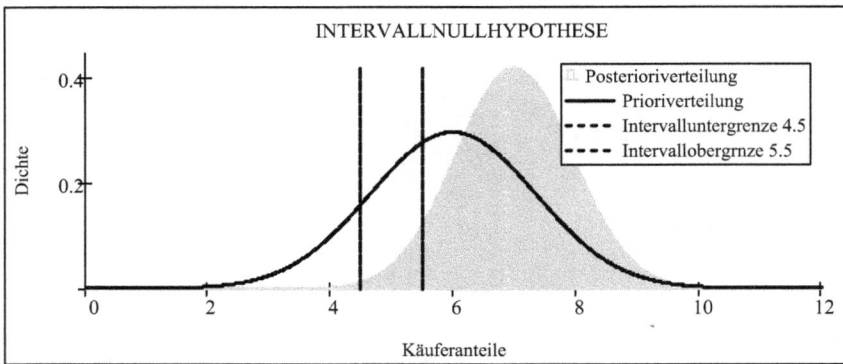

c) Wald-Modell

Der Fleischhändler kennt aus seiner Berechnung des Break-even-points die möglichen Schäden und ent-gangenen Gewinne für den Fall, dass die tatsächliche Nachfrage nicht der angenommenen entspricht. Ver-zichtet er auf die Eröffnung der Filiale in dem neuen Stadtteil und die Nachfrage liegt über dem Break-even-point von 5 Kilogramm, dann hat er einem entgangenen Gewinn von 30 Geldeinheiten pro Kilo-gramm Fleisch. Keinen Schaden oder entgangenen Gewinn hat er, wenn er auf die Errichtung der Filiale verzichtet und die Nachfrage unter dem Break-even-point bleibt.

Schaden bei falscher Wahl von Aktion_0	30
Schaden bei falscher Wahl von Aktion_1	20

Diese Informationen kann man auch folgendermaßen anschreiben:

$$s(a_0, \mu) = \begin{bmatrix} 0 & \text{für} & \mu \leq 5 \\ 30 \cdot (\mu - 5) & \text{für} & \mu > 5 \end{bmatrix}$$

$s(a_0, \mu)$ ist die lineare Schadenfunktion für die Aktion, die Filiale nicht zu eröffnen. Wenn er die Filiale aufsperrt, die Nachfrage aber unter dem Break-even-point von 5 bleibt, dann muss er mit einem Schaden von 20 Geldeinheiten pro Kilogramm Fleisch rechnen. Keinen Schaden hat er in dieser Situation, wenn die Nachfrage tatsächlich über dem Break-even-point liegt.

$$s(a_1, \mu) = \begin{bmatrix} 0 & \text{für} & \mu \geq 5 \\ 20 \cdot (5 - \mu) & \text{für} & \mu < 5 \end{bmatrix}$$

$s(a_1, \mu)$ ist die lineare Schadenfunktion für die Aktion, die Filiale aufzusperren. Die beiden Aktionen des Fleischhändlers und die möglichen Nachfragesituationen samt möglichen Schäden sind in folgender Ent-scheidungstabelle nochmals zusammengefasst:

AKTIONEN	ZUSTAND z_0: $\mu \leq 5$	ZUSTAND z_1: $\mu > 5$
AKTION a_0: $\mu \leq 5$	0	$30 \cdot (\mu - 5)$
AKTION a_1: $\mu > 5$	$20 \cdot (5 - \mu)$	0

Die Unsicherheit über die beiden möglichen Nachfragesituationen (μ kleiner gleich 5 oder größer) kann der Fleischhändler durch die Posteriorinormalverteilung zum Ausdruck bringen. Er wird daher die möglichen Schäden, die bei der Wahl einer der beiden Aktionen auftreten können, mit diesen Posterioriwahrscheinlichkeiten gewichten und als Ergebnis die Schadenerwartungswerte der beiden Aktionen erhalten. Die folgende erweiterte Entscheidungstabelle zeigt in der letzten Zeile die vom Bayes-Modell bekannten Posterioriwahrscheinlichkeiten für die beiden Nachfragesituationen und in der letzten Spalte die berechneten Schadenerwartungswerte der beiden Aktionen:

AKTIONEN	ZUSTAND z_0: $\mu \leq 5$	ZUSTAND z_1: $\mu > 5$	SE(a_i)
AKTION a_0: $\mu \leq 5$	0	$30 \cdot (\mu - 5)$	60.18
AKTION a_1: $\mu > 5$	$20 \cdot (5 - \mu)$	0	0.120
WAHRSCHEINLICHKEIT	0.018	0.982	*

Der erwartete Schaden für die Aktion, die Filiale zu eröffnen, beträgt 0.12 Geldeinheiten und für die Aktion, die Filiale nicht zu eröffnen, 60.18 Geldeinheiten. Da die Aktion, die Filiale zu eröffnen, den geringeren Schadenerwartungswert hat, wird der Unternehmer diese Aktion wählen.

Die beiden Schadenerwartungswerte werden mit Hilfe folgender Formeln berechnet:

$$SE(a_0) = 0 \cdot \int_{-\infty}^{\mu_0} f_N(\mu, \mu'', \sigma'') \, d\mu + s_2 \cdot \int_{\mu_0}^{\infty} (\mu - \mu_0) \cdot f_N(\mu, \mu'', \sigma'') \, d\mu =$$

$$= 0 + s_2 \cdot \sigma'' \cdot \left(f_Z \left(\frac{\mu_0 - \mu''}{\sigma''} \right) - \frac{\mu_0 - \mu''}{\sigma''} \cdot G_Z \left(\frac{\mu_0 - \mu''}{\sigma''} \right) \right) =$$

$$= 30 \cdot \sqrt{0.9} \cdot \left(f_Z \left(\frac{5 - 7}{\sqrt{0.9}} \right) - \frac{5 - 7}{\sqrt{0.9}} \cdot G_Z \left(\frac{5 - 7}{v\sqrt{0.9}} \right) \right) = 60.18$$

und

$$SE(a_1) = s_1 \cdot \int_{-\infty}^{\mu_0} (\mu_0 - \mu) \cdot f_N(\mu, \mu'', \sigma'') \, d\mu + 0 \cdot \int_{\mu_0}^{\infty} f_N(\mu, \mu'', \sigma'') \, d\mu =$$

$$= s_1 \cdot \sigma'' \cdot \left(\frac{\mu_0 - \mu''}{\sigma''} \cdot F_Z \left(\frac{\mu_0 - \mu''}{\sigma''} \right) + f_Z \left(\frac{\mu_0 - \mu''}{\sigma''} \right) \right) + 0 =$$

$$= 20 \cdot \sqrt{0.9} \cdot \left(\frac{5 - 7}{\sqrt{0.9}} \cdot F_Z \left(\frac{5 - 7}{v\sqrt{0.9}} \right) + f_Z \left(\frac{5 - 7}{\sqrt{0.9}} \right) \right) = 0.12 \, .$$

Die Grafik zeigt neben der Priori und Posterioriverteilung des Käuferanteilswertes die beiden Schadenfunktionen für die Fehlentscheidungen:

PRIORI-, POSTERIORIVERTEILUNG

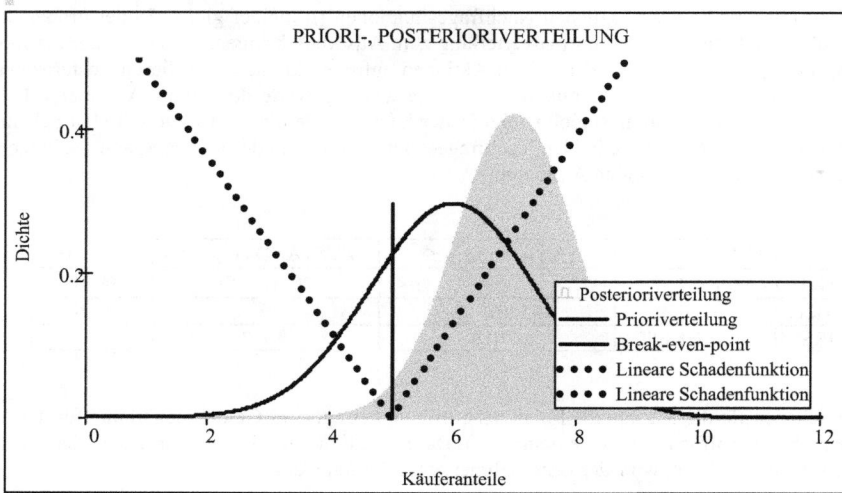

Mit Hilfe der Software der Autoren kann die Berechnung der Ergebnisse für die 3 Modelle einfach be-werkstelligt werden. Für das klassische Modell sind neben den Stichprobendaten das Signifikanzniveau einzugeben, für das Bayes-Modell zusätzlich die Prioriinformationen und für das Wald-Modell die Scha-deninformationen. Den Output für dieses Beispiel findet man auf Seite 217.

2_0 ZWEI UNABHÄNGIGE STICHPROBEN

Wenn man den Lieferantenmarkt für Chips untersucht, dann kann es sein, dass zwei Lieferanten für diese Chips in Frage kommen. Man wird die Qualität der Chips an Hand von zwei Stichproben überprüfen. Vermutlich ergeben sich Unterschiede zwischen den Ausschussquoten in diesen beiden Stichproben. Kann man auf Grund dieser Unterschiede schon allgemein annehmen, dass einer der beiden Lieferanten generell bessere Qualität liefert? Diese Frage wird mit Hilfe geeigneter Testverfahren geklärt. Ist der Anteil defekter Chips beim Lieferanten A kleiner als beim Lieferanten B? Diese Frage wird im Abschnitt 2_1 analysiert. Wird nicht ein Defekt gezählt sondern gemessen, dann eignen sich die Tests von Abschnitt 2_2 zur Analyse eventueller Unterschiede.

2_1 ANTEILSWERTE

a) Klassisches Modell

Dem Hersteller von Fernsehgeräten stehen für den Kauf von Chips zwei Angebote zur Auswahl. Die Überprüfung der Lieferqualität brachte folgendes Ergebnis. Von 200 überprüften Chips des ersten Anbieters haben 25% zumindest einen Defekt aufgewiesen, von 300 des zweiten Anbieters 21%. Die Ergebnisse sind in folgender Tabelle und Grafik zusammengefasst:

$$
\begin{bmatrix}
\text{"Lieferant"} & \text{"Firma A"} & \text{"Firma B"} \\
\text{"Chips"} & \text{"absolut"} & \text{"absolut"} \\
\text{"defekt"} & 50 & 63 \\
\text{"nicht defekt"} & 150 & 237 \\
(\text{"SUMME"}) & 200 & 300
\end{bmatrix}
$$

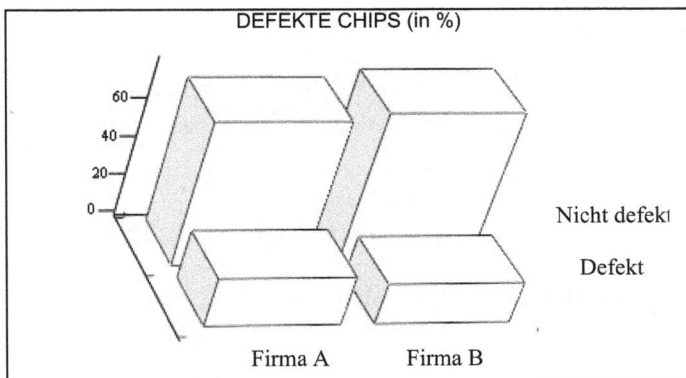

Ist diese Differenz schon groß genug, um allgemein zu behaupten, dass die Qualität der Chips der Firma B besser ist?

Nein, diese Differenz in den Ausschussquoten ist nicht groß genug. Man kann nicht generell behaupten, dass die Firma B bessere Qualität liefert als die Firma A. Zu diesem Ergebnis kommt man wie folgt: Zuerst werden Null- und Alternativhypothese formuliert.

$$H_0: \pi_A = \pi_B$$

oder

$$H_0: \pi_A - \pi_B = \delta = 0$$

Nullhypothese	0

Die Ausschussquote der Firma A ist gleich jener von B.

$$H_1: \pi_A > \pi_B$$

oder

$$H_1: \pi_A - \pi_B = \delta > 0$$

Die Ausschussquote der Firma A ist größer als die von B.

Um diese Hypothesen zu prüfen, berechnet man die Testmaßzahl

$$z_{beob} = \frac{p_1 - p_2}{\sigma_{d_\pi}} = \frac{d_\pi}{\sigma_{d_\pi}}$$

mit

$$d_\pi = p_1 - p_2 = \frac{a}{a + c} + \frac{b}{b + d} = \frac{a}{n_1} + \frac{b}{n_2}$$

a, b, c, d sind die Werte aus folgender Matrix:

$$\begin{bmatrix} \text{"Lieferant"} & \text{"Firma A"} & \text{"Firma B"} \\ \text{"Chips"} & \text{"absolut"} & \text{"absolut"} \\ \text{"defekt"} & 50 & 63 \\ \text{"nicht defekt"} & 150 & 237 \\ (\text{"SUMME"}) & 200 & 300 \end{bmatrix} = \begin{bmatrix} \text{"Lieferant"} & \text{"Firma A"} & \text{"Firma B"} \\ \text{"Chips"} & \text{"absolut"} & \text{"absolut"} \\ \text{"defekt"} & a & b \\ \text{"nicht defekt"} & c & d \\ (\text{"SUMME"}) & n_1 & n_2 \end{bmatrix}$$

Die Streuung dieser Differenz wird mit Hilfe folgender Formel berechnet:

$$\sigma_{\delta_\pi} = (1 \cdot V \cdot 1^T)^{1/2} =$$

$$= \left[\, (1 \quad -1) \cdot \begin{pmatrix} \dfrac{a \cdot c}{n_1^{\,3}} & 0 \\[2mm] 0 & \dfrac{b \cdot d}{n_2^{\,3}} \end{pmatrix} \cdot \begin{pmatrix} 1 \\ -1 \end{pmatrix} \right]^{\frac{1}{2}}$$

p_1 und p_2 sind die Ausschussquoten der gelieferten Chips der Firma A und B. Eingesetzt erhält man für die Differenz d der Ausschussquoten

$$d_\pi = p_1 - p_2 =$$
$$= \frac{50}{200} - \frac{63}{300} = 0.25 - 0.21 = 0.04$$

und die Standardabweichung der Differenz ist nach obiger Formel gleich

$$\sigma_{\delta_\pi} = \sqrt{ (1 \quad -1) \cdot \begin{pmatrix} \dfrac{50 \cdot 150}{200^{\,3}} & 0 \\[2mm] 0 & \dfrac{63 \cdot 237}{300^{\,3}} \end{pmatrix} \cdot \begin{pmatrix} 1 \\ -1 \end{pmatrix} } = 0.039$$

Die Testmaßzahl ist

$$z_{beob} = \frac{0.04}{0.039} = 1.036.$$

Sie ist normalverteilt. Die Wahrscheinlichkeit für das Auftreten einer so großen Testmaßzahl errechnet man mit Hilfe der Normalverteilung

$$F_N\big(z_{beob}\big) = F_N(1.036) = 0.85.$$

Die Wahrscheinlichkeit einen beobachteten Wert von 1.048 oder größer zu erhalten, wenn die Nullhypothese gilt, ist daher $1 - 0.85 = 0.15$

Signifikanzniveau	0.05

Diese Wahrscheinlichkeit ist größer als das Signifikanzniveau von 0.05. Daher kann die Nullhypothese nicht abgelehnt werden. Zum gleichen Ergebnis kommt man, wenn man den beobachteten z-Wert mit dem kritischen z-Wert vergleicht. Für ein 5%-iges Signifikanzniveau ist der kritische z-Wert für eine linksseitige Alternativhypothese

$$z_{1-a/2} = 1.645.$$

Da der beobachtete z-Wert $z_{beob} = 1.036$ kleiner ist als der kritische z-Wert, kann die Nullhypothese nicht abgelehnt werden. In unten stehender Grafik ist dieses Testergebnis veranschaulicht. Die Testmaßzahl

z_{beob} (1.036) liegt links vor dem kritischen Wert (1.645) der Normalverteilung für ein Signifikanzniveau von 5%:

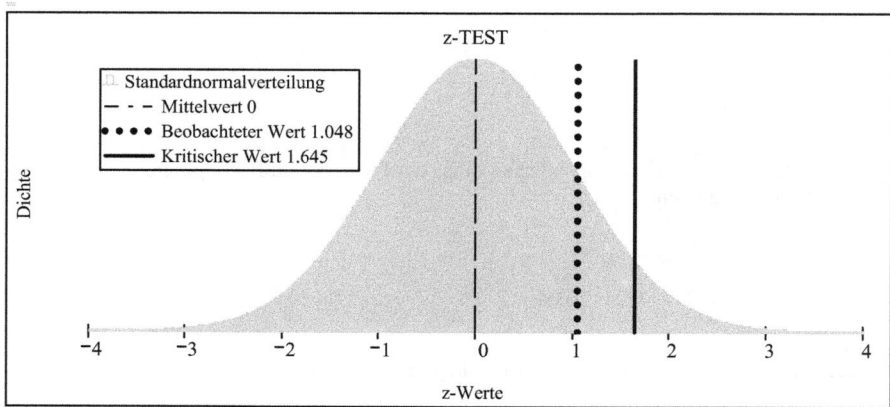

$$\begin{bmatrix} \text{Beobachteter\_Wert} & \text{Kritischer\_Wert} & \text{Wahrscheinlichkeit\_p} \\ 1.048 & (-\infty \quad 1.645) & 0.15 \end{bmatrix}$$

Man kann also auf Grund der Stichprobenergebnisse die Nullhypothese nicht ablehnen. Dass die Firma A Chips mit einer größeren Ausschussquote liefert als die Firma B wird durch die vorliegende Stichprobe nicht gestützt. Bei der Entscheidung, die Nullhypothese nicht abzulehnen, besteht das Risiko eines β-Fehlers. Quantitativ hängt dieses Risiko von der konkreten Alternativhypothese ab. Nimmt man z. B. als Alternativhypothese die Differenz zwischen den Ausschussquoten der Firma A und B,

$$d_\pi = p_1 - p_2 = 0.25 - 0.21 = 0.04$$

dann zeigt folgende Grafik die Entscheidungssituation:

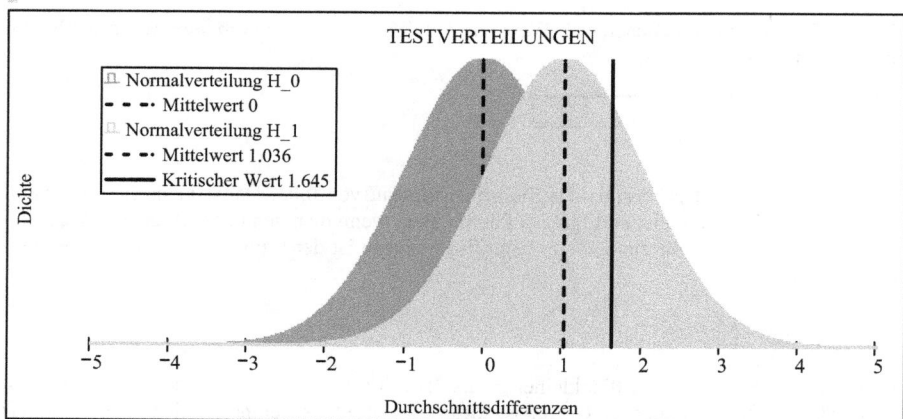

Die Mittelwerte dieser beiden Verteilungen sind 0 und 1.048 und die Standardabweichung ist jeweils

$$\sigma_{\delta_\pi} = 0.039$$

Das β-Risiko ist daher

$$F_N(z) = F_N(0.605) = 0.727$$

mit

$$0.605 = \frac{0.063 - 0.04}{0.039} = \frac{k_o - d_\pi}{\sigma_{\delta_\pi}}$$

$$k_o = 0.063 = 0 + z_{1-\alpha} \cdot \sigma_{\delta_\pi} = 0 + 1.645 \cdot 0.039.$$

Wenn tatsächlich die Ausschussquote der Firma A um 0.04 Anteilswertpunkte über der der Firma B liegt, dann ist das Risiko der Fehlentscheidung bei Nichtablehnung der Nullhypothese 72.7%. Die Entscheidungstabelle zeigt diese Situation zusammengefasst:

AKTIONEN	ZUSTAND z_0: $\delta_0 = 0$	ZUSTAND z_1: $\delta_1 = 0.425$
AKTION a_0: $\delta_0 = 0$	Richtige Entscheidung: 0.849	Fehler 2. Art: 0.727
AKTION a_1: $\delta_1 = 0.425$	Fehler 1. Art: 0.151	Güte: 0.273

b) Bayes-Modell

Von einer früheren Lieferung weiß man, dass von 100 Chips der Firma A 22 defekt waren und 36 von 150 der Firma B.

$$
\begin{bmatrix}
\text{"Lieferant"} & \text{"Firma A"} & \text{"Firma B"} \\
\text{"Chips"} & \text{"absolut"} & \text{"absolut"} \\
\text{"defekt"} & 22 & 36 \\
\text{"nicht defekt"} & 78 & 114 \\
(\text{"SUMME"}) & 100 & 150
\end{bmatrix}
=
\begin{bmatrix}
\text{"Lieferant"} & \text{"Firma A"} & \text{"Firma B"} \\
\text{"Chips"} & \text{"absolut"} & \text{"absolut"} \\
\text{"defekt"} & a' & b' \\
\text{"nicht defekt"} & c' & d' \\
(\text{"SUMME"}) & n'_1 & n'_2
\end{bmatrix}
$$

Wenn man neben diesen Prioriinformationen noch die oben angeführten Stichprobeninformationen berücksichtigt, erhält man die Parameter der Posteriorinormalverteilung mit Hilfe folgender Formeln:

Der Priorianteilswertsvektor ist

$$
\boldsymbol{\pi'} = \begin{pmatrix} \pi_1 \\ \pi_2 \end{pmatrix} = \begin{pmatrix} \dfrac{a'}{n'_1} \\ \dfrac{b'}{n'_2} \end{pmatrix} = \begin{pmatrix} \dfrac{22}{100} \\ \dfrac{36}{150} \end{pmatrix} = \begin{pmatrix} 0.22 \\ 0.24 \end{pmatrix}
$$

und die Varianz-, Kovarianzmatrix dieser Prioriinformationen ist

$$
\mathbf{V'} = \begin{bmatrix} \dfrac{\pi'_1 \cdot \left(1 - \pi'_1\right)}{n'_1} & 0 \\[3mm] 0 & \dfrac{\pi'_2 \cdot \left(1 - \pi'_2\right)}{n'_2} \end{bmatrix} = \begin{bmatrix} \dfrac{\left(\dfrac{22}{100} \cdot \dfrac{78}{100}\right)}{100} & 0 \\[3mm] 0 & \dfrac{\left(\dfrac{36}{150} \cdot \dfrac{114}{150}\right)}{150} \end{bmatrix} = \begin{pmatrix} 0.00172 & 0 \\ 0 & 0.00122 \end{pmatrix}
$$

Die Stichprobeninformationen sind

$$
\mathbf{p} = \begin{pmatrix} p_1 \\ p_2 \end{pmatrix} = \begin{pmatrix} 0.25 \\ 0.21 \end{pmatrix}
$$

und die Matrix der Stichprobenvarianzen ist gleich

$$
\mathbf{V} = \begin{bmatrix} \dfrac{0.25 \cdot (1 - 0.25)}{200} & 0 \\[3mm] 0 & \dfrac{0.21 \cdot (1 - 0.21)}{300} \end{bmatrix} = \begin{pmatrix} 0.0009 & 0 \\ 0 & 0.0006 \end{pmatrix}
$$

Priori- und Stichprobeninformationen werden wie folgt zu Posterioriinformationen verknüpft: Die Posteriorivarianz- und -Kovarianzmatrix ist

$$
\mathbf{V''} = (\mathbf{V'}^{-1} + \mathbf{V}^{-1})^{-1} =
$$

$$
= \left[\begin{pmatrix} 0.00172 & 0 \\ 0 & 0.00122 \end{pmatrix}^{-1} + \begin{pmatrix} 0.0009 & 0 \\ 0 & 0.0006 \end{pmatrix}^{-1} \right]^{-1} = \begin{pmatrix} 0.00059 & 0 \\ 0 & 0.00040 \end{pmatrix}
$$

und der Posteriorimittelwertsvektor ist

$$
\boldsymbol{\pi''} = \mathbf{V''} \cdot (\mathbf{V'}^{-1} \cdot \boldsymbol{\pi'} + \mathbf{V}^{-1} \cdot \mathbf{p})^{-1} =
$$

$$
= \begin{pmatrix} 0.00059 & 0 \\ 0 & 0.00040 \end{pmatrix} \cdot \left[\begin{pmatrix} 0.00172 & 0 \\ 0 & 0.00122 \end{pmatrix}^{-1} \cdot \begin{pmatrix} 0.22 \\ 0.24 \end{pmatrix} + \begin{pmatrix} 0.0009 & 0 \\ 0 & 0.0006 \end{pmatrix}^{-1} \cdot \begin{pmatrix} 0.25 \\ 0.21 \end{pmatrix} \right]
$$

$$
= \begin{pmatrix} 0.24 \\ 0.22 \end{pmatrix}
$$

Die Posteriorianteilswertdifferenz δ'' ist nun gleich

$$
\delta'' = \pi''_1 - \pi''_2 = (\,1 \quad -1\,) \cdot \boldsymbol{\pi''} = 0.02
$$

und die Posterioristandardabweichung dieser Differenz ist

$$\sigma_{\delta''} = \sqrt{(1 \quad -1) \cdot \begin{pmatrix} 0.00059 & 0 \\ 0 & 0.00040 \end{pmatrix} \cdot \begin{pmatrix} 1 \\ -1 \end{pmatrix}} = 0.03127$$

Zum gleichen Ergebnis kommt man, wenn man die Matrix der Prioriinformationen mit der der Stichprobenindormation addiert und daraus die Posteriorianteilswertdifferenz und Streuung bestimmt:

PRIORI	"Firma A"	"Firma B"
"Chips"	"absolut"	"absolut"
"defekt"	22	36
"nicht defekt"	78	114
("SUMME")	100	150

+

STICHPROBE	"Firma A"	"Firma B"
"Chips"	"absolut"	"absolut"
"defekt"	50	63
"nicht defekt"	150	237
("SUMME")	200	300

=

POSTERIORI	"Firma A"	"Firma B"
"Chips"	"absolut"	"absolut"
"defekt"	72	99
"nicht defekt"	228	351
("SUMME")	300	450

=

POSTERIORI	"Firma A"	"Firma B"
"Chips"	"absolut"	"absolut"
"defekt"	a"	b"
"nicht defekt"	c"	d"
("SUMME")	n"_1	n"_2

Daraus errechnet sich der Posteriorianteilsvektor auf

$$\pi'' = \begin{pmatrix} \pi''_1 \\ \pi''_2 \end{pmatrix} = \begin{pmatrix} \dfrac{a''}{n''_1} \\ \dfrac{b''}{n''_2} \end{pmatrix} = \begin{pmatrix} \dfrac{72}{300} \\ \dfrac{99}{450} \end{pmatrix} = \begin{pmatrix} 0.24 \\ 0.22 \end{pmatrix}$$

und die Varianz-, Kovarianzmatrix dieser Posterioriinformationen wie oben

$$V'' = \begin{bmatrix} \dfrac{\pi''_1 \cdot (1 - \pi''_1)}{n''_1} & 0 \\ 0 & \dfrac{\pi''_2 \cdot (1 - \pi''_2)}{n''_2} \end{bmatrix} = \begin{bmatrix} \dfrac{\left(\dfrac{72}{300} \cdot \dfrac{228}{300}\right)}{300} & 0 \\ 0 & \dfrac{\left(\dfrac{99}{450} \cdot \dfrac{351}{450}\right)}{450} \end{bmatrix} = \begin{pmatrix} 0.0006 & 0 \\ 0 & 0.0004 \end{pmatrix}$$

Die Wahrscheinlichkeit für die Nullhypothese

$$H_0: \delta \le 0$$

ist mit Hilfe dieser Angaben berechenbar. Sie ist gleich

$$W(H_0: \delta \le 0) = \int_{-\infty}^{0} f_N(\delta, 0.02, 0.03127) \, d\delta = F_N\left(\frac{0 - 0.02}{0.03127}\right) = 0.261$$

und die Wahrscheinlichkeit der Alternativhypothese ist gleich

$$W(H_1: \delta > 0) = \int_0^\infty f_N(\delta, 0.02, 0.03127)\, d\delta = 1 - F_N\left(\frac{0 - 0.02}{0.03127}\right) = 0.739$$

Die folgende Grafik zeigt die Priori- und Posteriorinormalverteilung und den Flächenanteil der beiden Hypothesen:

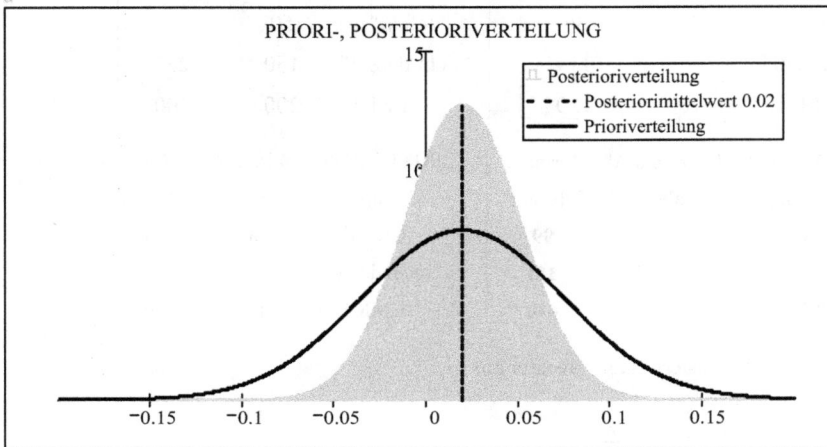

Die Stichproben- und Prioriinformationen legen nahe, die Nullhypothese abzulehnen und die Alternativhypothese anzunehmen. Im Schnitt haben die Chiplieferungen des Anbieters B weniger defekte Stücke als jene von A. Die Wahrscheinlichkeit für die Alternativhypothese beträgt rund 74%. Nach der Odds-Bewertungsregel ist der Bayesfaktor für die Nullhypothese nur

$$\frac{W(H_0, x)}{1 - W(H_0, x)} = \frac{0.261}{0.739} = 0.353$$

Die Entscheidungssituation ist in folgender Tabelle nochmals zusammengefasst:

AKTIONEN	ZUSTAND z_0: $\delta \leq 0$	ZUSTAND z_1: $\delta > 0$
AKTION a_0: $\delta \leq 0$	Richtige Entscheidung	Falsche Entscheidung
AKTION a_1: $\delta > 0$	Falsche Entscheidung	Richtige Entscheidung
WAHRSCHEINLICHKEIT	0.261	0.739

c) Wald-Modell

Jede Chipbestellung verursacht fixe Kosten von 100 Geldeinheiten, unabhängig vom Lieferanten. Der einzelne Chip kostet jedoch bei der Firma A 4 Geldeinheiten und bei der Firma B 5 Geldeinheiten. Ob man die Chips künftig bei der Firma A oder B bestellt, hängt nicht nur von der Wahrscheinlichkeit ab, ob die Ausschussquote größer oder kleiner ist, sondern von den erwarteten Kosten. Diese bestimmt man mit folgenden Formeln:

$$
\begin{pmatrix} EW_1 \\ EW_2 \end{pmatrix} = \begin{pmatrix} k_{1.fix} \\ k_{2.fix} \end{pmatrix} + \begin{pmatrix} k_{1.var} & 0 \\ 0 & k_{2.var} \end{pmatrix} \cdot \begin{pmatrix} \pi'_1 \\ \pi'_2 \end{pmatrix}
$$

$k_{1.fix}$ und $k_{2.fix}$ sind die fixen Kosten und $k_{1.var}$ und $k_{2.var}$ sind die variablen Kosten oder Erlöse. Die fixen Kosten sind jeweils 100 und die variablen sind 4 bzw. 5 Geldeinheiten. Kosten werden mit einem Minus eingegeben und Erlöse mit einem Plus.

Stichproben:	Fixe Einnahmen (-Ausgab.)	Variable Einnahm. (-Ausgab.)
1	-100	-4
2	-100	-5

Für das Beispiel erhält man folgendes Ergebnis:

$$
\begin{pmatrix} EW_A \\ EW_B \end{pmatrix} = \begin{pmatrix} -100 \\ -100 \end{pmatrix} + \begin{pmatrix} -4 & 0 \\ 0 & -5 \end{pmatrix} \cdot \begin{pmatrix} 0.24 \\ 0.22 \end{pmatrix} = \begin{pmatrix} -100.96 \\ -101.10 \end{pmatrix}
$$

Obwohl die Ausschussquote der Lieferungen von Firma A größer sind als die von B, ist der Kostenerwartungswert für die Firma A mit 100.96 Geldeinheiten geringer als der für die Firma B (101.1). Man wird daher die Chips bei der Firma A bestellen, auch wenn sie im Schnitt mehr Ausschuss liefert als die Firma B. Zum gleichen Ergebnis kommt man über die Berechnung der Schadenerwartungswerte für beiden Aktionen. Für diese Berechnung benötigt man die Differenz der beiden Kostenerwartungswerte und deren Streuung. Die Differenz δ'' ist gleich

$$
\delta'' = EW_1 - EW_2 = -100.96 - (-101.10) = 0.14
$$

und die Varianz dieser Differenz ist

$$
\sigma''^2_\delta = 1 \cdot k_{var} \cdot V'' \cdot k_{var}^T \cdot 1^T =
$$

$$
= (1 \;\; -1) \cdot \begin{pmatrix} k_{1.var} & 0 \\ 0 & k_{2.var} \end{pmatrix} \cdot V'' \cdot \begin{pmatrix} k_{1.var} & 0 \\ 0 & k_{2.var} \end{pmatrix}^T \cdot \begin{pmatrix} 1 \\ -1 \end{pmatrix} =
$$

$$
= (1 \;\; -1) \cdot \begin{pmatrix} -4 & 0 \\ 0 & -5 \end{pmatrix} \cdot \begin{pmatrix} 0.00059 & 0 \\ 0 & 0.00039 \end{pmatrix} \cdot \begin{pmatrix} -4 & 0 \\ 0 & -5 \end{pmatrix}^T \cdot \begin{pmatrix} 1 \\ -1 \end{pmatrix} = 0.139^2
$$

Wenn man für die Aktionen die möglichen Schäden mit ihren Eintrittswahrscheinlichkeiten multipliziert, dann erhält man einen Schadenerwartungswert von 0.1504 Geldeinheiten für die Aktion a_0

$$
SE(a_0) = \int_{-\infty}^{0} (0 - \delta) \cdot f_N(\delta, \delta'', \sigma''_\delta) \, d\delta
$$

$$
= \int_{-\infty}^{0} (0 - \delta) \cdot f_N(\delta, 0.14, 0.139) \, d\delta
$$

$$
= 0.1504
$$

und für die Aktion a_1 einen Schadenerwartungswert von 0.0115 Geldeinheiten:

$$SE(a_1) = \int_0^\infty (\delta - 0) \cdot f_N(\delta, \delta'', \sigma''_\delta) \, d\delta$$

$$= \int_0^\infty (\delta - 0) \cdot f_N(\delta, 0.14, 0.139) \, d\delta$$

$$= 0.0115$$

Die Ergebnisse sind in folgender Entscheidungstabelle nochmals zusammengefasst:

AKTIONEN	ZUSTAND z_0: $\delta \geqq 0$	ZUSTAND z_1: $\delta < 0$	SE(a_i)
AKTION a_0: $\delta \geqq 0$	0	$(0 - \delta)$	0.15
AKTION a_1: $\delta < 0$	$(\delta - 0)$	0	0.012
WAHRSCHEINLICHKEIT	0.261	0.739	*

Da der Schadenerwartungswert der Aktion a_1 geringer ist als der der Aktion a_0, entscheidet man sich für die Aktion a_1: Der Kostenerwartungswert für die Lieferungen von Firma A ist in der Grundgesamtheit kleiner als der für die Lieferungen von B. Man wird daher bei der Firma A bestellen, auch wenn man im Schnitt pro Lieferung mit einer höheren Ausschussquote rechnen muss als bei B.

Auf Seite 223 findet man den Programmoutput für dieses Beispiel. Das Programm erfordert lediglich die Eingabe der Stichproben-, Priori- und Schadeninformationen. Für das klassische Modell muss zusätzlich ein Signifikanzniveau angegeben werden. Voreingestellt ist ein Niveau von 5%. Beim Bayes-Modell kann man zwischen informativer und nichtinformativer Prioriinformation wählen.

2_2 DURSCHNITTE

a) Klassisches Modell

Kann man voraussetzen, dass Männer im Schnitt pro Stunde mehr Parksünder aufschreiben als Frauen? Bei einer stichprobenmäßigen Überprüfung wurden 16 Männer und 9 Frauen danach gefragt, wie viele Parksünder sie in der letzten Stunde aufgeschrieben haben. Das Ergebnis zeigt folgende Aufstellung (2.5 heißt z. B. 5 Parksünder in den letzten 2 Stunden):

[(Männlich:) 8 1 3 2.5 8 7.5 6 3.5 1 2 0.5 3 5 5 2.5 0.5]

[(Weiblich:) 7 0 0 4.5 0 0.5 4 8 2.5]

Ausgezählt nach drei Intervallen erhält man folgendes Ergebnis:

$$\begin{bmatrix} \text{"Parksünder: "} & \text{"Parksünder: "} & \text{"Geschlecht:"} & \text{"Geschlecht:"} \\ \text{"Untergrenze"} & \text{"Obergrenze"} & \text{"Männlich"} & \text{"Weiblich"} \\ 0 & 2 & 4 & 4 \\ 2 & 4 & 6 & 1 \\ 4 & 9 & 6 & 4 \\ \text{"absolut"} & (\text{"Summe"}) & 16 & 9 \end{bmatrix}$$

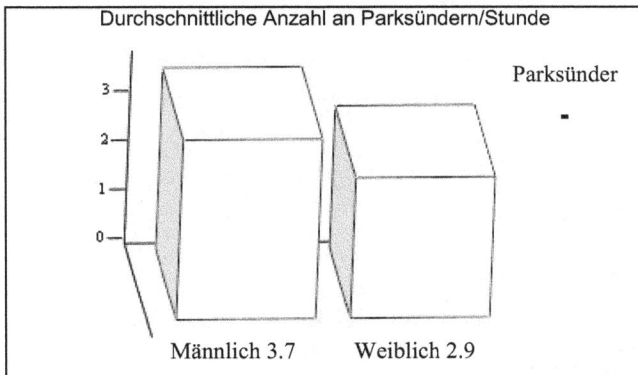

Durchschnittliche Anzahl an Parksündern/Stunde

Parksünder

Männlich 3.7   Weiblich 2.9

Im Schnitt haben die 16 befragten Männer 3.7 Parksünder pro Stunde abgemahnt und 2.9 Parksünder die Frauen. Ist diese Differenz schon groß genug, um allgemein zu behaupten, dass Männer mehr Parksünder mahnen als Frauen?

Nein, diese Differenz ist noch zu gering, um allgemein anzunehmen, Männer verteilen im Schnitt pro Stunde mehr Strafzettel als Frauen. Zu diesem Ergebnis kommt man wie folgt: Zuerst werden Null- und Alternativhypothese formuliert (1 = männlich, 2 = weiblich).

$H_0: \mu_1 = \mu_2$

oder

$H_0: \delta_\mu = \mu_1 - \mu_2 = 0$

Die Durchschnittszahl an abgemahnten Parksündern pro Stunde ist von Frauen und Männern in der Grundgesamtheit aller Männer und Frauen gleich und

$H_1: \mu_1 > \mu_2$

oder

$H_1: \delta_\mu > 0$

die Durchschnittszahl an Parksündern pro Stunde ist von Männern größer als die von Frauen. Um diese Hypothesen zu prüfen, berechnet man die Testmaßzahl

$$t_{beob} = \frac{xquer_1 - xquer_2}{s_{d_\mu}} = \frac{d_{xquer}}{s_{d_\mu}}$$

mit

$$s_{\delta_\mu} = (\mathbf{1} \cdot \mathbf{V} \cdot \mathbf{1}^T)^{1/2} =$$

$$= \left[(1 \;\; -1) \cdot \left(\frac{1}{n_1} + \frac{1}{n_2} \right) \cdot \begin{pmatrix} \frac{n_1}{n_1 + n_2 - 2} \cdot s_1^2 & 0 \\ 0 & \frac{n_2}{n_1 + n_2 - 2} \cdot s_2^2 \end{pmatrix} \cdot \begin{pmatrix} 1 \\ -1 \end{pmatrix} \right]^{\frac{1}{2}}$$

$$= \sqrt{\left[\left(\frac{1}{n_1} + \frac{1}{n_2} \right) \cdot \frac{n_1 \cdot s_1^2 + n_2 \cdot s_2^2}{n_1 + n_2 - 2} \right]}$$

Für das Beispiel errechnet sich ein Wert von

$$s_{\delta_\mu} = \sqrt{\left[\left(\frac{1}{16} + \frac{1}{9} \right) \cdot \frac{(16 \cdot 6.796 + 9 \cdot 9.715)}{(16 + 9 - 2)} \right]} = 1.217$$

und

$$t_{beob} = \frac{3.688 - 2.944}{1.217} = 0.611$$

mit

$$s_1^2 = \frac{1}{16} \cdot \sum_{i=1}^{16} (x_i - 3.688)^2 = 6.796$$

$$s_2^2 = \frac{1}{9} \cdot \sum_{i=1}^{9} (x_i - 2.944)^2 = 9.715$$

Die Testmaßzahl t ist studentverteilt mit

$$\nu = n_{männlich} + n_{weiblich} - 2 = 16 + 9 - 2 = 23$$

Freiheitsgraden. Die Wahrscheinlichkeit für das Auftreten einer so großen Testmaßzahl errechnet sich mit Hilfe der Studentverteilung auf

$$F_S(t_{beob}, \nu) = F(0.611, 23) = 0.726.$$

Da diese Wahrscheinlichkeit kleiner ist als $1 - 0.05 = 0.95$ wird die Gleichheit der Durchschnitte beider Grundgesamtheiten nicht abgelehnt. Zum gleichen Ergebnis kommt man, wenn man den beobachteten t-Wert mit dem kritischen t-Wert vergleicht. Für ein 5%-iges Signifikanzniveau und 23 Freiheitsgrade ist der kritische t-Wert für eine linksseitige Alternativhypothese $t_c = 1.714$. Da der beobachtete t-Wert $t_{beob} = 0.611$ kleiner ist als der kritische t-Wert, kann die Nullhypothese nicht abgelehnt werden. In unten stehender Grafik ist dieses Testergebnis veranschaulicht. Die Testmaßzahl t_{beob} (die blaue Linie) liegt links vor dem rechten Schwanzende (rote gestrichelte Linie):

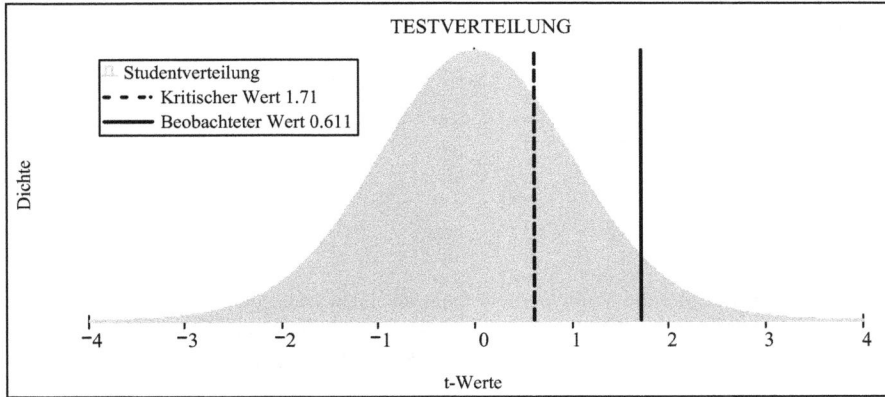

$$\begin{bmatrix} \text{Beobachteter\_Wert} & \text{Kritischer\_Wert} & \text{p\_Wahrscheinlichkeit} \\ 0.61 & (-\infty \quad 1.71) & 0.265 \end{bmatrix}$$

Man kann die Nullhypothese nicht ablehnen, dass Männer im Schnitt gleich viele Parksünder pro Stunde abmahnen wie Frauen. In diesem Fall besteht das Risiko eines β-Fehlers. Quantitativ hängt dieses Risiko von der konkreten Alternativhypothese ab. Nimmt man z. B. als Alternativhypothese die Differenz zwischen den Stichprobenmittelwerten der männlichen und weiblichen Aufsichtsorgane an,

$$\text{xquer}_1 - \text{xquer}_2 = 3.688 - 2.944 = 0.743$$

dann zeigt folgende Grafik die Entscheidungssituation:

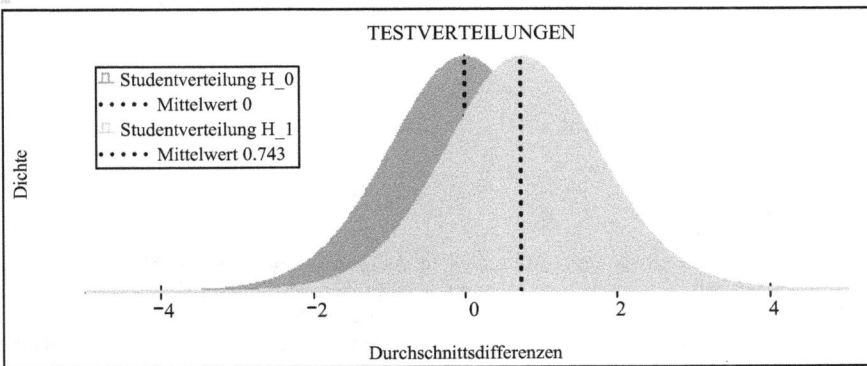

Die Mittelwerte dieser beiden Verteilungen sind 0 und 0.743 Stunden und die Standardabweichung ist jeweils

$$s_{\delta_\mu} = 1.217 \text{ Stunden}$$

Das β-Risiko ist daher

$$F_S(t,\nu) = F_S(1.104, 23) = 0.859$$

mit

$$1.104 = \frac{2.086 - 0.743}{1.217} = \frac{k_o - 0.743}{s_{\delta_\mu}}$$

$$k_o = 2.086 = 0 + 1.714 \cdot 1.217 = 0 + t_{1-\alpha, \nu} \cdot s_{\delta_\mu}$$

Wenn man im obigen Beispiel die Nullhypothese nicht ablehnen kann, dann ist die Wahrscheinlichkeit gleich 85.9%, dass diese Entscheidung falsch ist, wenn tatsächlich die Durchschnittszahl der Parksünder, die pro Stunde von Männern abgemahnt werden, nur um 0.743 Parksünder größer ist als die der Frauen.

In der folgenden Entscheidungstabelle sind die entsprechenden Wahrscheinlichkeiten für diese spezielle Alternativhypothese $\delta = 0.743$ Stunden zusammengefasst:

AKTIONEN	ZUSTAND z0: $\delta_0 = 0$	ZUSTAND z_1: $\delta_1 = 0.743$
AKTION a_0: $\delta_0 = 0$	Richtige Entscheidung: 0.726	Fehler 2. Art: 0.859
AKTION a_1: $\delta_1 = 0.743$	Fehler 1. Art: 0.274	Güte: 0.141

Die Mittelwerte dieser beiden Verteilungen sind 0 und 0.743 Stunden und die Standardabweichung ist jeweils

$$s_{\delta_\mu} = 1.217 \text{ Stunden}$$

Das β-Risiko ist daher

$$F_S(t,\nu) = F_S(1.104, 23) = 0.859$$

wenn man die Nullhypothese nicht ablehnt.

b) Bayes-Modell

In einer früheren Untersuchung war der Unterschied in der durchschnittlichen Zahl von abgemahnten Parksündern pro Stunde zwischen Frauen und Männern noch größer. Nach dieser vor einem Jahr durchgeführten Erhebung mahnten Männer im Schnitt pro Stunde 5 Parksünder ab, Frauen nur 2.5. Wenn man diese Erhebung im Umfang von je 2 hypothetischen Stichprobeneinheiten berücksichtigen will, dann sind die beiden Posterioridurchschnitte gleich

$$\mu''_1 = \frac{n'_1 \cdot \mu'_1 + n_1 \cdot \text{xquer}_1}{n'_1 + n_1} = \frac{2 \cdot 5 + 16 \cdot 3.688}{2 + 16} = 3.834$$

$$\mu''_2 = \frac{n'_2 \cdot \mu'_2 + n_2 \cdot \text{xquer}_2}{n'_2 + n_2} = \frac{2 \cdot 2 + 9 \cdot 2.944}{2 + 16} = 2.773$$

"*"	Prioristichprobe 1	Prioristichprobe 2
Prioridurchschnitte	5	2
Prioristandardabweichungen	3	3
Hypoth. Stichprobenumfänge	2	2

Wenn man voraussetzt, dass die Standardabweichungen bei dieser Untersuchung vor einem Jahr höchstens 3 Parksünder ausmachten (sowohl für Männer als auch Frauen), dann bestimmt man die Posteriorivarianzen nach folgenden Formeln:

$$s''_1{}^2 = \frac{v'_1 \cdot s'_1{}^2 + n_1 \cdot s_1{}^2 + \dfrac{n'_1 \cdot n_1 \cdot \left(\text{xquer}_1 - \mu'_1\right)^2}{n'_1 + n_1}}{v'_1 + n_1} = 7.106$$

$$s''_2{}^2 = \frac{v'_2 \cdot s'_2{}^2 + n_2 \cdot s_2{}^2 + \dfrac{n'_2 \cdot n_2 \cdot \left(\text{xquer}_2 - \mu'_2\right)^2}{n'_2 + n_2}}{v'_2 + n_2} = 9.790$$

mit

$$v'_1 = n'_1 - 1 = 1, \qquad v'_2 = n'_2 - 1 = 1$$

Die Posteriorimittelwertsdifferenz δ''

$$\delta''_\mu = \mu''_1 - \mu''_2 = 3.834 - 2.773 = 1.061$$

ist studentverteilt mit der Posterioristandardabweichung

$$s_{\delta''_\mu} = (1 . V'' . 1^T)^{1/2} =$$

$$= \left[(1 \quad -1) \cdot \left(\frac{1}{n''_1} + \frac{1}{n''_2}\right) \cdot \begin{pmatrix} \dfrac{n''_1}{n''_1 + n''_2 - 2} \cdot s''_1{}^2 & 0 \\ 0 & \dfrac{n''_2}{n''_1 + n''_2 - 2} \cdot s''_2{}^2 \end{pmatrix} \begin{pmatrix} 1 \\ -1 \end{pmatrix} \right]^{\frac{1}{2}} =$$

$$= \sqrt{\left(\frac{1}{n''_1} + \frac{1}{n''_2}\right) \cdot \frac{n''_1 \cdot s''_1{}^2 + n''_2 \cdot s''_2{}^2}{n''_1 + n''_2 - 2}} = \sqrt{1.278}$$

und den Freiheitsgraden

$$\nu'' = n''_1 + n''_2 - 2 = 18 + 11 - 2 = 27$$

mit

$$n''_1 = n'_1 + n_1 = 18 \qquad\qquad n''_2 = n'_2 + n_2 = 11$$

Die Wahrscheinlichkeit für die Nullhypothese ist mit Hilfe dieser Angaben berechenbar. Sie ist gleich

$$W(H_0 : \delta \leq 0) = \int_{-\infty}^{0} f_S(\delta, 1.061, \sqrt{1.278}, 27)\, d\delta = F_S\left(\frac{0 - 1.061}{\sqrt{1.278}}, 27\right) = 0.178$$

und die Wahrscheinlichkeit der Alternativhypothese ist gleich

$$W(H_1 : \delta > 0) = \int_{0}^{\infty} f_S(\delta, 1.061, \sqrt{1.278}, 27)\, d\delta = 1 - F_S\left(\frac{0 - 1.061}{\sqrt{1.278}}, 27\right) = 0.822$$

Die folgende Grafik zeigt die Priori- und Posteriorinormalverteilung und den Flächenanteil der beiden Hypothesen.

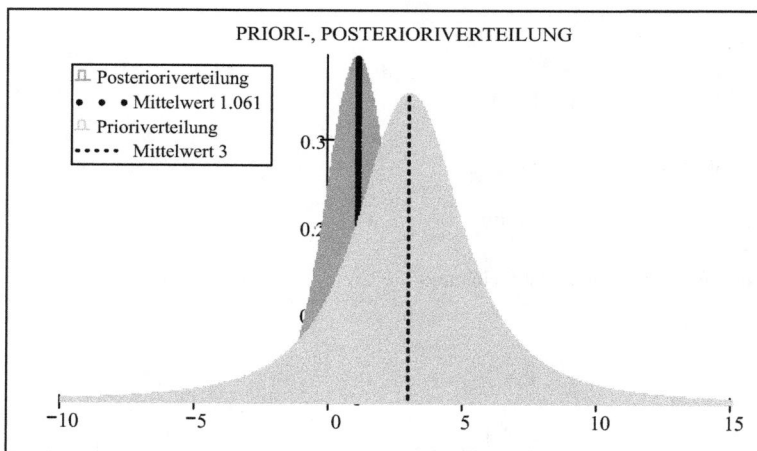

PRIORI-, POSTERIORIVERTEILUNG

Die Stichproben- und Prioriinformationen legen nahe, die Nullhypothese abzulehnen und die Alternativ-hypothese anzunehmen. Der Durchschnitt der von Männern abgemahnten Parksünder pro Stunde ist grö-ßer als der der Frauen. Die Wahrscheinlichkeit für die Alternativhypothese beträgt rund 82%. Nach der Odds-Bewertungsregel ist das Resultat nicht unterstützend für die Nullhypothese, da der Bayesfaktor nur

$$\frac{W(H_0, x)}{1 - W(H_0, x)} = \frac{0.178}{1 - 0.178} = 0.217$$

ist. Die Entscheidungssituation ist in folgender Tabelle nochmals zusammengefasst:

AKTIONEN	ZUSTAND z_0: $\delta \leq 0$	ZUSTAND z_1: $\delta > 0$
AKTION a_0: $\delta \leq 0$	Richtige Entscheidung	Falsche Entscheidung
AKTION a_1: $\delta > 0$	Falsche Entscheidung	Richtige Entscheidung
WAHRSCHEINLICHKEIT	0.178	0.822

c) Wald-Modell

Im Rahmen der Parkraumbewirtschaftung kann die Überwachungsfirma Männer oder Frauen für die Überwachung einsetzen. Dabei treten folgende Kosten und Erlöse auf: Für einen Mann muss die Firma pro Stunde 11 Geldeinheiten bezahlen und für eine Frau nur 7 Geldeinheiten. Pro Strafmandat erhält die Firma 3 Geldeinheiten. Soll die Überwachungsfirma Männer oder Frauen einsetzen, wenn sie ihrer Entscheidung die Informationen über die durchschnittliche Anzahl an Strafverfügungen aus dem Bayes-Modell zu Grunde legen will?

Stichproben:	Fixe Einnahmen (-Ausgaben)	Variable Einnahmen (-Ausgaben)
1	−11	3
2	−7	3

Die Gewinnerwartungswerte werden für die beiden Aktionen nach folgenden Formeln berechnet:

$$\begin{pmatrix} EW_1 \\ EW_2 \end{pmatrix} = \begin{pmatrix} k_{1.fix} \\ k_{2.fix} \end{pmatrix} + \begin{pmatrix} k_{1.var} & 0 \\ 0 & k_{2.var} \end{pmatrix} \cdot \begin{pmatrix} \mu''_1 \\ \mu''_2 \end{pmatrix}$$

$k_{1.fix}$ und $k_{2.fix}$ sind die fixen Kosten, hier die Stundenlöhne von 11 Geldeinheiten für Männer und 7 Geldeinheiten für Frauen. $k_{1.var}$ und $k_{2.var}$ sind die variablen Kosten oder Erlöse, hier die Erlöse pro Strafmandat von 3 Geldeinheiten. Kosten werden mit einem Minus eingegeben und Erlöse mit einem Plus. Für das Beispiel erhält man folgendes Ergebnis:

$$\begin{pmatrix} EW_1 \\ EW_2 \end{pmatrix} = \begin{pmatrix} -11 \\ -7 \end{pmatrix} + \begin{pmatrix} 3 & 0 \\ 0 & 3 \end{pmatrix} \cdot \begin{pmatrix} 3.833 \\ 2.773 \end{pmatrix} = \begin{pmatrix} 0.5 \\ 1.318 \end{pmatrix}$$

Obwohl Männer im Schnitt pro Stunde mehr Strafverfügungen ausstellen als Frauen, ist der Gewinnerwartungswert der Männer mit 0.5 für die Überwachungsfirma geringer als der der Frauen (1.318). Die Firma wird daher Frauen anstellen, auch wenn sie im Schnitt weniger Parksünder ahnden als Männer.

Für die Berechnung der Schadenerwartungswerte der beiden Aktionen benötigt man die Differenz der beiden Gewinnerwartungswerte und deren Streuung. Die Differenz δ ist gleich

$$\delta' = EW_1 - EW_2 = 0.5 - 1.318 = -0.818$$

und die Varianz dieser Differenz ist

$$
\sigma''^2_\delta = (1 \;\; -1) \cdot \begin{pmatrix} k_{1.var} & 0 \\ 0 & k_{2.var} \end{pmatrix} \cdot \begin{pmatrix} s''^2_1 & 0 \\ 0 & s''^2_2 \end{pmatrix} \cdot \begin{pmatrix} k_{1.var} & 0 \\ 0 & k_{2.var} \end{pmatrix}^T \cdot \begin{pmatrix} 1 \\ -1 \end{pmatrix}
$$

$$
= (1 \;\; -1) \cdot \begin{pmatrix} 3 & 0 \\ 0 & 3 \end{pmatrix} \cdot \begin{pmatrix} 7.106 & 0 \\ 0 & 9.790 \end{pmatrix} \cdot \begin{pmatrix} 3 & 0 \\ 0 & 3 \end{pmatrix}^T \cdot \begin{pmatrix} 1 \\ -1 \end{pmatrix} = 152.064
$$

Wenn man für die Aktionen die möglichen Schäden mit ihren Eintrittswahrscheinlichkeiten multipliziert, dann erhält man einen Schadenerwartungswert von 5.121 Geldeinheiten für die Aktion a_0

$$
SE(a_0) = \int_{-\infty}^{0} (0 - \delta) \cdot f_S(\delta, \delta'', \sigma''_\delta, v'') \, d\delta
$$

$$
= \int_{-\infty}^{0} (0 - \delta) \cdot f_S(\delta, -0.818, \sqrt{152.064}, 27) \, d\delta
$$

$$
= 5.121
$$

und für die Aktion a_1 einen Schadenerwartungswert von 4.302 Geldeinheiten:

$$
SE(a_1) = \int_{0}^{\infty} (\delta - 0) \cdot f_S(\delta, \delta'', \sigma''_\delta, v'') \, d\delta
$$

$$
= \int_{0}^{\infty} (\delta - 0) \cdot f_S(\delta, -0.818, \sqrt{152.064}, 27) \, d\delta
$$

$$
= 4.302
$$

Die Ergebnisse sind in folgender Entscheidungstabelle nochmals zusammengefasst:

AKTIONEN	ZUSTAND z_0: $\delta \geq 0$	ZUSTAND z_1: $\delta < 0$	SE(a_i)
AKTION a_0: $\delta \geq 0$	0	$(0 - \delta)$	5.121
AKTION a_1: $\delta < 0$	$(\delta - 0)$	0	4.302
WAHRSCHEINLICHKEIT	0.822	0.178	*

Da der Schadenerwartungswert der Aktion a_1 geringer ist als der der Aktion a_0, entscheidet man sich für die Aktion a_1: Der Gewinnerwartungswert der Männer ist in der Grundgesamtheit kleiner als der der Frauen. Man wird daher Frauen für die Überwachungstätigkeit einstellen, auch wenn sie im Schnitt weniger Parksünder pro Stunde abmahnen als Männer.

3_0 ZWEI ABHÄNGIGE STICHPROBEN

a) Unabhängig-Abhängig

Werden 10 Männer und 10 Frauen aus der Grundgesamtheit der potentiellen Kunden für die Spielkonsole Yoki zufällig ausgewählt und nach ihrer Kaufabsicht befragt, dann ist die Stichprobe der Männer unabhängig von der Stichprobe der Frauen.

Von abhängigen Stichproben spricht man aber auch, wenn an den gleichen Personen z. B. vor und nach einer Werbeveranstaltung die gleichen Fragen gestellt werden. Fragt man 10 Besucher einer Werbeveranstaltung für die Spielkonsole Yoki vor und nach dieser Veranstaltung nach ihrer Kaufabsicht, dann liegen 2 abhängige oder verbundene Stichproben vor. Mit ihnen kann man feststellen, welchen Einfluss die Werbeveranstaltung auf das Kaufverhalten hat. Weitere Beispiele für abhängige Stichproben sind Untersuchungen des Gesundheitszustandes vor und nach einer Behandlung, Einstellungsmessungen vor und nach einer politischen Wahlveranstaltung usw.

b) Vorschau

Im Abschnitt 3_1 wird der Frage nachgegangen, wie z. B. die Merkfähigkeit Durch zwei Softwareangebote beeinflusst wird. Die Antworten auf diese Frage sind nominal skaliert. Das gleiche Problem wird für metrisch skalierte Fragen in Abschnitt 3_2 behandelt.

3_1 ANTEILSWERTE

a) Klassisches Modell

Um Englisch-Vokabeln zu lernen stehen 2 Softwareangebote zur Auswahl. Die Überprüfung der Effizienz brachte folgendes Ergebnis. Von 200 Vokabeln konnte sich die Testperson bei der Verwendung der Software des ersten Anbieters 79% merken, mit Hilfe der Software des zweiten Anbieters 75%. Die absoluten Ergebnisse sind in folgender Tabelle und Grafik zusammengefasst:

$$
\begin{bmatrix}
\begin{pmatrix} \text{Lieferant} \\ \text{Test} \end{pmatrix} & \text{Software\_A} & \text{Software\_B} \\
\text{Gemerkt} & 158 & 150 \\
\text{Nicht\_gemerkt} & 42 & 50 \\
\text{SUMME} & 200 & 200
\end{bmatrix}
$$

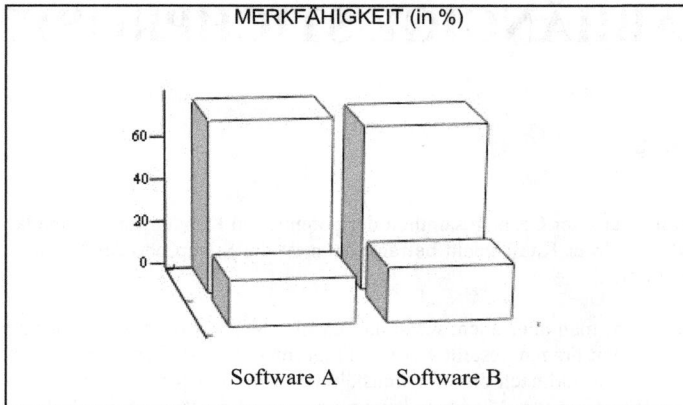

Ist diese Differenz schon groß genug, um allgemein zu behaupten, dass die Merkquote der Software der Firma A besser ist?

Nein, diese Differenz in den Merkquoten ist nicht groß genug. Man kann nicht generell behaupten, dass die Software A bessere Ergebnisse liefert als die Firma B. Zu diesem Ergebnis kommt man wie folgt: Zuerst werden Null- und Alternativhypothese formuliert (1 = Software A, 2 = Software B).

$$H_0: \pi_1 = \pi_2$$

oder

$$H_0: \pi_1 - \pi_2 = \delta_\pi = 0$$

Nullhypothese	0

Die Merkquote der Software A ist gleich jener von B.

$$H_1: \pi_1 > \pi_2$$

oder

$$H_1: \pi_1 - \pi_2 = \delta_\pi > 0.$$

Die Merkquote der Software A ist größer als die von B. Um diese Hypothesen zu prüfen, berechnet man die Testmaßzahl

$$z_{beob} = \frac{p_1 - p_2}{\sigma_{\delta_\pi}} = \frac{d_\pi}{\sigma_{\delta_\pi}}$$

mit der Anteilswertdifferenz

$$d_\pi = \frac{a}{n} - \frac{b}{n}$$

a und b sind Elemente der Matrix

$$\begin{pmatrix} a & b \\ c & d \end{pmatrix}$$

Die Standardabweichung dieser Differenz berechnet man mit der Formel

$$\sigma_{\delta_\pi} = \left[(1 \quad -1) \cdot \begin{pmatrix} s_1^2 & s_{12} \\ s_{21} & s_2^2 \end{pmatrix} \cdot \begin{pmatrix} 1 \\ -1 \end{pmatrix} \right]^{\frac{1}{2}} =$$

$$= \left[(1 \quad -1) \cdot \frac{1}{8 \cdot n^3} \cdot \begin{bmatrix} 8 \cdot a \cdot c & (a \cdot d - b \cdot c) \\ (a \cdot d - b \cdot c) & 8 \cdot b \cdot d \end{bmatrix} \cdot \begin{pmatrix} 1 \\ -1 \end{pmatrix} \right]^{\frac{1}{2}} =$$

$$\sqrt{\frac{a \cdot c}{n^3} + \frac{b \cdot d}{n^3} - 2 \cdot \frac{(a \cdot d - b \cdot c)}{8 \cdot n^3}}$$

Zu dieser Formel kommt man durch folgende Ableitung. Die Tabelle zeigt 2 abhängige Stichproben mit ihren Merkmalsausprägungen:

"*"	Stichprobe_1	Stichprobe_2	SUMME
Merkmal_1	a	b	a + b
Merkmal_nicht_1	c	d	c + d
(SUMME)	$n_1 = a + c$	$n_2 = b + d$	$n_1 + n_2$

Die beiden Stichprobenumfänge n_1 und n_2 sind bei abhängigen Stichproben gleich groß.:

$$n_1 = n_2 = n$$

Die entsprechenden Anteilswerte stehen in folgender Tabelle:

$\frac{a}{n}$	$\frac{b}{n}$	$\frac{a+b}{n}$		p_{11}	p_{12}	$p_{1.}$
$\frac{c}{n}$	$\frac{d}{n}$	$\frac{c+d}{n}$	$=$	p_{21}	p_{22}	$p_{2.}$
$\frac{a+c}{n} = 1$	$\frac{b+d}{n} = 1$	$\left(\frac{n}{n} = 1\right)$		$p_{.1} = 1$	$p_{.2} = 1$	(1)

Die Varianz der ersten Stichprobe ist

$$s_1^2 = \frac{p_{11} \cdot (1 - p_{11})}{n} = \frac{p_{11} \cdot p_{21}}{n} = \frac{\frac{a}{n} \cdot \frac{c}{n}}{n} = \frac{a \cdot c}{n^3}$$

Analog wird die Varianz der zweiten Stichprobe bestimmt.

$$s_2^2 = \frac{b \cdot d}{n^3}$$

Die Kovarianz zwischen beiden Stichproben ist

$$s_{12} = \frac{p_{11} - p_{1.} \cdot p_{.1}}{n} = \frac{\frac{a}{n} - \frac{a+b}{n} \cdot \frac{a+c}{n}}{n} = \frac{a \cdot d - b \cdot c}{n^3} = \frac{ad - bc}{(2n_1)^3} = \frac{ad - bc}{8 \cdot n_1^3}$$

Die Varianz der Differenz ergibt sich aus diesen Varianzen und Kovarianzen. Eingesetzt erhält man für die Differenz der Merkquoten

$$d_\pi = p_1 - p_2 = 0.79 - 0.75 = \frac{158 - 150}{200} = 0.04$$

und die Standardabweichung der Differenz ist nach obiger Formel gleich

$$\sigma_{\delta_\pi} = \sqrt{(1 \quad -1) \cdot \frac{1}{8 \cdot 200^3} \cdot \begin{pmatrix} 8 \cdot 158 \cdot 42 & 158 \cdot 50 - 150 \cdot 42 \\ 158 \cdot 50 - 150 \cdot 42 & 8 \cdot 150 \cdot 50 \end{pmatrix} \begin{pmatrix} 1 \\ -1 \end{pmatrix}} = 0.041$$

Die Testmaßzahl ist

$$z_{beob} = \frac{0.04}{0.041} = 0.976.$$

Sie ist normalverteilt. Die Wahrscheinlichkeit für das Auftreten einer so großen Testmaßzahl errechnet sich mit Hilfe der Normalverteilung

$$F_N(z_{beob}) = F_N(0.976) = 0.835.$$

Die Wahrscheinlichkeit einen beobachteten Wert von 0.976 oder größer zu erhalten, wenn die Nullhypothese gilt, ist daher

$$1 - 0.835 = 0.165$$

Diese Wahrscheinlichkeit ist größer als das Signifikanzniveau von 0.05. Daher kann die Nullhypothese nicht abgelehnt werden. In unten stehender Grafik ist dieses Testergebnis veranschaulicht. Die Testmaßzahl z_{beob} (= 0.976) liegt links vor dem kritischen Wert (= 1.645) der Normalverteilung für ein Signifikanzniveau von 5%:

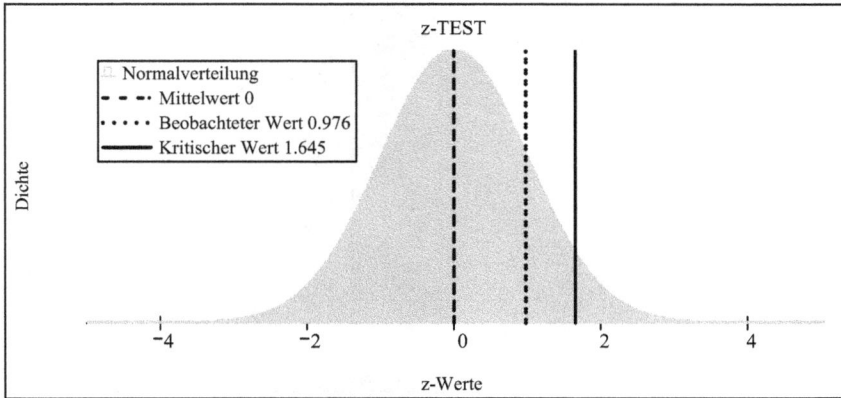

$$\begin{bmatrix} \text{Beobachteter\_Wert} & \text{Kritischer\_Wert} & \text{Wahrscheinlichkeit\_p} \\ 0.976 & (-\infty \quad 1.645) & 0.165 \end{bmatrix}$$

Man kann also auf Grund der Stichprobenergebnisse die Nullhypothese nicht ablehnen. Dass die Software der Firma A einer größere Merkquote liefert als die der Firma B wird durch die vorliegende Stichprobe nicht gestützt.

Bei der Entscheidung, die Nullhypothese nicht abzulehnen, besteht das Risiko eines β-Fehlers. Quantitativ hängt dieses Risiko von der konkreten Alternativhypothese ab. Nimmt man z. B. als Alternativhypothese die Differenz zwischen den Merkquoten der Firma A und B,

$$d_{\pi} = p_1 - p_2 = 0.79 - 0.75 = 0.04$$

dann zeigt folgende Grafik die Entscheidungssituation.

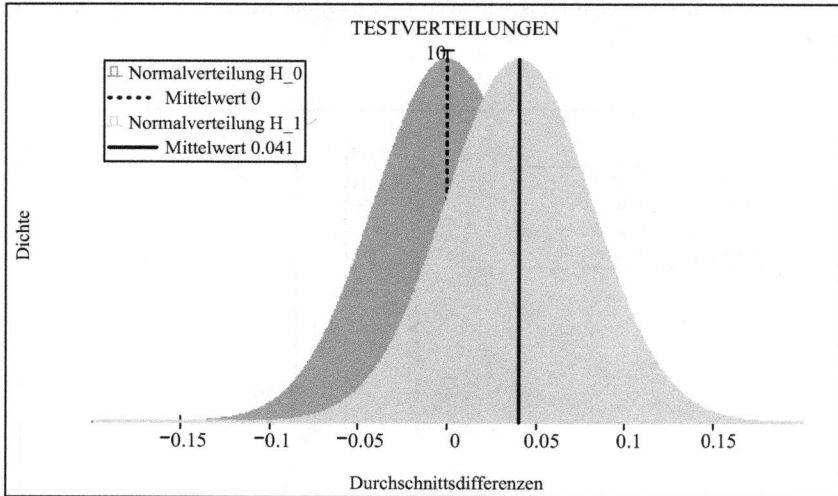

Die Mittelwerte dieser beiden Verteilungen sind 0 und 0.04 und die Standardabweichung ist jeweils

$$\sigma_{\delta_\pi} = 0.041$$

Das β-Risiko ist daher

$$F_N(z) = F_N(0.659) = 0.745$$

mit

$$0.659 = \frac{0.067 - 0.04}{0.041} = \frac{k_o - d}{\sigma_{\delta_\pi}}$$

$$k_o = 0.067 = 0 + z_{1-\alpha} \cdot \sigma_{\delta_\pi} = 0 + 1.645 \cdot 0.041.$$

Wenn tatsächlich die Merkquote der Software A um 0.04 Punkte über der der Firma B liegt, dann ist das Risiko der Fehlentscheidung bei Nichtablehnung der Nullhypothese 91.1%. Die Entscheidungstabelle zeigt diese Situation zusammengefasst:

AKTIONEN	ZUSTAND z_0: $\delta_0 = 0$	ZUSTAND z_1: $\delta_1 = 0.04$
AKTION a_0: $\delta_0 = 0$	Richtige Entscheidung: 0.835	Fehler 2. Art: 0.745
AKTION a_1: $\delta_1 = 0.04$	Fehler 1. Art: 0.165	Güte: 0.255

b) Bayes-Modell

Aus einem früheren Test weiß man, dass von 100 Vokabeln mit der Software der Firma A 78 gemerkt wurden und 76 von 100 mit der Software der Firma B. Wenn man neben diesen Prioriinformationen noch die oben angeführten Stichprobeninformationen berücksichtigt, erhält man die Parameter der Posteriorinormalverteilung mit Hilfe folgender Formeln:

Die Posterioriinformation ist

	Prioristichprobe 1	Prioristichprobe 2
Hypoth. Stichprobenrealisation	78	76
Hypoth. Stichprobenumfänge	100	100

$$\begin{pmatrix} 158 & 150 \\ 42 & 50 \end{pmatrix} + \begin{pmatrix} 78 & 76 \\ 22 & 24 \end{pmatrix} = \begin{pmatrix} 236 & 226 \\ 64 & 74 \end{pmatrix}$$

und die Varianz-, Kovarianzmatrix ist

$$\mathbf{V''} = \frac{1}{8 \cdot n^3} \cdot \begin{pmatrix} 8 \cdot ac & ad - bc \\ ad - bc & 8 \cdot bd \end{pmatrix} = \frac{1}{8 \cdot 300^3} \cdot \begin{bmatrix} 8 \cdot 236 \cdot 64 & (236 \cdot 74 - 226 \cdot 64) \\ (236 \cdot 74 - 226 \cdot 64) & 8 \cdot 226 \cdot 74 \end{bmatrix}$$

$$= \begin{pmatrix} 0.00056 & 0.00001 \\ 0.00001 & 0.00062 \end{pmatrix}$$

Die Posteriorianteilswertdifferenz δ'' ist gleich

$$\delta''_\pi = \pi''_1 - \pi''_2 = 236 - \frac{226}{300} = 0.033$$

und die Posterioristandardabweichung dieser Differenz ist

$$\sigma''_{\delta_\pi} = \mathbf{1} \cdot \mathbf{V''} \cdot \mathbf{1}^T = 0.034$$

Die Wahrscheinlichkeit für die Nullhypothese

$$H_0: \delta \leq 0$$

ist mit Hilfe dieser Angaben berechenbar. Sie ist gleich

$$W(H_0: \delta \leq 0) = \int_{-\infty}^{0} f_N(\delta, 0.033, 0.034) \, d\delta = F_N\left(\frac{0 - 0.033}{0.034}\right) = 0.166$$

und die Wahrscheinlichkeit der Alternativhypothese ist gleich

$$W(H_1: \delta > 0) = \int_0^\infty f_N(\delta, 0.033, 0.034)\, d\delta = 1 - F_N\left(\frac{0 - 0.033}{0.034}\right) = 0.834$$

Die folgende Grafik zeigt die Priori- und Posteriorinormalverteilung und den Flächenanteil der beiden Hypothesen:

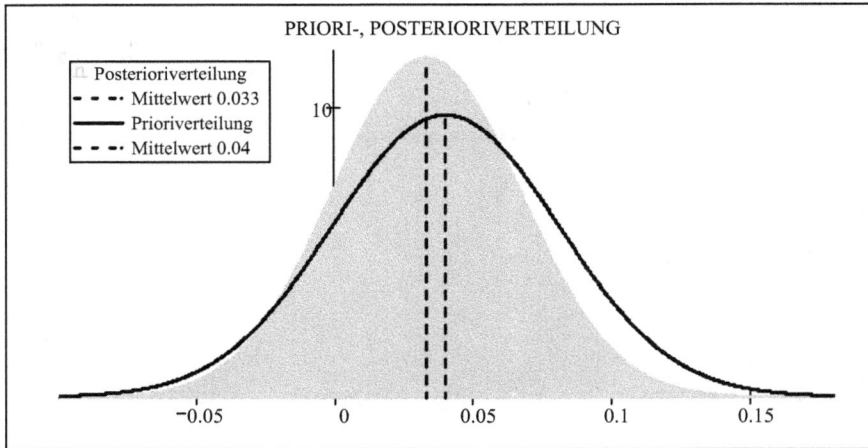

Die Stichproben- und Prioriinformationen legen nahe, die Nullhypothese abzulehnen und die Alternativhypothese anzunehmen. Im Schnitt ist die Merkquote des Anbieters A höher als die von B. Die Wahrscheinlichkeit für die Alternativhypothese beträgt rund 83%. Nach der Odds-Bewertungsregel ist der Bayesfaktor für die Nullhypothese nur

$$\frac{W(H_0, x)}{1 - W(H_0, x)} = \frac{0.166}{1 - 0.166} = 0.199$$

Die Entscheidungssituation ist in folgender Tabelle nochmals zusammengefasst:

AKTIONEN	ZUSTAND z_0: $\delta \leq 0$	ZUSTAND z_1: $\delta > 0$
AKTION a_0: $\delta \leq 0$	Richtige Entscheidung	Falsche Entscheidung
AKTION a_1: $\delta > 0$	Falsche Entscheidung	Richtige Entscheidung
WAHRSCHEINLICHKEIT	0.166	0.834

c) Wald-Modell

Die Software A kostet 40 Geldeinheiten und die Software B 42 Geldeinheiten. Ob man für die Schulklasse die Software A oder B bestellen soll, hängt nicht nur von der Wahrscheinlichkeit ab, ob die Merkquote größer oder kleiner ist, sondern von den erwarteten Kosten. Diese bestimmt man mit folgenden Formeln:

$$\begin{pmatrix} EW_1 \\ EW_2 \end{pmatrix} = \begin{pmatrix} k_{1.fix} \\ k_{2.fix} \end{pmatrix} + \begin{pmatrix} k_{1.var} & 0 \\ 0 & k_{2.var} \end{pmatrix} \cdot \begin{pmatrix} \pi''_1 \\ \pi''_2 \end{pmatrix}$$

$k_{1.fix}$ und $k_{2.fix}$ sind die fixen Kosten und $k_{1.var}$ und $k_{2.var}$ sind die variablen Kosten oder Erlöse. Die fixen Kosten sind 0 und die variablen sind 40 bzw. 42 Geldeinheiten. Kosten werden mit einem Minus eingegeben und Erlöse mit einem Plus. Für das Beispiel erhält man folgendes Ergebnis:

Stichproben:	Fixe Einnahmen (-Ausgaben)	Variable Einnahmen (-Ausgaben)
1	0	–40
2	0	–42

$$\begin{pmatrix} EW_1 \\ EW_2 \end{pmatrix} = \begin{pmatrix} 0 \\ 0 \end{pmatrix} + \begin{pmatrix} -40 & 0 \\ 0 & -42 \end{pmatrix} \begin{pmatrix} 0.787 \\ 0.753 \end{pmatrix} = \begin{pmatrix} -31.480 \\ -31.626 \end{pmatrix}$$

Nicht nur die Merkquote der Software A ist größer als die von B, auch der Kostenerwartungswert für die Software A ist mit 31.48 Geldeinheiten geringer als der für die Software B (= 37.63). Man wird daher die Software A bestellen. Da die Kostenerwartungswerte nicht stark abweichen, wird man eventuell noch weitere Informationen über die Merkquoten berücksichtigen.

Für die Berechnung der Schadenerwartungswerte der beiden Aktionen benötigt man die Differenz der beiden Kostenerwartungswerte und deren Streuung. Die Differenz δ'' ist gleich

$$\delta'' = EW_1 - EW_2 = -31.480 - (-31.626) = 0.146$$

und die Varianz dieser Differenz ist

$$\sigma''^2_\delta = \mathbf{1} \cdot \mathbf{k}_{var} \cdot \mathbf{V}'' \cdot \mathbf{k}_{var}^T \cdot \mathbf{1}^T =$$

$$= (1 \quad -1) \cdot \begin{pmatrix} k_{1.var} & 0 \\ 0 & k_{2.var} \end{pmatrix} \cdot \mathbf{V}'' \cdot \begin{pmatrix} k_{1.var} & 0 \\ 0 & k_{2.var} \end{pmatrix}^T \cdot \begin{pmatrix} 1 \\ -1 \end{pmatrix} =$$

$$= (1 \quad -1) \cdot \begin{pmatrix} -40 & 0 \\ 0 & -42 \end{pmatrix} \cdot \begin{pmatrix} 0.00056 & 0.00001 \\ 0.00001 & 0.00062 \end{pmatrix} \cdot \begin{pmatrix} -40 & 0 \\ 0 & -42 \end{pmatrix}^T \cdot \begin{pmatrix} 1 \\ -1 \end{pmatrix} = 1.941$$

Wenn man für die Aktionen die möglichen Schäden mit ihren Eintrittswahrscheinlichkeiten multipliziert, dann erhält man einen Schadenerwartungswert von 0.647 Geldeinheiten für die Aktion a_0

$$SE(a_0) = \sigma''_\delta \cdot \int_{-\infty}^0 (0 - \delta) \cdot f_N\left(\frac{\delta - \delta''}{\sigma''_\delta}\right) d\delta$$

$$= \sqrt{1.941} \cdot \int_{-\infty}^{0} (0 - \delta) \cdot f_N\left(\frac{\delta - 0.146}{\sqrt{1.941}}\right) d\delta$$

$$= 0.647$$

und für die Aktion a_1 einen Schadenerwartungswert von 0.473 Geldeinheiten:

$$SE(a_1) = \sigma''_\delta \cdot \int_{0}^{\infty} (\delta - 0) \cdot f_N\left(\frac{\delta - \delta''}{\sigma''_\delta}\right) d\delta$$

$$= \sqrt{1.941} \cdot \int_{0}^{\infty} (\delta - 0) \cdot f_N\left(\frac{\delta - 0.146}{\sqrt{1.941}}\right) d\delta$$

$$= 0.473$$

Die Ergebnisse sind in folgender Entscheidungstabelle nochmals zusammengefasst:

AKTIONEN	ZUSTAND z_0: $\delta \leq 0$	ZUSTAND z_1: $\delta > 0$	SE(a_i)
AKTION a_0: $\delta \leq 0$	0	$(0 - \delta)$	0.647
AKTION a_1: $\delta > 0$	$(\delta - 0)$	0	0.473
WAHRSCHEINLICHKEIT	0.166	0.834	*

Da der Schadenerwartungswert der Aktion a_1 geringer ist als der der Aktion a_0, entscheidet man sich für die Aktion a_1: Der Kostenerwartungswert für die Software A ist in der Grundgesamtheit kleiner als der für B. Man wird daher bei der Firma A die Software bestellen.

3_2 DURCHSCHNITTE

a) Klassisches Modell

Kann man allgemein annehmen, dass man mit Superbenzin auf 100 km im Schnitt weniger Benzin benötigt als mit Normalbenzin? Ein Taxiunternehmer hat bei 8 seiner Taxis festgestellt, wie viele Liter diese mit Normalbenzin für 100 km benötigten und wie viele mit Superbenzin. Den Verbrauch der 8 Autos einmal mit Normal- und einmal mit Superbenzin zeigt folgende Tabelle:

$$\begin{bmatrix} (\text{"Taxi Nr.:"}) & 1 & 2 & 3 & 4 & 5 & 6 & 7 & 8 \\ \text{Normalbenzin} & 9.8 & 12.1 & 14.2 & 9.4 & 10.1 & 11.2 & 11.5 & 11.1 \\ \text{Superbenzin} & 10.3 & 11.2 & 8.4 & 9.7 & 12.6 & 9.5 & 13.7 & 10.6 \end{bmatrix}$$

Nach drei Zeitintervallen ausgezählt erhält man folgendes Ergebnis:

Untergrenze	Obergrenze	Mitte	Normalbenzin	Superbenz.
8.4	10.4	9	3	4
10.4	12.4	11	4	2
12.4	15.2	13	1	2
"*"	"*"	(SUMME)	8	8

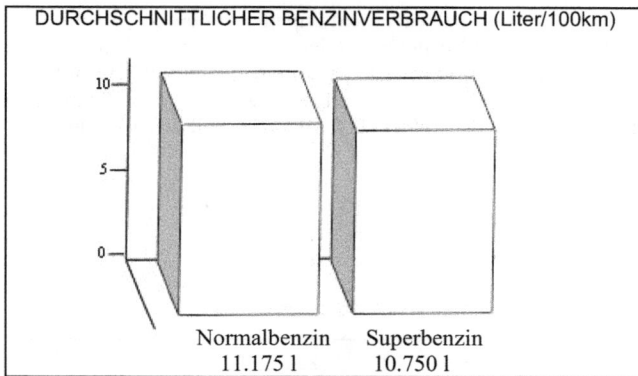

DURCHSCHNITTLICHER BENZINVERBRAUCH (Liter/100km)

Normalbenzin Superbenzin
11.175 l   10.750 l

Im Schnitt verbrauchen die Taxis 11.175 Liter Normalbenzin und nur 10.750 Liter Superbenzin auf 100 km. Ist diese Differenz schon groß genug, um allgemein zu behaupten, dass man auf 100 km im Schnitt weniger Liter Superbenzin benötigt als Normalbenzin?

Nein, diese Zeitdifferenz ist nicht groß genug. Man kann nicht generell behaupten, dass man auf 100 km im Schnitt weniger Liter Superbenzin benötigt als Normalbenzin. Zu diesem Ergebnis kommt man wie folgt: Zuerst werden Null- und Alternativhypothese formuliert (1 = Normalbenzin, 2 = Superbenzin).

$$H_0: \mu_1 = \mu_2 \text{ oder } H_0: \mu_1 - \mu_2 = \delta_\mu = 0$$

Die durchschnittliche Anzahl an Liter für 100 km ist für Normalbenzin gleich der von Superbenzin.

$$H_1: \mu_1 > \mu_2 \text{ oder } H_1: \mu_1 - \mu_2 = \delta_\mu > 0$$

Die durchschnittliche Anzahl an Liter für 100 km ist für Normalbenzin höher als die von Superbenzin. Um diese Hypothesen zu prüfen, berechnet man die Testmaßzahl

$$z_{beob} = \frac{d_\mu}{\sigma_{\delta_\mu}}$$

mit

$$d_\mu = \mathrm{xquer}_1 - \mathrm{xquer}_2$$

und mit

$$\sigma_{\delta_\mu} = \left[(1 \quad -1) \cdot \frac{1}{n} \cdot \begin{pmatrix} \sigma_1^{\ 2} & \sigma_{12} \\ \sigma_{12} & \sigma_2^{\ 2} \end{pmatrix} \cdot \begin{pmatrix} 1 \\ -1 \end{pmatrix} \right]^{\frac{1}{2}}$$

σ_1^2 und σ_2^2 sind die Varianzen der Variablen Normalbenzin und Superbenzin und σ_{12} ist die Kovarianz zwischen den beiden Variablen. Laut Angaben des Herstellers ist dem Unternehmer bekannt, dass sowohl für Normal- als auch Superbenzin höchstens 1.5 Liter Standardabweichung angenommen werden kann. Außerdem ist der Zusammenhang ρ zwischen Normal- und Superbenzinverbrauch mit 0.7 beschränkt. Da die Varianz das Quadrat der Standardabweichung ist, erhält man für Normal- und Superbenzin

$$\sigma_1^{\ 2} = 1.5^2$$

$$\sigma_2^{\ 2} = 1.5^2$$

Standardabweichung der Grundgesamtheit_1	1.5
Standardabweichung der Grundgesamtheit_2	1.5
Korrelation der Grundgesamtheiten	0.7

Zwischen Kovarianz und Korrelation besteht folgende Beziehung:

$$\sigma_{12} = \rho \cdot \sigma_1 \cdot \sigma_2.$$

Die Kovarianz zwischen Normal- und Superbenzinverbrauch ist daher

$$\sigma_{12} = 0.7 \cdot 1.5 \cdot 1.5 = 1.575.$$

d_i ist die jeweilige Differenz zwischen Normalbenzin. und Superbenzin des i-ten Autos. Für das Beispiel sind die Differenzen zwischen Normal- und Superbenzinverbrauch

$$
\left[
\begin{pmatrix} \text{Normalbenz.:} \\ x_{i.1} \end{pmatrix}
\begin{pmatrix} \text{Superbenz.:} \\ x_{i.2} \end{pmatrix}
\begin{pmatrix} \text{Differenz:} \\ d_i = x_{i.1} - x_{i.2} \end{pmatrix}
\right.
$$

Normalbenz.: $x_{i.1}$	Superbenz.: $x_{i.2}$	Differenz: $d_i = x_{i.1} - x_{i.2}$
9.8	10.3	−0.5
12.1	11.2	0.9
14.2	8.4	5.8
9.4	9.7	−0.3
10.1	12.6	−2.5
11.2	9.5	1.7
11.5	13.7	−2.2
11.1	10.6	0.5
"*"	"Summe:"	3.4

Der Mittelwert aus diesen 8 Differenzen ist

$$
d_\mu = \frac{3.4}{8} = 0.425
$$

und die Standardabweichung ist nach obiger Formel gleich

$$
\sigma_{\delta_\mu} = \left[(1 \quad -1) \cdot \frac{1}{n} \cdot \begin{pmatrix} \sigma_1^2 & \sigma_{12} \\ \sigma_{12} & \sigma_2^2 \end{pmatrix} \begin{pmatrix} 1 \\ -1 \end{pmatrix} \right]^{\frac{1}{2}}
$$

$$
= \sqrt{ (1 \quad -1) \cdot \begin{pmatrix} 0.281 & 0.197 \\ 0.197 & 0.281 \end{pmatrix} \begin{pmatrix} 1 \\ -1 \end{pmatrix} } = 0.411
$$

Die Testmaßzahl ist

$$
z_{beob} = \frac{0.425}{0.411} = 1.034.
$$

Sie ist normalverteilt. Die Wahrscheinlichkeit für das Auftreten einer so großen Testmaßzahl errechnet sich mit Hilfe der Normalverteilung auf

$$
F_N(z_{beob}) = F_N(1.034) = 0.849.
$$

Die Wahrscheinlichkeit einen beobachteten Wert von 1.034 oder größer zu erhalten, wenn die Nullhypothese gilt, ist daher

$$
1 - 0.849 = 0.151
$$

Diese Wahrscheinlichkeit ist größer als das Signifikanzniveau von 0.05.

Signifikanzniveau	0.05

Daher kann die Nullhypothese nicht abgelehnt werden. Zum gleichen Ergebnis kommt man, wenn man den beobachteten z-Wert mit dem kritischen z-Wert vergleicht. Für ein 5%-iges Signifikanzniveau ist der kritische z-Wert für eine linksseitige Alternativhypothese

$$z_{1-a/2} = 1.645.$$

Da der beobachtete z-Wert $z_{beob} = 1.034$ kleiner ist als der kritische z-Wert, kann die Nullhypothese nicht abgelehnt werden.

In unten stehender Grafik ist dieses Testergebnis veranschaulicht. Die Testmaßzahl z_{beob} (= 1.034) liegt links vor dem kritischen Wert (= 1.645) der Normalverteilung für ein Signifikanzniveau von 5%:

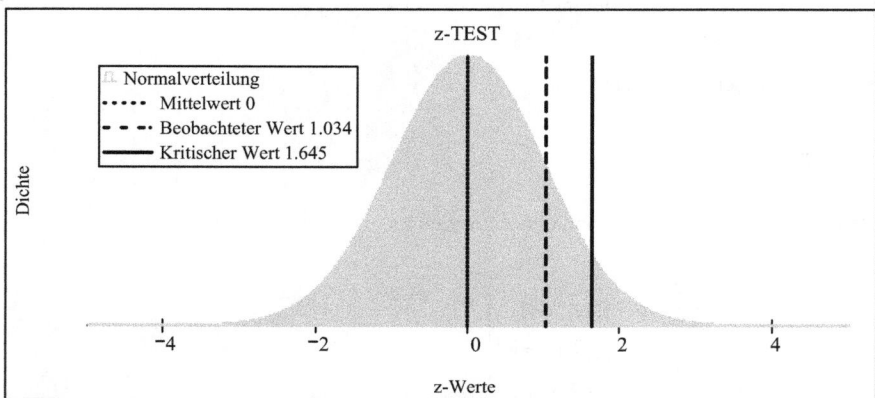

$$\begin{bmatrix} \text{Beobachteter\_Wert} & \text{Kritischer\_Wert} & \text{Wahrscheinlichkeit\_p} \\ 1.034 & (-\infty \quad 1.645) & 0.151 \end{bmatrix}$$

Man kann also auf Grund der Stichprobenergebnisse die Nullhypothese nicht ablehnen. Dass man für 100 km mehr Normalbenzin benötigt als Superbenzin wird durch die vorliegende Stichprobe nicht gestützt.

Bei der Entscheidung, die Nullhypothese nicht abzulehnen, besteht das Risiko eines β-Fehlers. Quantitativ hängt dieses Risiko von der konkreten Alternativhypothese ab. Nimmt man z. B. als Alternativhypothese die Differenz zwischen den Stichprobenmittelwerten von Normal- und Superbenzin an,

$$d_{\mu} = \text{xquer}_1 - \text{xquer}_2 = 11.175 - 10.750 = 0.425$$

dann zeigt folgende Grafik die Entscheidungssituation:

TESTVERTEILUNGEN

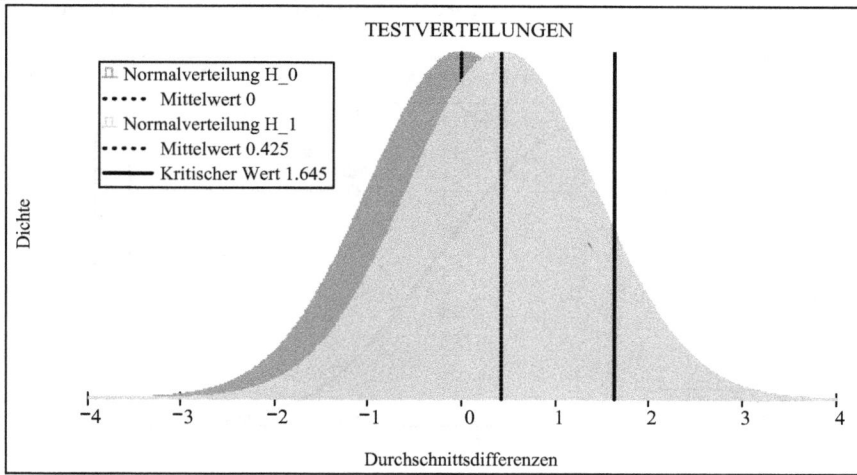

Die Mittelwerte dieser beiden Verteilungen sind 0 und 0.425 Liter und die Standardabweichung ist jeweils

$$\sigma_{\delta_\mu} = 0.411 \text{ Liter}$$

Das β-Risiko ist daher

$$F_N(z_{beob}) = F_N(0.611) = 0.729$$

mit

$$0.611 = \frac{0.676 - 0.425}{0.411} = \frac{k_o - d}{\sigma_{\delta_\mu}}$$

$$k_o = 0.676 = 0 + z_{1-\alpha} \cdot \sigma_{\delta_\mu} = 0 + 1.645 \cdot 0.411$$

Wenn tatsächlich der Verbrauch mit Normalbenzin um 0.425 Liter über dem mit Superbenzin liegt, dann ist das Risiko der Fehlentscheidung bei Nichtablehnung der Nullhypothese 72.9%. Die Entscheidungstabelle zeigt diese Situation zusammengefasst:

AKTIONEN	ZUSTAND z_0: $\delta_0 = 0$	ZUSTAND z_1: $\delta_1 = 0.425$
AKTION a_0: $\delta_0 = 0$	Richtige Entscheidung: 0.849	Fehler 2. Art: 0.729
AKTION a_1: $\delta_1 = 0.425$	Fehler 1. Art: 0.151	Güte: 0.271

Für weitere Alternativhypothesen zeigt folgende OC-Funktion die Risiken für den Fehler 2. Art:

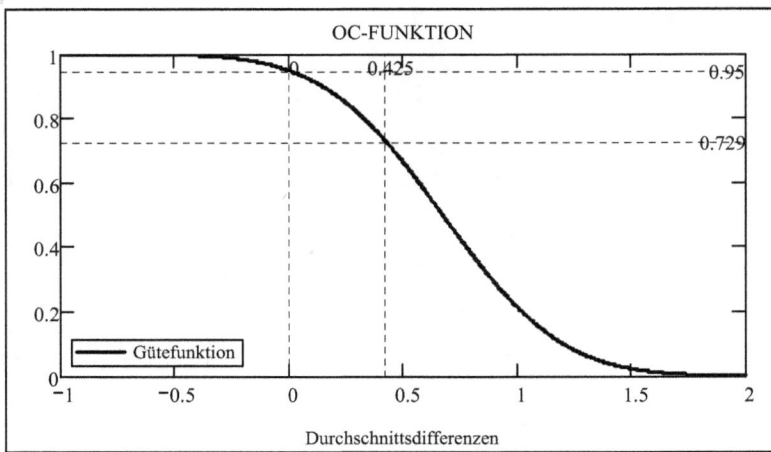

Man kann dieser Grafik z. B. entnehmen, dass bei einer tatsächlichen Differenz zwischen Normal- und Superbenzin von 1 Liter das β-Risiko schon auf ca. 20% gesunken ist, wenn man die Nullhypothese nicht ablehnt.

b) Bayes-Modell

Laut Herstellerangaben der Kraftfahrzeuge benötigen diese für 100 km 10 Liter Normalkraftstoff und nur 8 Liter mit Superbenzin. Der Taxiunternehmer will diese Angaben nicht unberücksichtigt lassen, misst ihnen aber nur ein Gewicht von 2 hypothetischen Stichprobeneinheiten zu.

"*"	Prioristichprobe 1	Prioristichprobe 2
Prioridurchschnitte	10	8
Hypoth. Stichprobenumfänge	2	2

Wenn man neben diesen Prioriinformationen noch die oben angeführten Stichprobeninformationen berücksichtigt, erhält man die Parameter der Posteriorinormalverteilung mit Hilfe folgender Formeln: Der Priorimittelwertsvektor ist

$$\mu' = \begin{pmatrix} \mu'_1 \\ \mu'_2 \end{pmatrix} = \begin{pmatrix} 10 \\ 8 \end{pmatrix}$$

und die Varianz-, Kovarianzmatrix ist

$$V' = \frac{1}{n'} \cdot \begin{pmatrix} \sigma_1^2 & \sigma_{12} \\ \sigma_{12} & \sigma_2^2 \end{pmatrix} = \begin{pmatrix} {\sigma'_1}^2 & \sigma'_{12} \\ \sigma'_{12} & {\sigma'_2}^2 \end{pmatrix} = \begin{pmatrix} \dfrac{1.5^2}{2} & 0.788 \\ 0.788 & \dfrac{1.5^2}{2} \end{pmatrix} = \begin{pmatrix} 1.125 & 0.788 \\ 0.788 & 1.125 \end{pmatrix}$$

Die Kovarianz σ'_{12} berechnet man mit der Formel

$$\sigma'_{12} \rho \cdot \sigma'_1, \sigma'_2 = \frac{0.7 \cdot 1.5 \cdot 1.5}{2} = 0.788$$

ρ ist der Korrelationskoeffizient. Die Stichprobeninformationen schreibt man wie folgt in Matrixschreibweise: Der Mittelwertsvektor der Stichprobendurchschnitte ist

$$\mathbf{xquer} = \begin{pmatrix} xquer_1 \\ xquer_2 \end{pmatrix} = \begin{pmatrix} 11.175 \\ 10.750 \end{pmatrix}$$

und die Matrix der Stichprobenvarianzen und -Kovarianzen ist gleich

$$V = \frac{1}{n} \cdot \begin{pmatrix} \sigma_1^2 & \sigma_{12} \\ \sigma_{12} & \sigma_2^2 \end{pmatrix} = \frac{1}{8} \cdot \begin{pmatrix} 1.5^2 & 1.575 \\ 1.575 & 1.5^2 \end{pmatrix} = \begin{pmatrix} 0.281 & 0.197 \\ 0.197 & 0.281 \end{pmatrix} = \begin{pmatrix} 1.125 & 0.788 \\ 0.788 & 1.125 \end{pmatrix}$$

mit

$$\sigma_{12} = \rho \cdot \sigma_1 \cdot \sigma_2 = 0.7 \cdot 1.5 \cdot 1.5 = 1.575$$

Priori- und Stichprobeninformationen werden wie folgt zu Posterioriinformationen verknüpft: Die Posteriorivarianz- und -Kovarianzmatrix ist

$$V'' = (V'^{-1} + V^{-1})^{-1} =$$

$$= \left[\begin{pmatrix} 1.125 & 0.788 \\ 0.788 & 1.125 \end{pmatrix}^{-1} + \begin{pmatrix} 0.281 & 0.197 \\ 0.197 & 0.281 \end{pmatrix}^{-1} \right]^{(-1)} = \begin{pmatrix} 0.225 & 0.158 \\ 0.158 & 0.225 \end{pmatrix}$$

und der Posteriorimittelwertsvektor ist

$$\mu'' = V'' \cdot (V'^{-1} \cdot \mu' + V^{-1} \cdot \mathbf{xquer})^{-1} =$$

$$= \begin{pmatrix} 0.225 & 0.158 \\ 0.158 & 0.225 \end{pmatrix} \cdot \left[\begin{pmatrix} 1.125 & 0.788 \\ 0.788 & 1.125 \end{pmatrix}^{-1} \cdot \begin{pmatrix} 10 \\ 8 \end{pmatrix} + \begin{pmatrix} 0.281 & 0.197 \\ 0.197 & 0.281 \end{pmatrix}^{-1} \cdot \begin{pmatrix} 11.175 \\ 10.750 \end{pmatrix} \right]$$

$$= \begin{pmatrix} 10.94 \\ 10.20 \end{pmatrix}$$

Die Posterioridifferenz δ'' ist nun gleich

$$\delta'' = \pi''_1 - \pi''_2 = (1 \quad -1) \cdot \mu'' = 0.74$$

und die Posterioristandardabweichung dieser Differenz ist

$$\sigma''_{\delta_\mu} = 1 \cdot V'' \cdot 1^T =$$
$$= \sqrt{0.135}$$

Die Wahrscheinlichkeit für die Nullhypothese

$$H._0 : \delta \leq 0$$

ist mit Hilfe dieser Angaben berechenbar. Sie ist gleich

$$W(H_0 : \delta \leq 0) = \int_{-\infty}^{0} f_N(\delta, 0.74, \sqrt{0.135})\, d\delta = F_N\left(\frac{0 - 0.74}{\sqrt{0.135}}\right) = 0.022$$

und die Wahrscheinlichkeit der Alternativhypothese ist gleich

$$W(H_1 : \delta > 0) = \int_{0}^{\infty} f_N(\delta, 0.74, \sqrt{0.135})\, d\delta = 1 - F_N\left(\frac{0 - 0.74}{\sqrt{0.135}}\right) = 0.978$$

Die folgende Grafik zeigt die Priori- und Posteriorinormalverteilung und den Flächenanteil der beiden Hypothesen:

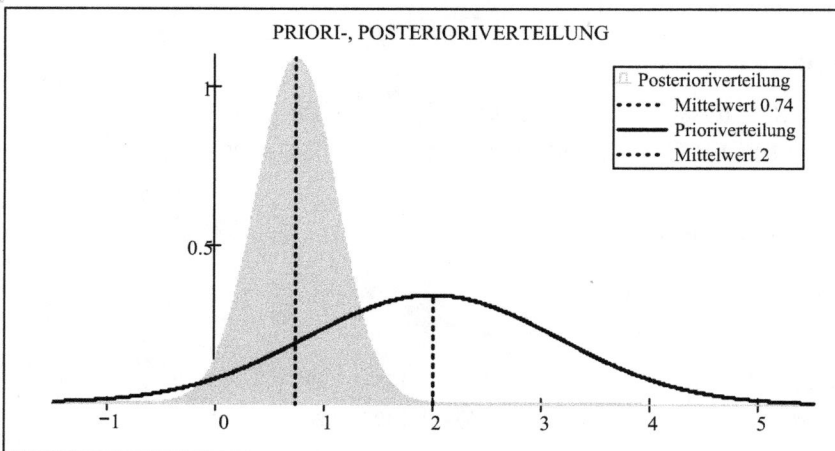

Die Stichproben- und Prioriinformationen legen nahe, die Nullhypothese abzulehnen und die Alternativhypothese anzunehmen. Im Schnitt benötigt man mit Superkraftstoff weniger Liter auf 100 Kilometer als mit Normalkraftstoff. Die Wahrscheinlichkeit für die Alternativhypothese beträgt rund 98%. Nach der Odds-Bewertungsregel ist das Resultat nicht unterstützend für die Nullhypothese, da der Bayesfaktor nur

$$\frac{W(H_0,x)}{1-W(H_0,x)} = \frac{0.022}{0.978} = 0.022$$

ist. Die Entscheidungssituation ist in folgender Tabelle nochmals zusammengefasst:

AKTIONEN	ZUSTAND z_0: $\delta \leq 0$	ZUSTAND z_1: $\delta > 0$
AKTION a_0: $\delta \leq 0$	Richtige Entscheidung	Falsche Entscheidung
AKTION a_1: $\delta > 0$	Falsche Entscheidung	Richtige Entscheidung
WAHRSCHEINLICHKEIT	0.022	0.978

c) Wald-Modell

Ein Liter Normalbenzin kostet 10 Geldeinheiten und ein Liter Superbenzin 11.5 Geldeinheiten. Diesen Tatbestand will der Taxiunternehmer bei seiner Entscheidung natürlich mitberücksichtigen. Ob er künftig seine Taxis mit Normal- oder Superkraftstoff tankt, hängt nicht nur von der Wahrscheinlichkeit ab, ob man im Schnitt mit Normal- oder Superkraftstoff weniger für 100 Kilometer braucht, sondern von den erwarteten Kosten. Wenn man berücksichtigt, dass man erwartete Kosten auch als negative erwartete Gewinne darstellen kann, dann kann man die erforderlichen Formeln wie folgt schreiben:

Stichproben:	Fixe Einnahmen (-Ausgaben)	"Variable Einnahmen (-Ausgaben)"
1	0	−10
2	0	−11.5

$$\begin{pmatrix} EW_1 \\ EW_2 \end{pmatrix} = \begin{pmatrix} k_{1.fix} \\ k_{2.fix} \end{pmatrix} + \begin{pmatrix} k_{1.var} & 0 \\ 0 & k_{2.var} \end{pmatrix} \cdot \begin{pmatrix} \mu''_1 \\ \mu''_2 \end{pmatrix}$$

$k_{1.fix}$ und $k_{2.fix}$ sind die fixen Kosten und $k_{1.var}$ und $k_{2.var}$ sind die variablen Kosten oder Erlöse, hier die Kosten pro Liter Benzin. Fixe Kosten werden hier nicht berücksichtigt. Kosten werden mit einem Minus eingegeben und Erlöse mit einem Plus.

Für das Beispiel erhält man folgendes Ergebnis:

$$\begin{pmatrix} EW_1 \\ EW_2 \end{pmatrix} = \begin{pmatrix} 0 \\ 0 \end{pmatrix} + \begin{pmatrix} -10 & 0 \\ 0 & -11.5 \end{pmatrix} \cdot \begin{pmatrix} 10.94 \\ 10.20 \end{pmatrix} = \begin{pmatrix} -109.4 \\ -117.3 \end{pmatrix}$$

Obwohl man im Schnitt pro 100 Kilometer weniger Liter Superkraftstoff benötigt als Normalkraftstoff, ist der Kostenerwartungswert für Normalbenzin mit 109.4 Geldeinheiten geringer als der für Superkraftstoff (= 117.3). Die Firma wird daher mit Normalbenzin fahren, auch wenn sie im Schnitt mehr Liter für 100 Kilometer braucht als mit Superbenzin.

Für die Berechnung der Schadenerwartungswerte der beiden Aktionen benötigt man die Differenz der beiden Kostenerwartungswerte und deren Streuung. Die Differenz ist gleich

$$\delta' = EW_1 - EW_2 = -109.4 - (-117.3) = 7.9$$

und die Varianz dieser Differenz ist

$$\sigma''^2_\delta = \mathbf{1} \cdot \mathbf{k}_{var} \cdot \mathbf{V''} \cdot \mathbf{k}_{var}^T \cdot \mathbf{1}^T =$$

$$= (\,1 \quad -1\,) \cdot \begin{pmatrix} 3 & 0 \\ 0 & 3 \end{pmatrix} \cdot \begin{pmatrix} 0.225 & 0.158 \\ 0.158 & 0.225 \end{pmatrix} \cdot \begin{pmatrix} 3 & 0 \\ 0 & 3 \end{pmatrix}^T \cdot \begin{pmatrix} 1 \\ -1 \end{pmatrix} = 4.004$$

Wenn man für die Aktionen die möglichen Schäden mit ihren Eintrittswahrscheinlichkeiten multipliziert, dann erhält man einen Schadenerwartungswert von 7.937 Geldeinheiten für die Aktion a_0

$$SE\big(a_0\big) = \int_{-\infty}^{0} (0 - \delta) \cdot f_N\big(\delta, \delta'', \sigma''_\delta\big) \, d\delta$$

$$= \int_{-\infty}^{0} (0 - \delta) \cdot f_N\big(\delta, 7.9, \sqrt{4.004}\big) \, d\delta$$

$$= 7.937$$

und für die Aktion a_1 einen Schadenerwartungswert von 0.037 Geldeinheiten:

$$SE\big(a_1\big) = \int_{0}^{\infty} (\delta - 0) \cdot f_N\big(\delta, \delta'', \sigma''_\delta\big) \, d\delta$$

$$= \int_{0}^{\infty} (\delta - 0) \cdot f_N\big(\delta, 7.9, \sqrt{4.004}\big) \, d\delta$$

$$= 0.037$$

Die Ergebnisse sind in folgender Entscheidungstabelle nochmals zusammengefasst:

AKTIONEN	ZUSTAND z_0: $\delta \leq 0$	ZUSTAND z_1: $\delta > 0$	SE(a_i)
AKTION a_0: $\delta \leq 0$	0	$(0 - \delta)$	7.937
AKTION a_1: $\delta > 0$	$(\delta - 0)$	0	0.037
WAHRSCHEINLICHKEIT	0.022	0.978	*

Da der Schadenerwartungswert der Aktion a_1 geringer ist als der der Aktion a_0, entscheidet man sich für die Aktion a_1: Der Kostenerwartungswert für Normalbenzin ist in der Grundgesamtheit kleiner als der für Superbenzin. Man wird daher Normalbenzin tanken, auch wenn man im Schnitt mehr Liter Treibstoff auf 100 km braucht als mit Superbenzin.

4_0 ZUSAMMENHANG ZWISCHEN ZWEI STICHPROBEN

a) Unterschied - Zusammenhang

Wenn man 10 Männer und 10 Frauen aus der Grundgesamtheit der potentiellen Kunden für die Spielkonsole Yoki zufällig auswählt und sie nach ihrer Kaufabsicht befragt, dann wird sich als Ergebnis vermutlich herausstellen, dass sich der Anteil der Männer mit Kaufabsicht vom Anteil der Frauen mit Kaufabsicht unterscheidet. Mit Hilfe geeigneter Tests wird man prüfen, ob diese Unterschiede in den Kaufabsichtsanteilen generell für alle Männer und Frauen gelten.

Dies gilt auch für ordinal oder metrisch skalierten Antworten. Fragt man z. B. die 10 Männer und 10 Frauen nach ihren monatlichen Einkommen, dann wird sich auch beim Durchschnittseinkommen zeigen, dass vermutlich Unterschiede zwischen dem monatlichen Durchschnittseinkommen von Männern und Frauen existieren. Mit geeigneten Tests wird geprüft, ob diese Unterschiede im Durchschnittseinkommen allgemein für alle potentiellen männlichen und weiblichen Käufer gelten. Die beiden Stichproben sind in diesem Beispiel unabhängig.

Sind die beiden Stichproben nicht unabhängig sondern abhängig, dann kann die Unterschiedshypothese ebenfalls mit geeigneten Verfahren geprüft werden. Befragt man z. B. nicht 10 Männer und 10 Frauen, sondern 10 Ehepaare nach ihrem monatlichen Einkommen, dann sind die beiden Stichproben "Ehemänner" und "Ehefrauen" abhängig. Mit geeigneten Testverfahren kann auch hier die Frage nach den Unterschieden im Durchschnittseinkommen von Ehemännern und Ehefrauen geklärt werden. Man kann aber auch nach der "Abhängigkeit" oder dem "Zusammenhang" des Einkommens von Ehemännern und Ehefrauen fragen. Ist z. B. zu erwarten, dass Ehemänner mit hohem Einkommen auch Ehefrauen haben mit hohem Einkommen? Oder ist es umgekehrt: Ehemänner mit hohem Einkommen haben Ehefrauen mit niedrigen Einkommen?

Die Frage nach dem Zusammenhang stellt sich nicht nur bei metrisch skalierten Antworten. Auch bei ordinalen oder nominalen Stichproben ist die Frage nach dem Zusammenhang gerechtfertigt, wenn es sich um zwei abhängige Stichproben handelt. Kann man z. B. davon ausgehen, dass Ehefrauen die gleiche oder ähnliche Kaufabsicht zeigen wie ihre Ehemänner? Besteht in der Beurteilung des Designs der Spielkonsole ein Zusammenhang zwischen Ehefrau und Ehemann?

Die Stärke des Zusammenhangs wird durch Korrelationskoeffizienten ausgedrückt. Diese Koeffizienten nehmen Werte zwischen 0 und 1 an. Besteht kein Zusammenhang, dann ist der Korrelationskoeffizient 0, besteht vollständiger Zusammenhang, dann nimmt der Korrelationskoeffizient den Wert 1 an. Neben der Stärke des Zusammenhangs kann bei ordinal und metrisch skalierten Antworten noch die Richtung des Zusammenhangs durch das Vorzeichen ausgedrückt werden. Ein positives Vorzeichen bedeutet, dass die Antworten gleichläufig sind. Je mehr Einkommen der Ehemann hat, umso mehr Einkommen hat auch die Ehefrau. Bei einem negativen Vorzeichen sind die Antworten gegenläufig: Je mehr Einkommen der Ehemann hat, umso weniger Einkommen hat die Ehefrau.

Mit geeigneten Testverfahren kann geprüft werden, ob die Zusammenhänge, die sich zwischen zwei Stichproben zeigen, auch allgemein gelten. Besteht z. B. zwischen dem Einkommen von Ehemännern und Ehefrauen in einer Stichprobe von 30 Ehepaaren ein positiver Zusammenhang von 0.7, dann kann geprüft werden, ob dieser Zusammenhang auch für alle Ehemänner und Ehefrauen gilt, aus denen sich die Grundgesamtheit zusammensetzt. Im Falle eines signifikanten Zusammenhanges kann man diesen bei metrisch skalierten Antworten mit Hilfe einer so genannten Regressionsfunktion zum Ausdruck bringen. Mit Hilfe dieser Funktion kann man z. B. vom gegebenen Einkommen des Ehemannes auf das seiner Ehefrau schließen.

b) Vorschau

Für nominal skalierte Antworten berechnet man den so genannten Kontingenzkoeffizienten, um einen eventuellen Zusammenhang zwischen zwei Stichproben auszudrücken. Da bei nominalen Antworten keine Ordnungsrelation existiert, gibt der Kontingenzkoeffizient nur über die Stärke nicht aber über die Richtung des Zusammenhanges Auskunft. Untersucht man z. B. den Zusammenhang zwischen gewähltem Beruf und Geschlecht einer bestimmten Bevölkerungsgruppe, so ist zwar die Angabe der Stärke des Zusammenhangs sinnvoll nicht aber eine Richtung. Der Kontingenzkoeffizient als Maß für den Zusammenhang zwischen nominal skalierten Antworten wird im Abschnitt 4_1 beschrieben.

Im Abschnitt 4_2 wird gezeigt, wie man den Zusammenhang ordinal skalierter Stichproben mit Hilfe des Rangkorrelationskoeffizienten ausdrückt und wie man prüft, ob der in den Stichproben festgestellte Zusammenhang auch für die Grundgesamtheiten gilt. Als Beispiel wird untersucht, ob zwischen der Beurteilung der Werbeveranstaltung und des Designs der Spielkonsole Yoki ein Zusammenhang besteht.

Als Beispiel für metrisch skalierte Stichproben werden Besucher einer Werbeveranstaltung verwendet, die einerseits nach ihrem Alter gefragt wurden andererseits nach ihren monatlichen Einkommen. Die Berechnung des entsprechenden Maßkorrelationskoeffizienten wird im Abschnitt 4_3 beschrieben. Im folgenden Abschnitt 4_4 wird gezeigt, wie man den festgestellten Zusammenhang zwischen Alter und Einkommen in Form einer linearen Regressionsfunktion ausdrückt, um vom Alter auf das entsprechende Einkommen einer Person zu schließen.

4_1 PHI- (=Φ) KOEFFIZIENT

a) Klassisches Modell

Besteht zwischen dem erfolgreichen Besuch einer Weiterbildungsveranstaltung und den Aufstiegschancen in einem bestimmten Konzernbetrieb ein Zusammenhang? Die Ergebnisse von 25 Mitarbeitern sowie ihre Karrieresprünge nach einem Jahr zeigt folgende Tabelle. In der Kopfzeile steht die Teilnahme am Weiterbildungskurs, in der Vorspalte die Beförderung des Mitarbeiters nach einem Jahr:

WEITERBILDUNG	Weiterbildungskurs	
Karrieresprung	Ja	Nein
Ja	12	4
Nein	4	5
SUMME	16	9

Wenn man den Weiterbildungskurs auf der x-Achse aufträgt und den Karrieresprung auf der y-Achse, dann sieht man, wie stark die Wertepaare streuen. Die Grafik zeigt dies:

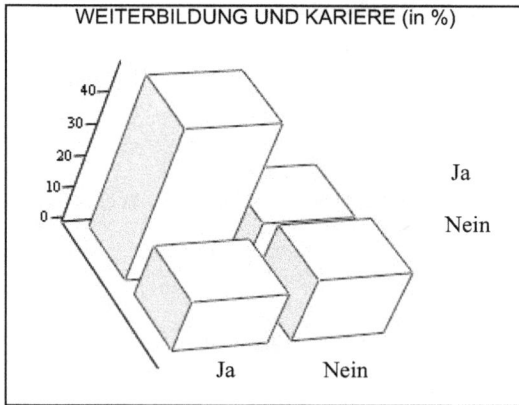

WEITERBILDUNG UND KARIERE (in %)

Wenn die Quader der Hauptdiagonale relativ groß sind im Hinblick auf die Quader der Nebendiagonale, dann würde dies einen starken positiven Zusammenhang zum Ausdruck bringen. Sind die Quader alle gleich groß, dann würde dies keinen Zusammenhang darstellen.

Um den Zusammenhang zwischen dem Kurs und Beförderung durch eine Zahl auszudrücken, kann man den so genannten Phi-Koeffizienten (Φ) berechnen. Er kann Werte zwischen -1 und $+1$ annehmen, wobei ein Wert von 0 keinen Zusammenhang bedeutet, -1 einen negativen und $+1$ einen positiven Zusammenhang. Im vorliegenden Beispiel ist der Phi-Koeffizient Φ gleich 0.306, d. h. zwischen dem Weiterbildungskurs und der Beförderung der Mitarbeiter besteht ein positiver Zusammenhang.

Kann man auf Grund dieses Stichprobenergebnisses allgemein behaupten, dass zwischen Kurs und Beförderung ein Zusammenhang besteht?

Nein, der Zusammenhang zwischen Weiterbildungskurs und Beförderung ist nicht groß genug, um allgemein zu behaupten, dass ein Zusammenhang vorliegt. Es könnte zwar tatsächlich sein, dass zwischen dem Weiterbildungskurs und den Beförderungen in der Grundgesamtheit aller potentiellen Mitarbeiter ein Zusammenhang besteht. Das Risiko dafür ist jedoch von der spezifischen Alternative abhängig.

Zuerst formuliert man die Null- und Alternativhypothese.

Nullhypothese	0

Die Nullhypothese besagt, dass zwischen dem Kurs und der Beförderung kein (= 0) Zusammenhang besteht. Diese Hypothese wird formal wie folgt angeschrieben:

H_0: $\Phi = 0$.

Eine Alternative zu dieser Nullhypothese ist die Vermutung, dass zwischen dem Kurs und den Beförderungen in der Grundgesamtheit ein Zusammenhang besteht. Formal

H_1: $\Phi \neq 0$.

An Hand der Ergebnisse der Stichprobe entscheidet man sich für die Annahme oder Ablehnung der Null-

oder Alternativhypothese. Dazu berechnet man folgende Testmaßzahl:

$$t_{beob} = \frac{\Phi}{\sqrt{\frac{1 - \Phi^2}{n - 2}}} = \Phi \cdot \sqrt{\frac{n - 2}{1 - \Phi^2}}$$

n ist der Umfang und Φ ist der Phi-Koeffizient der Stichprobe. Diese Testmaßzahl folgt einer Studentverteilung mit

$$\nu = n - 2$$

Freiheitsgraden. Φ ist der Phi-Koeffizient der Stichprobe und wie folgt definiert:

$$\Phi = \frac{(a \cdot d - b \cdot c)}{\sqrt{(a + c) \cdot (b + d) \cdot (a + b) \cdot (c + d)}}$$

mit

$$\begin{pmatrix} a & b \\ c & d \end{pmatrix} = \begin{pmatrix} 12 & 4 \\ 4 & 5 \end{pmatrix}$$

Der Phi-Koeffizienten kann nun wie folgt berechnen werden:

$$\Phi = \frac{12 \cdot 5 - 4 \cdot 4}{\sqrt{(12 + 4) \cdot (4 + 5) \cdot (12 + 4) \cdot (4 + 5)}} = 0.306.$$

Für die Testmaßzahl erhält man

$$t_{beob} = 0.306 \cdot \sqrt{\frac{10 - 2}{1 - 0.306^2}} = 1.539$$

mit $25 - 2 = 23$ Freiheitsgraden.

Die Wahrscheinlichkeit für das Auftreten einer so großen Testmaßzahl von $t_{beob} = 1.539$ unter Gültigkeit der Nullhypothese ist gleich $F_t(1.539, 23) = 0.931$. (Diesen Wert liest man aus einer geeigneten Tabelle der t-Verteilung ab oder berechnet ihn mit Hilfe entsprechender Programme.)

Ist man bereit, in 5 von 100 Fällen eine richtige Nullhypothese abzulehnen, dann ist das Signifikanzniveau α gleich 0.05.

Signifikanzniveau	0.05

Unter Gültigkeit der Nullhypothese sind die 5% seltensten t Werte nach oben unten beschränkt durch den kritischen Wert t_c gleich $+/- 2.069$. Da das aus der Stichprobe errechnete t_{beob} von 1.539 kleiner ist als dieser kritische Wert, kann die Nullhypothese nicht abgelehnt werden.

$$t_{\frac{\alpha}{2}} = -2.069 < t_{beob} = 1.539 < 2.069 = t_{1-\frac{\alpha}{2}}$$

Zum selben Ergebnis kommt man, wenn man die Wahrscheinlichkeiten vergleicht: Da die Wahrscheinlichkeit für einen t-Wert von 1.539 oder größer gleich $1 - F(1.539, 23) = 0.069$ ist und das Signifikanzniveau mit 0.05 angenommen wurde, kann die Nullhypothese nicht abgelehnt werden.

$$1 - F(1.539, 23) = 0.069 > 0.025.$$

Man kann auf Grund dieser Stichprobe nicht behaupten, dass zwischen dem Kurs und der Beförderung aller (auch potentiellen) Mitarbeiter allgemein ein Zusammenhang besteht.

Die Grafik zeigt die Studentverteilung, die kritischen Werte sowie den beobachteten Wert t_{beob}:

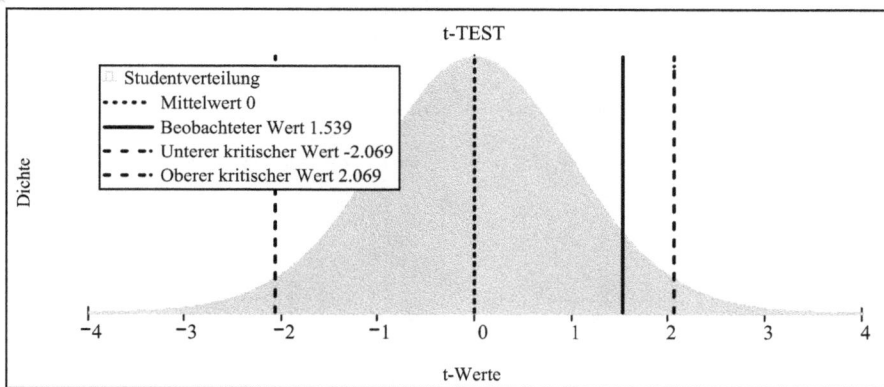

$$\begin{bmatrix} \text{Beobachteter\_Wert} & \text{Kritische\_Werte} & \text{Wahrscheinlichkeit\_p} \\ 1.539 & (-2.069 \quad 2.069) & 0.138 \end{bmatrix}$$

Kann man die Nullhypothese nicht ablehnen, besteht das Risiko eines β-Fehlers. Quantitativ hängt dieses Risiko von der konkreten Alternativhypothese ab. Nimmt man z. B. als Alternativhypothese den Phi-Koeffizienten der Stichprobe an,

$$\Phi = 0.306$$

dann zeigt folgende Grafik die Entscheidungssituation:

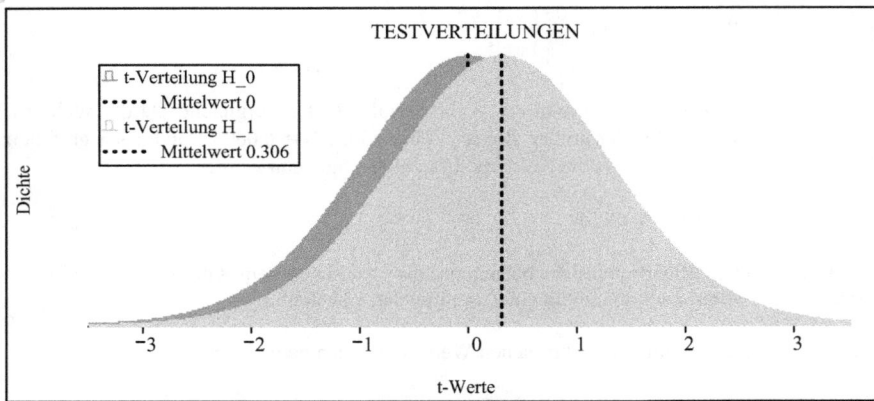

Das β-Risiko ist für die Alternativhypothese $\Phi = 0.306$ gleich

$$F_S(t, \nu) = F_S(0.533, 23) = 0.7$$

mit

$$0.533 = \frac{0.412 - 0.306}{0.199} = \frac{k_u - \rho_1}{s_\phi}$$

$$k_u = 0.412 = 0 + 2.069 \cdot 0.199 = 0 + t_{1-\frac{\alpha}{2}, \nu} \cdot \sqrt{\frac{1 - \phi^2}{n - 2}}$$

In der folgenden Entscheidungstabelle sind die entsprechenden Wahrscheinlichkeiten für die Nullhypothese $\Phi = 0$ und diese spezielle Alternativhypothese $\Phi = 0.306$ nochmals zusammengefasst:

AKTIONEN	ZUSTAND z_0: $\Phi_0 = 0$	ZUSTAND z_1: $\Phi_1 = 0.306$
AKTION a_0: $\Phi_0 = 0$	Richtige Entscheidung: 0.862	Fehler 2. Art: 0.7
AKTION a_1: $\Phi_1 = 0.306$	Fehler 1. Art: 0.138	Güte: 0.3

Für weitere Alternativhypothesen zeigt folgende OC-Funktion die Risiken für den Fehler 2. Art:

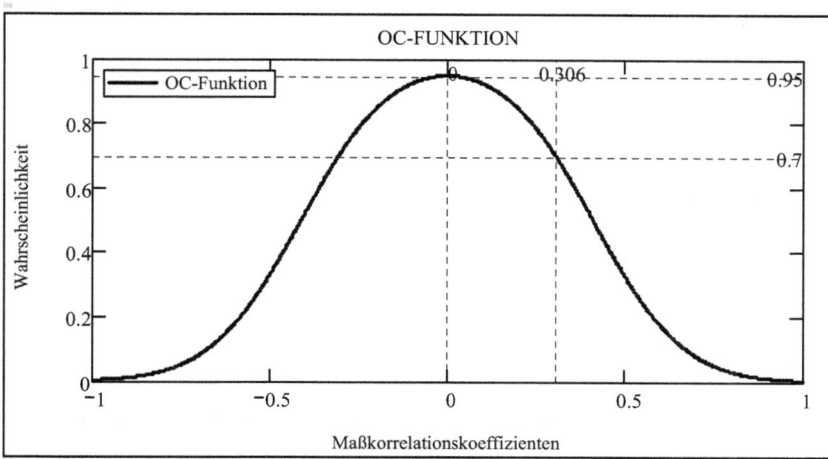

b) Bayes-Modell

Bei einer früheren Untersuchung von 10 Mitarbeitern im Hinblick auf den Zusammenhang zwischen Weiterbildungskurs und Beförderung wurde ein Phi-Koeffizient von 0.5 berechnet. Diese Information soll neben der Stichprobeninformation berücksichtigt werden. D. h. man nimmt als hypothetischen Prioristichprobenumfang n' = 10 an

$$n' = 10,$$

und für den Phi-Koeffizienten

$$\Phi' = 0.5.$$

Hypothetischer Stichprobenumfang	10
Priorikorrelationskoeffizient	0.5

Da die Stichprobenverteilung der Zufallsvariablen Φ keiner Normalverteilung folgt (für $\Phi \neq 0$), auch wenn die beiden Grundgesamtheiten normalverteilt sind, müssen sowohl die Stichprobenergebnisse als auch die Prioriinformation in so genannte zeta-Werte (ζ) transformiert werden, um die Normalverteilung zu erzwingen:

$$\zeta = \frac{1}{2} \cdot \ln\left(\frac{1 + r}{1 - r}\right)$$

Die transformierte Variable ist annähernd normalverteilt mit der Varianz

$$V(\zeta) = \frac{1}{n - 3}$$

Die transformierte Stichprobeninformation des obigen Beispiels ist

$$\zeta = \frac{1}{2} \cdot \ln\left(\frac{1 + 0.306}{1 - 0.306}\right) = 0.316$$

$$V(\zeta) = \frac{1}{25 - 3} = 0.045$$

und die der Prioriinformation

$$\zeta = \frac{1}{2} \cdot \ln\left(\frac{1 + 0.5}{1 - 0.5}\right) = 0.549$$

$$V(\zeta) = \frac{1}{10 - 3} = 0.143$$

Die Parameter der Posteriorinormalverteilung erhält man mit folgenden Formeln. Die Posteriorivarianz ist

$$V(\zeta'') = \left(\frac{1}{V(\zeta)} + \frac{1}{V(\zeta)}\right)^{-1} = \left(\frac{1}{0.143} + \frac{1}{0.045}\right)^{-1} = 0.034$$

und der Posteriorizetakoeffizient ist

$$\zeta'' = V(\zeta'') \cdot \left(\frac{1}{V(\zeta)} \cdot \zeta + \frac{1}{V(\zeta)} \cdot \zeta\right) = 0.034 \cdot \left(\frac{1}{0.143} \cdot 0.549 + \frac{1}{0.045} \cdot 0.316\right) = 0.372$$

Der Posterioriphikoeffizient errechnet sich aus dem Posteriorizetakoeffizeinten nach der Formel

$$\Phi'' = \frac{e^{2 \cdot \zeta''} - 1}{e^{2 \cdot \zeta''} + 1} = \frac{e^{2 \cdot 0.372} - 1}{e^{2 \cdot 0.372} + 1} = 0.356$$

Der Einfachheit halber soll hier keine zweiseitige Hypothese wie im klassischen Modell angenommen werden, sondern eine einseitige. Die Wahrscheinlichkeit für die Nullhypothese

$$H_0: \Phi \leqq 0$$

ist mit Hilfe dieser Angaben berechenbar. Sie ist gleich

$$W(H_0:\Phi \leqq 0) = \int_{-\infty}^{0} f_N(\zeta, 0.372, \sqrt{0.034}) \, d\zeta = F_N\left(\frac{0 - 0.372}{\sqrt{0.034}}\right) = 0.0226$$

und die Wahrscheinlichkeit der Alternativhypothese ist gleich

$$W(H_1:\Phi > 0) = \int_{0}^{\infty} f_N(\zeta, 0.372, \sqrt{0.034}) \, d\zeta = 1 - F_N\left(\frac{0 - 0.372}{\sqrt{0.034}}\right) = 0.9774$$

Die folgende Grafik zeigt die Priori- und Posteriorinormalverteilung und den Flächenanteil der beiden Hypothesen:

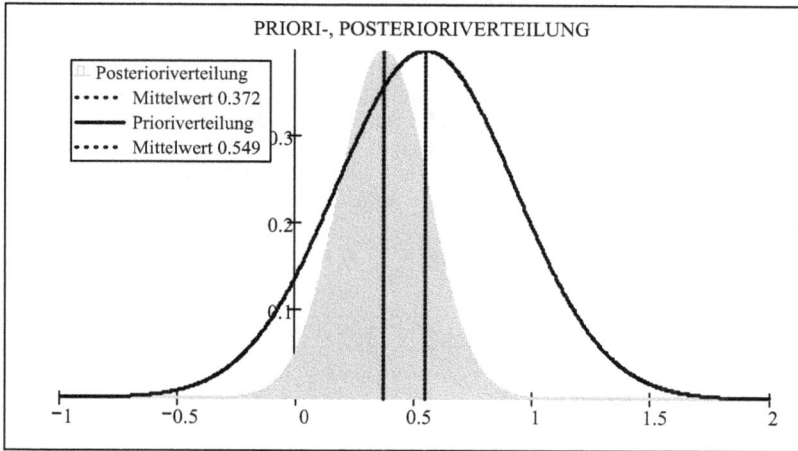

Die Stichproben- und Prioriinformationen legen nahe, die Alternativhypothese anzunehmen. Zwischen Weiterbildungskurs und Beförderung besteht ein Zusammenhang. Die Wahrscheinlichkeit für die Alternativhypothese beträgt rund 98%. Nach der Odds-Bewertungsregel ist das Resultat nicht unterstützend für die Nullhypothese, da der Bayesfaktor nur

$$\frac{W(H_0, x)}{1 - W(H_0, x)} = \frac{0.0226}{1 - 0.0226} = 0.023$$

ist. Die Entscheidungssituation ist in folgender Tabelle nochmals zusammengefasst:

AKTIONEN	ZUSTAND z_0: $\Phi \leq 0$	ZUSTAND z_1: $\Phi > 0$
AKTION a_0: $\Phi \leq 0$	Richtige Entscheidung	Falsche Entscheidung
AKTION a_1: $\Phi > 0$	Falsche Entscheidung	Richtige Entscheidung
WAHRSCHEINLICHKEIT	0.023	0.977

c) Wald-Modell

Für den Weiterbildungskurs sind 3000 Geldeinheiten zu bezahlen. Soll Herr Müller den Kurs in Anspruch nehmen? Wenn Herr Müller davon ausgeht, dass zwischen Weiterbildungskurs und Beförderung kein Zusammenhang besteht, wenn er also Aktion a_0 wählt und den Kurs nicht besucht, dann entstehen ihm keine Kosten. Entscheidet er sich jedoch für die Aktion a_1 und besucht den Kurs, dann hat er Kosten in der Höhe von 3000 Geldeinheiten. Diese Kosten zeigt folgende Tabelle:

AKTIONEN	ZUSTAND z_0: $\Phi = 0$	ZUSTAND z_1: $\Phi > 0$
AKTION a_0: $\Phi = 0$	0	0
AKTION a_1: $\Phi > 0$	3000	3000

Um diese Kosten in Opportunitätskosten zu transformieren, berücksichtigt man, dass bei der richtigen Aktionswahl keine Opportunitätskosten auftreten können. Wählt man also die Aktion a_0, dann hat man keine Opportunitätskosten, wenn tatsächlich der Zustand z_0 zutrifft, aber Opportunitätskosten in der Höhe von 3000 Geldeinheiten, wenn der Zustand z_1 richtig ist. In diesem Fall wäre die Aktion a_1 die richtige Wahl und im Hinblick auf diese Kosten ist die Differenz von $3000 - 0 = 3000$ Geldeinheiten Opportunitätskosten. Das gleich gilt für die Wahl der Aktion a_1. Das Ergebnis dieser Transformation zeigt die Opportunitätskostentabelle:

AKTIONEN	ZUSTAND z_0: $\Phi = 0$	ZUSTAND z_1: $\Phi > 0$
AKTION_0: $\Phi = 0$	0	3000
AKTION_1: $\Phi > 0$	3000	0

Schaden bei falscher Wahl von Aktion_0	3000
Schaden bei falscher Wahl von Aktion_1	3000

Um zu entscheiden, ob Herr Müller den Weiterbildungskurs besuchen soll, werden diese Opportunitätskosten oder kurz Schäden mit ihren Eintrittswahrscheinlichkeiten gewichtet. Der Zustand z_0 hat eine Eintrittswahrscheinlichkeit von 0.0226 und der Zustand z_1 von 0.9774. Der Schadenerwartungswert für die Aktion a_0 ist daher gleich

$$SE\left(a_0\right) = s_1 \cdot F_N\left(\frac{0 - 0.372}{\sqrt{0.034}}\right) + s_2 \cdot \left(1 - F_N\left(\frac{0 - 0.372}{\sqrt{0.034}}\right)\right)$$

$$= 0 \cdot 0.0226 + 30000 \cdot 0.9774 = 2932.31$$

und

$$SE\left(a_1\right) = s_1 \cdot F_N\left(\frac{0 - 0.372}{\sqrt{0.034}}\right) + s_2 \cdot \left(1 - F_N\left(\frac{0 - 0.372}{\sqrt{0.034}}\right)\right)$$

$$= 3000 \cdot 0.0226 + 0 \cdot 0.9774 = 67.69 .$$

Da der Schadenerwartungswert der Aktion a_1 viel geringer ist als der der Aktion a_0 wird Herr Müller den Weiterbildungskurs in Anspruch nehmen. Die folgende erweiterte Entscheidungstabelle zeigt in der letzten Zeile die vom Bayes-Modell bekannten Posterioriwahrscheinlichkeiten für die beiden Umweltzustände und in der letzten Spalte die berechneten Schadenerwartungswerte der beiden Aktionen:

AKTIONEN	ZUSTAND z_0: $\Phi \leq 0$	ZUSTAND z_1: $\Phi > 0$	SE(a_i)
AKTION a_0: $\Phi \leq 0$	0	3000	2932.31
AKTION a_1: $\Phi > 0$	3000	0	67.69
WAHRSCHEINLICHKEIT	0.023	0.977	*

4_2 MASSKORRELATION

a) Klassisches Modell

Besteht zwischen dem psychologischem Eignungstest und dem Jahresumsatz von 10 Außendienstmitarbeitern ein Zusammenhang? Die Testergebnisse von 10 Mitarbeitern sowie ihre Umsätze zeigt folgende Tabelle. In der ersten Zeile stehen die erreichten Testwerte, in der zweiten die entsprechenden Jahresumsätze des Mitarbeiters:

36	45	19	62	27	35	45	55	43	35
32	42	24	51	23	25	36	45	50	23
1	2	3	4	5	6	7	8	9	10

Wenn man die erreichten Testpunkte des Mitarbeiters auf der horizontalen Achse aufträgt und den entsprechende Jahresumsatz auf der vertikalen, dann sieht man, wie stark die Wertepaare streuen. Liegen die Punkte eng um eine gedachte Linie, die von links unten nach rechts oben ansteigt, dann besteht ein starker positiver Zusammenhang zwischen Testpunkten und Jahresumsatz: Je mehr Testpunkte der Mitarbeiter erreicht umso höher ist der Jahresumsatz. Die Grafik zeigt dies:

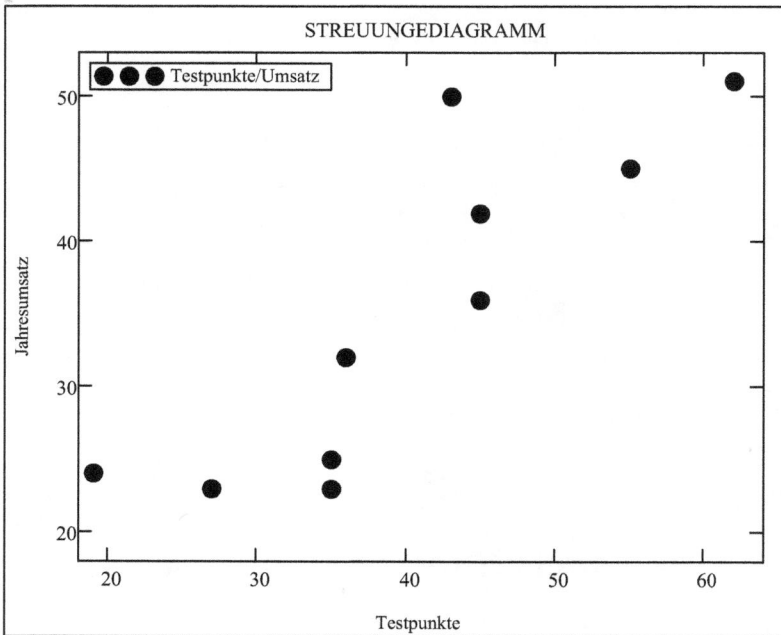

STREUUNGEDIAGRAMM

Wenn die Punkte eng um eine gedachte Linie liegen, die von links oben nach rechts unten abfällt, dann würde dies einen negativen Zusammenhang zum Ausdruck bringen: Je mehr Testpunkte die getestete Person erreicht, umso geringer ist ihr Jahresumsatz. Verteilen sich die Punkte zufällig im gezeigten Quadranten, dann würde kein Zusammenhang zwischen Testpunkten und Umsatz bestehen.

Um den Zusammenhang zwischen den Testwerten und dem Jahresumsatz durch eine Zahl auszudrücken, kann man den sogenannten Maßkorrelationskoeffizienten berechnen. Er kann Werte zwischen −1 und +1 annehmen, wobei ein Wert von 0 keinen Zusammenhang bedeutet, −1 einen negativen und +1 einen positiven Zusammenhang. Im vorliegenden Beispiel ist der Maßkorrelationskoeffizient r_M gleich 0.851, d. h. zwischen den Testwerten und dem Umsatz des Mitarbeiters besteht ein positiver Zusammenhang. Je mehr Testpunkte ein Mitarbeiter erreicht, desto höher ist sein Jahresumsatz.

Kann man auf Grund dieses Stichprobenergebnisses allgemein behaupten, dass zwischen dem Test und dem Jahresumsatz ein positiver Zusammenhang besteht?

Ja, der Zusammenhang zwischen den Testpunkten und dem Jahresumsatz ist groß genug, um allgemein zu behaupten, dass ein Zusammenhang vorliegt. Es könnte zwar tatsächlich sein, dass zwischen dem Test und dem Umsatz in der Grundgesamtheit aller potentiellen Mitarbeiter kein Zusammenhang besteht. Das Risiko dafür ist höchstens 5%.

Wie kommt man zu diesem Ergebnis? Zuerst formuliert man die Null- und Alternativhypothese. Die Nullhypothese besagt, dass zwischen dem Test und dem Umsatz kein (= 0) Zusammenhang besteht. Diese Hypothese wird formal wie folgt angeschrieben:

$H_0: \rho_M = 0.$

Nullhypothese	0

Eine Alternative zu dieser Nullhypothese ist die Vermutung, dass zwischen dem Test und dem Umsatz in der Grundgesamtheit ein positiver Zusammenhang besteht. Formal

$$H_1: \rho_M > 0.$$

An Hand der Ergebnisse der Stichprobe entscheidet man sich für die Annahme oder Ablehnung der Null- oder Alternativhypothese. Dazu berechnet man folgende Testmaßzahl:

$$t_{beob} = \frac{r_M}{\sqrt{\dfrac{1 - r_M^2}{n - 2}}} = r_M \sqrt{\frac{n - 2}{1 - r_M^2}}$$

n ist der Umfang und r_M ist der Maßkorrelationskoeffizient der Stichprobe. Diese Testmaßzahl folgt einer Studentverteilung mit

$$\nu = n - 2$$

Freiheitsgraden. r_M ist der Maßkorrelationskoeffizient der Stichprobe und wie folgt definiert:

$$r_M = \frac{\sum_{i=1}^{n} \left(x_i \cdot y_i - n \cdot xquer \cdot yquer \right)}{\sqrt{\left[\sum_{i=1}^{n} \left[(x_i)^2 - n \cdot (xquer)^2 \right] \right] \cdot \left[\sum_{i=1}^{n} \left[(y_i)^2 - n \cdot (yquer)^2 \right] \right]}} = \frac{s_{xy}}{\sqrt{s_x^2 \cdot s_y^2}}$$

s_x^2 und s_y^2 sind die Varianzen von Test und Umsatz, xquer und yquer die entsprechenden Durchschnitte. s_{xy} ist die Kovarianz zwischen Test und Umsatz. In folgender Tabelle sind die Zwischenschritte zur Berechnung des Maßkorrelationskoeffizienten angegeben.

Mitarbeiter	x_i	y_i	$(x_i)^2$	$(y_i)^2$	$x_i \cdot y_i$
1	36	32	1296	1024	1152
2	45	42	2025	1764	1890
3	19	24	361	576	456
4	62	51	3844	2601	3162
5	27	23	729	529	621
6	35	25	1225	625	875
7	45	36	2025	1296	1620
8	55	45	3025	2025	2475
9	43	50	1849	2500	2150
10	35	23	1225	529	805
Summen	402	351	17604	13469	15206

Der Maßkorrelationskoeffizienten kann nun wie folgt berechnen werden:

$$r_M = \frac{15206 - 10 \cdot \dfrac{402}{10} \cdot \dfrac{351}{10}}{\sqrt{\left[17604 - 10 \cdot \left(\dfrac{402}{10}\right)^2\right] \cdot \left[13469 - 10 \cdot \left(\dfrac{351}{10}\right)^2\right]}} = 0.851.$$

Für die Testmaßzahl erhält man

$$t_{beob} = 0.851 \cdot \sqrt{\frac{10-2}{1 - 0.851^2}} = 4.581$$

mit $10 - 2 = 8$ Freiheitsgraden.

Die Wahrscheinlichkeit für das Auftreten einer so großen Testmaßzahl von $t_{beob} = 4.581$ unter Gültigkeit der Nullhypothese ist gleich $F_t(4.581, 8) = 0.999$. (Diesen Wert liest man aus einer geeigneten Tabelle der t-Verteilung ab oder berechnet ihn mit Hilfe entsprechender Programme.)

Signifikanzniveau	0.05

Ist man bereit, in 5 von 100 Fällen eine richtige Nullhypothese abzulehnen, dann ist das Signifikanzniveau a gleich 0.05. Unter Gültigkeit der Nullhypothese sind die 5% seltensten t-Werte nach oben beschränkt durch den kritischen Wert t_c gleich 1.86. Da das aus der Stichprobe errechnete t_{beob} von 4.583 größer ist als dieser kritische Wert, kann die Nullhypothese abgelehnt werden.

$$t_{beob} = 4.583 > 1.86 = t_c$$

Zum selben Ergebnis kommt man, wenn man die Wahrscheinlichkeiten vergleicht: Da die Wahrscheinlichkeit für einen t-Wert von 4.583 oder größer gleich $1 - F(4.581,8) = 0.001$ ist und das Signifikanzniveau mit 0.05 angenommen wurde, kann die Nullhypothese abgelehnt werden.

$$1 - F(4.581, 8) = 0.001 < 0.05 = \text{Signifikanzniveau.}$$

Man kann auf Grund dieser Stichprobe behaupten, dass zwischen dem Test und dem Umsatz aller (auch potentiellen) Außendienstmitarbeiter allgemein ein positiver Zusammenhang besteht.

Die Grafik zeigt die Studentverteilung, die kritischen Wert t_o sowie den beobachteten Wert t_{beob}:

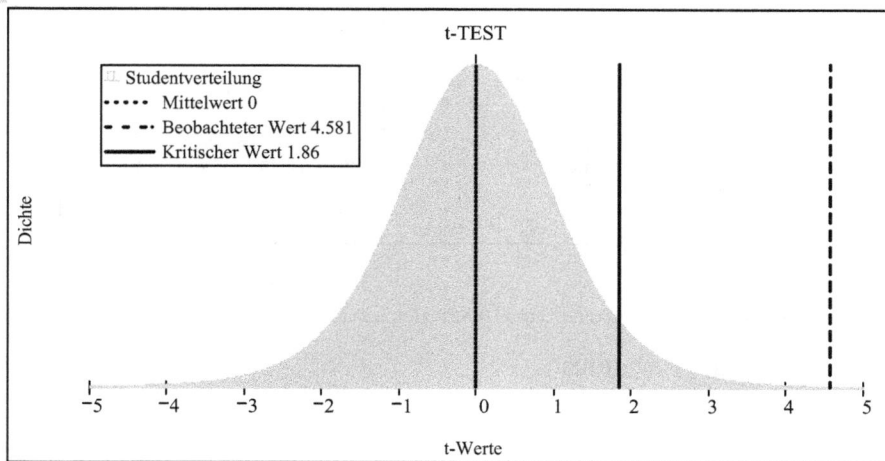

$$\begin{bmatrix} \text{Beobachteter\_Wert} & \text{Kritischer\_Wert} & \text{Wahrscheinlichkeit\_p} \\ 4.581 & (-\infty \quad 1.86) & 0.001 \end{bmatrix}$$

Kann man die Nullhypothese nicht ablehnen, besteht das Risiko eines β-Fehlers. Quantitativ hängt dieses Risiko von der konkreten Alternativhypothese ab. Nimmt man z. B. als Alternativhypothese den Korrelationskoeffizienten der Stichprobe an,

$$r_M = 0.851$$

dann zeigt folgende Grafik die Entscheidungssituation:

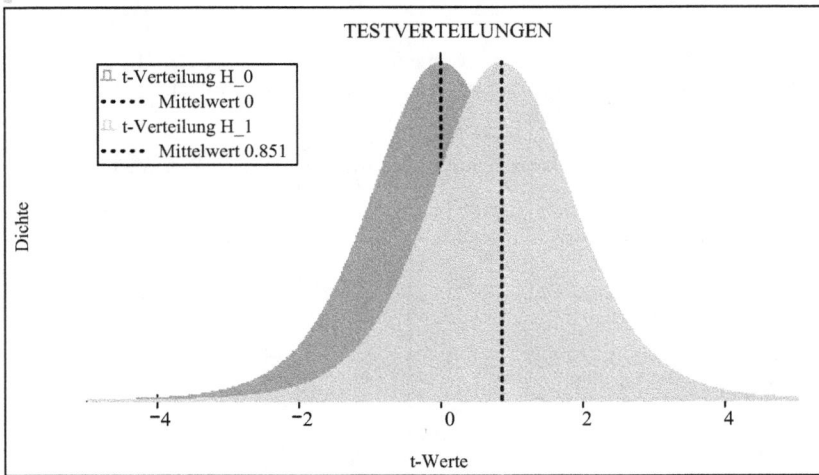

Das β-Risiko ist für die Alternativhypothese $r_M = 0.851$ gleich

$$F_S(t, \nu) = F_S(-2.715, 8) = 0.013$$

mit

$$-2.715 = \frac{0.346 - 0.851}{0.186} = \frac{k_u - \rho_1}{s_{r_M}}$$

$$k_u = 0.346 = 0 + 1.86 \cdot 0.186 = 0 + t_{1-\alpha, \nu} \cdot \sqrt{\frac{1 - r_M^2}{n - 2}}$$

In der folgenden Entscheidungstabelle sind die entsprechenden Wahrscheinlichkeiten für die Nullhypothese $\rho = 0$ und diese spezielle Alternativhypothese $\rho = 0.851$ nochmals zusammengefasst:

AKTIONEN	ZUSTAND z_0: $\rho_0 = 0$	ZUSTAND z_1: $\rho_1 = 0.851$
AKTION a_0: $\rho_0 = 0$	Richtige Entscheidung: 0.999	Fehler 2. Art: 0.013
AKTION a_1: $\rho_1 = 0.851$	Fehler 1. Art: 0.001	Güte: 0.987

Für weitere Alternativhypothesen zeigt folgende OC-Funktion die Risiken für den Fehler 2. Art:

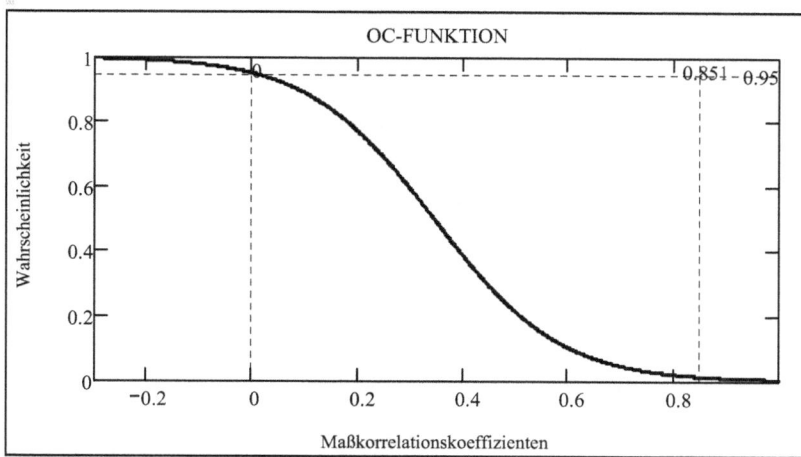

OC-FUNKTION

(x-Achse: Maßkorrelationskoeffizienten; y-Achse: Wahrscheinlichkeit)

b) Bayes-Modell

Die Beratungsfirma, die diesen Eignungstest vertreibt, behauptet, dass zwischen den erreichten Testpunkten und den Jahresumsatz mindestens eine Korrelation von 0.75 besteht. Diese Information soll halb so stark wie die Stichprobeninformation berücksichtigt werden. D. h. man nimmt als hypothetischen Prioristichprobenumfang n' = 5 an:

$$n' = \frac{n}{2} = \frac{10}{2} = 5$$

Hypothetischer Stichprobenumfang	5
Priorikorrelationskoeffizient	0.75

Da die Stichprobenverteilung der Zufallsvariablen R keiner Normalverteilung folgt (für R ≠ 0), auch wenn die beiden Grundgesamtheiten normalverteilt sind, müssen sowohl die Stichprobenergebnisse als auch die Prioriinformation in so genannte zeta-Werte (ζ) transformiert werden, um die Normalverteilung zu erzwingen:

$$\zeta = \frac{1}{2} \cdot \ln\left(\frac{1 + r}{1 - r}\right)$$

Die transformierte Variable ist annähernd normalverteilt mit der Varianz

$$V(\zeta) = \frac{1}{n - 3}$$

Die transformierte Stichprobeninformation des obigen Beispiels ist

$$\zeta = \frac{1}{2} \cdot \ln\left(\frac{1 + 0.851}{1 - 0.851}\right) = 1.260$$

$$v(\zeta) = \frac{1}{10 - 3} = 0.143$$

und die der Prioriinformation

$$\zeta' = \frac{1}{2} \cdot \ln\left(\frac{1 + 0.75}{1 - 0.75}\right) = 0.973$$

$$v(\zeta') = \frac{1}{5 - 3} = 0.500$$

Die Parameter der Posteriorinormalverteilung erhält man mit folgenden Formeln. Die Posteriorivarianz ist

$$v(\zeta'') = \left(\frac{1}{v(\zeta')} + \frac{1}{v(\zeta)}\right)^{-1} = \left(\frac{1}{0.500} + \frac{1}{0.143}\right)^{-1} = 0.111$$

und der Posteriorizetakoeffizient ist

$$\zeta'' = v(\zeta'') \cdot \left(\frac{1}{v(\zeta')} \cdot \zeta' + \frac{1}{v(\zeta)} \cdot \zeta\right) = 0.111 \cdot \left(\frac{1}{0.500} \cdot 0.973 + \frac{1}{0.143} \cdot 1.260\right) = 1.194$$

Der Posteriorikorrelationskoeffizient errechnet sich aus dem Posteriorizetakoeffizeinten nach der Formel

$$\rho'' = \frac{e^{2 \cdot \zeta''} - 1}{e^{2 \cdot \zeta''} + 1} = \frac{e^{2 \cdot 1.194} - 1}{e^{2 \cdot 1.194} + 1} = 0.832$$

Die Wahrscheinlichkeit für die Nullhypothese ist mit Hilfe dieser Angaben berechenbar. Sie ist gleich

$$W(H_0 : \rho \leq 0) = \int_{-\infty}^{0} f_N\left(\zeta, 1.194, \sqrt{0.111}\right) d\zeta = F_N\left(\frac{0 - 1.194}{\sqrt{0.111}}\right) = 0.0016$$

und die Wahrscheinlichkeit der Alternativhypothese ist gleich

$$W(H_1 : \rho > 0) = \int_{0}^{\infty} f_N\left(\zeta, 1.194, \sqrt{0.111}\right) d\zeta = 1 - F_N\left(\frac{0 - 1.194}{\sqrt{0.111}}\right) = 0.9984$$

Die folgende Grafik zeigt die Priori- und Posteriorinormalverteilung und den Flächenanteil der beiden Hypothesen:

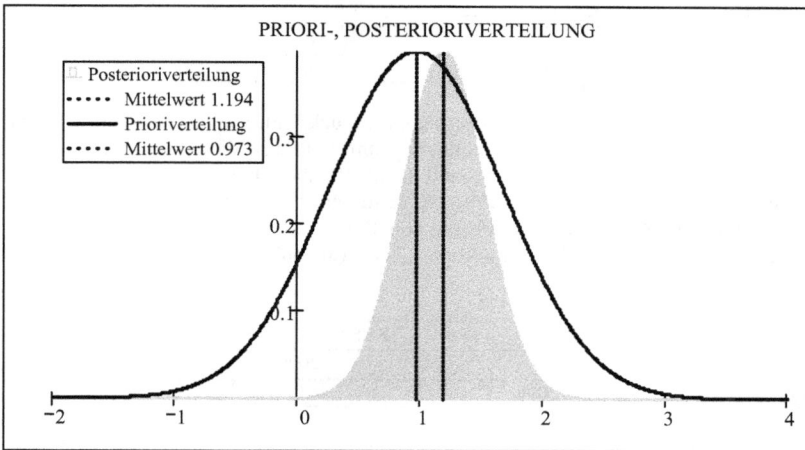

PRIORI-, POSTERIORIVERTEILUNG

Die Stichproben- und Prioriinformationen legen nahe, die Nullhypothese abzulehnen und die Alternativhypothese anzunehmen. Die Wahrscheinlichkeit für die Alternativhypothese beträgt rund 99%. Nach der Odds-Bewertungsregel ist das Resultat nicht unterstützend für die Nullhypothese, da der Bayesfaktor nur

$$\frac{W(H_0, x)}{1 - W(H_0, x)} = \frac{0.0016}{1 - 0.0016} = 0.002$$

ist. Die Entscheidungssituation ist in folgender Tabelle nochmals zusammengefasst:

AKTIONEN	ZUSTAND z_0: $\rho \leqq 0$	ZUSTAND z_1: $\rho > 0$
AKTION a_0: $\rho \leqq 0$	Richtige Entscheidung	Falsche Entscheidung
AKTION a_1: $\rho > 0$	Falsche Entscheidung	Richtige Entscheidung
WAHRSCHEINLICHKEIT	0.002	0.998

c) Wald-Modell

Die Firma stellt pro Jahr ca. 30 neue Außendienstmitarbeiter ein. Durch die Einschulung ungenügend qualifizierter Mitarbeiter entstehen der Firma jährlich Kosten von rund 1000 Geldeinheiten. Für die Durchführung der Eignungstests verlangt die Beratungsfirma 100 Geldeinheiten pro Person. Soll der Personalchef den Eignungstest künftig in Anspruch nehmen?

Die Firma muss unabhängig von der Qualität des Eignungstests mit folgenden Kosten rechnen: Wenn sie die Eignungstest nicht verwendet, hat sie jährliche Kosten von ca. 1000 Geldeinheiten wegen ungeeigneter Mitarbeiter. Verwendet sie den psychologischen Eignungstest, dann hat sie bei ca. 30 neuen Mitarbeitern von 3000 Geldeinheiten. Diese Kosten zeigt folgende Tabelle:

AKTIONEN	ZUSTAND z_0: $\rho = 0$	ZUSTAND z_1: $\rho > 0$
AKTION z_0: $\rho = 0$	1000	1000
AKTION z_1: $\rho > 0$	3000	3000

Um diese Kosten in Opportunitätskosten zu transformieren, berücksichtigt man, dass bei der richtigen Aktionswahl keine Opportunitätskosten auftreten können. Wählt man also die Aktion a_0, dann hat man keine Opportunitätskosten, wenn tatsächlich der Zustand z_0 zutrifft, aber Opportunitätskosten in der Höhe von 2000 Geldeinheiten, wenn der Zustand z_1 richtig ist. In diesem Fall wäre die Aktion a_1 die richtige Wahl und im Hinblick auf diese Kosten ist die Differenz von 3000 − 1000 = 2000 Geldeinheiten Opportunitätskosten. Das gleich gilt für die Wahl der der Aktion a_1. Das Ergebnis dieser Transformation zeigt die Opportunitätskostentabelle:

AKTIONEN	ZUSTAND z_0: $\rho = 0$	ZUSTAND z_1: $\rho > 0$
AKTION a_0: $\rho = 0$	0	2000
AKTION a_1: $\rho > 0$	2000	0

Um zu entscheiden, ob in Zukunft der Eignungstest verwendet werden soll, werden diese Opportunitätskosten oder kurz Schäden mit ihren Eintrittswahrscheinlichkeiten gewichtet. Der Zustand z_0 hat eine Eintrittswahrscheinlichkeit von 0.0016 und der Zustand z_1 von 0.9984. Der Schadenerwartungswert für die Aktion a_0 ist daher gleich

$$SE(a_0) = s_1 \cdot F_N\left(\frac{0 - 1.194}{\sqrt{0.111}}\right) + s_2 \cdot \left(1 - F_N\left(\frac{0 - 1.194}{\sqrt{0.111}}\right)\right)$$

$$= 0 \cdot 0.0016 + 20000 \cdot 0.9984 = 1996.7011$$

und

$$SE(a_1) = s_1 \cdot F_N\left(\frac{0 - 1.194}{\sqrt{0.111}}\right) + s_2 \cdot \left(1 - F_N\left(\frac{0 - 1.194}{\sqrt{0.111}}\right)\right) =$$

$$= 2000 \cdot 0.0016 + 0 \cdot 0.9984 = 3.2989 \ .$$

Da der Schadenerwartungswert der Aktion a_1 viel geringer ist als der der Aktion a_0 wird der Personalchef dieser Firma künftig den psychologischen Eignungstest der Beratungsfirma in Anspruch nehmen.

Die folgende erweiterte Entscheidungstabelle zeigt in der letzten Zeile die vom Bayes-Modell bekannten Posterioriwahrscheinlichkeiten für die beiden Umweltzustände und in der letzten Spalte die berechneten Schadenerwartungswerte der beiden Aktionen:

AKTIONEN	ZUSTAND z_0: $\rho \leqq 0$	ZUSTAND z_1: $\rho > 0$	SE(a_i)
AKTION a_0: $\rho \leqq 0$	0	2000	1996.7
AKTION a_1: $\rho > 0$	2000	0	3.3
WAHRSCHEINLICHKEIT	0.002	0.998	*

4_3 EINFACH-REGRESSION

a) Klassisches Modell

Kann man von der Verkaufsfläche auf den Umsatz schließen? In folgender Tabelle sind die Verkaufsflächen und entsprechenden Umsatzzahlen von 10 Betrieben einer Handelskette angegeben:

0.48	0.31	1.29	0.98	0.94	1.21	0.78	1.29	1.49	1.12
2.21	2.05	5.37	3.68	4.03	4.79	3.03	4.9	5.84	4.91
1	2	3	4	5	6	7	8	9	10

In der ersten Zeile steht die Verkaufsfläche in Tausend m^2 und in der zweiten der jeweilige Jahresumsatz in Millionen €. Wenn man die Verkaufsfläche auf der horizontalen Achse aufträgt und den entsprechenden Umsatz auf der vertikalen, dann sieht man, wie stark die Wertepaare streuen. Liegen die Punkte eng um eine Gerade (hier blau eingetragen), der so genannten Regressionsgerade, dann ist es möglich, von der Verkaufsfläche auf den Umsatz zu schließen.

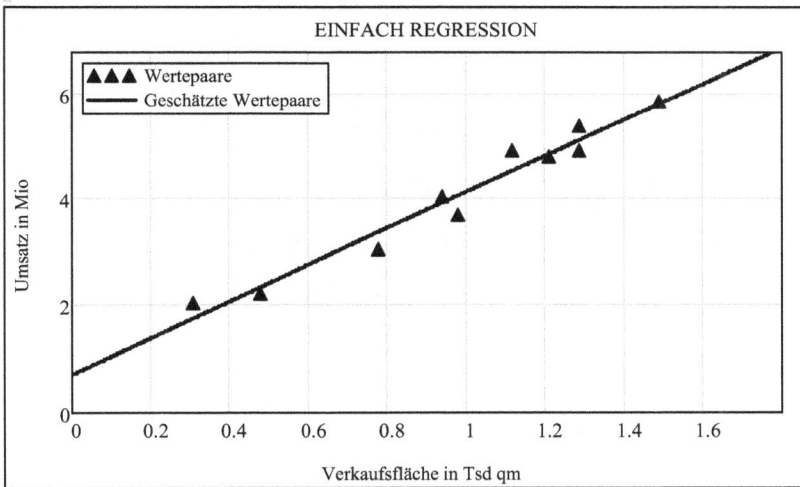

Um das Ergebnis vorwegzunehmen: Ja, die beobachteten Wertepaare liegen eng genug um die Regressionsgerade. Man kann allgemein behaupten, dass die aus den Stichproben errechnete Regressionsfunktion zwischen Verkaufsfläche und Umsatz allgemein gilt. Diese lineare Regressionsfunktion ist

Umsatz $= 0.688 + 3.431 \cdot$ Verkaufsfläche.

Mit dieser Funktion kann man für jede Verkaufsfläche einen Schätzwert für den Jahresumsatz bestimmen. Für eine Verkaufsfläche von 1500 m^2 (1.5) ergibt sich z. B. durch Einsetzen ein Schätzwert für den Umsatz von 5.834 Mio. €:

$$0.688 + 3.431 \cdot 1.5 = 5.834$$

Der Regressionskoeffizient von 3.431 (der der Steigung der Geraden entspricht) besagt, dass pro 1000 m^2 Verkaufsfläche der Jahresumsatz um 3.431 Mio. € zunimmt.

Wie kommt man zu diesem Ergebnis? (Siehe auch Softwareoutput von Seite 223) Zuerst berechnet man aus den Stichprobenwerten die lineare Regressionsfunktion und prüft dann, ob die Beobachtungen eng genug um die Regressionsgerade liegen. Anders ausgedrückt: Man prüft, ob die Streuung der beobachteten Verkaufsflächen- und Umsatzangaben um die Regressionsfunktion klein genug ist, um allgemein zu behaupten, dass zwischen Verkaufsfläche und Umsatz eine lineare Abhängigkeit besteht.

Für die lineare Regressionsfunktion der Stichprobe

$$y_i = b_0 + b_1 \cdot x_i$$

werden die beiden Regressionskoeffizienten b_0 und b_1 mit Hilfe folgender Formeln bestimmt:

$$b_1 = \frac{s_{xy}^2}{s_x^2} = \frac{\sum_{i=1}^{n} \left[(x_i - xquer) \cdot (y_i - yquer) \right]}{\sum_{i=1}^{n} (x_i - xquer)^2} = \frac{\sum_{i=1}^{n} \left[(x_i - xquer) \cdot y_i \right]}{\sum_{i=1}^{n} (x_i - xquer)^2}$$

$$b_0 = yquer - b_1 \cdot xquer$$

s_{xy}^2 ist die Kovarianz zwischen x_i und y_i. s_x^2 ist die Varianz von x_i und yquer, xquer sind die beiden Durchschnitte. Folgende Tabelle zeigt die Berechnung für obiges Beispiel mit x = Verkaufsfläche (die so genannte unabhängige Variable) und y = Umsatz (die so genannte abhängige Variable):

Nr	x_i	y_i	$x_i - xquer$	$(x_i - xquer) \cdot y_i$	$(x_i - xquer)^2$
1	0.48	2.21	−0.509	−1.125	0.259
2	0.31	2.05	−0.679	−1.392	0.461
3	1.29	5.37	0.301	1.616	0.091
4	0.98	3.68	−0.009	−0.033	0.000
5	0.94	4.03	−0.049	−0.197	0.002
6	1.21	4.79	0.221	1.059	0.049
7	0.78	3.03	−0.209	−0.633	0.044
8	1.29	4.9	0.301	1.475	0.091
9	1.49	5.84	0.501	2.926	0.251
10	1.12	4.91	0.131	0.643	0.017
"Summe"	9.89	40.81	"Summe"	4.338	1.264

Mit Hilfe dieser Zwischenergebnisse kann man nun die beiden Regressionskoeffizienten berechnen

$$b_1 = \frac{\sum\limits_{i=1}^{n} \left[(x_i - xquer) \cdot y_i \right]}{\sum\limits_{i=1}^{n} (x_i - xquer)^2} = \frac{4.338}{1.264} = 3.431$$

$$b_0 = yquer - b_1 \cdot xquer = \frac{40.81}{10} - 3.431 \cdot \frac{9.89}{10} = 0.688$$

und hat als Ergebnis die Stichprobenregressionsfunktion

$$ydach_i = 0.688 + 3.431 \cdot x_i$$

ydach ist der Schätzwert für das beobachtete y. Wenn diese Regressionsfunktion allgemein gültig ist, dann muss der Regressionskoeffizient β_1 in der Grundgesamtheit aller Verkaufsflächen von Null verschieden sein. Ein Regressionskoeffizient von Null bedeutet, dass die Steigung der linearen Funktion Null ist und daher die unabhängige Variable keinen Einfluss auf die abhängige Variable ausübt.

Nullhypothese	0

Diese Hypothese wird formal wie folgt angeschrieben:

H_0: β_0 beliebig und $\beta_1 = 0$.

Eine Alternative zu dieser Nullhypothese ist die Vermutung, dass die Verkaufsfläche einen wesentlichen Einfluss auf den Umsatz in der Grundgesamtheit hat. Formal

H_1: β_0 beliebig und $\beta_1 \neq 0$

An Hand der Ergebnisse der Stichprobe entscheidet man sich für die Annahme oder Ablehnung der Null- oder Alternativhypothese. Dazu berechnet man folgende Testmaßzahl:

$$F_{beob} = \frac{\sum\limits_{i=1}^{n} (ydach_i - yquer)^2}{\sum\limits_{i=1}^{n} (y_i - ydach_i)^2} \cdot \frac{v_2}{v_1}$$

n ist der Umfang der gesamten Stichprobe, y_i und ydach sind die beobachteten und geschätzten Werte der abhängigen Variablen und yquer ist der Durchschnitt aus den beobachteten Werten der Stichprobe. Diese Testmaßzahl folgt einer F-Verteilung mit

$v_1 = 1$

$v_2 = n - 2$

Freiheitsgraden. In folgender Tabelle sind die Zwischenschritte zur Berechnung der Testmaßzahl angegeben.

Nr	y_i	ydach$_i$	y_i − ydach$_i$	$(y_i − ydach_i)^2$	ydach$_i$ − yquer	$(ydach_i − yquer)^2$
1	2.21	2.335	−0.125	0.016	−1.746	3.049
2	2.05	1.751	0.299	0.089	−2.33	5.429
3	5.37	5.114	0.256	0.066	1.033	1.067
4	3.68	4.05	−0.37	0.137	−0.031	0.001
5	4.03	3.913	0.117	0.014	−0.168	0.028
6	4.79	4.839	−0.049	0.002	0.758	0.575
7	3.03	3.364	−0.334	0.112	−0.717	0.514
8	4.9	5.114	−0.214	0.046	1.033	1.067
9	5.84	5.8	0.04	0.002	1.719	2.955
10	4.91	4.53	0.38	0.144	0.449	0.202
SUMME	40.81	"*"	"*"	0.627	"*"	14.886

Die Testmaßzahl kann nun wie folgt berechnen werden:

$$F_{beob} = \frac{\sum_{i=1}^{n} \left(ydach_i − yquer\right)^2}{\sum_{i=1}^{n} \left(y_i − ydach_i\right)^2} \cdot \frac{v_2}{v_1} = \frac{14.886}{0.627} \cdot \frac{8}{1} = 190.093$$

mit

$$v_1 = 1$$

$$v_2 = n − 2 = 10 − 2 = 8$$

Freiheitsgraden. Die Wahrscheinlichkeit für das Auftreten einer so großen Testmaßzahl von F_{beob} = 190.093 unter Gültigkeit der Nullhypothese ist gleich $F_F(190.093, 1, 8) = 1$. (Diesen Wert liest man aus einer geeigneten Tabelle der F-Verteilung ab oder berechnet ihn mit Hilfe entsprechender Programme.)

Ist man bereit, in 5 von 100 Fällen eine richtige Nullhypothese abzulehnen, dann ist das Signifikanzniveau α gleich 0.05. Unter Gültigkeit der Nullhypothese sind die 5% seltensten F-Werte nach unten beschränkt durch den kritischen Wert F_c gleich 5.318 . Da das aus der Stichprobe errechnete F_{beob} von 190.093 größer ist als dieser kritische Wert, kann die Nullhypothese abgelehnt werden.

$$F_{beob} = 190.093 > 5.318 = F_c$$

Zum selben Ergebnis kommt man, wenn man die Wahrscheinlichkeiten vergleicht: Da die Wahrscheinlichkeit für einen F-Wert von 190.093 oder größer gleich 1 − F(190.093 , 1, 8) = 0.000 ist und das Signifikanzniveau mit 0.05 angenommen wurde, kann die Nullhypothese abgelehnt werden.

$1 - F(190.093, 1, 8) = 0.000 < 0.05 =$ Signifikanzniveau.

Man kann auf Grund dieser Stichprobe behaupten, dass zwischen der Verkaufsfläche als unabhängige Variable und dem Jahresumsatz als abhängige Variable allgemein eine linearere Abhängigkeit besteht.

Die Grafik zeigt die F-Verteilung und den kritischen Wert F_c. Der beobachteten Wert F_{beob} liegt recht davon:

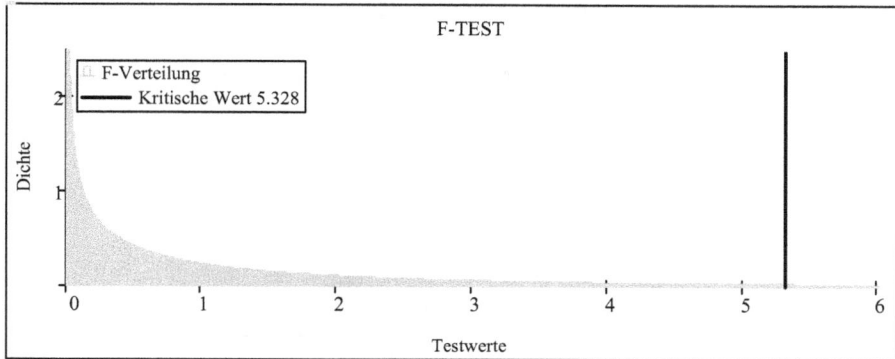

$$\begin{bmatrix} \text{Beobachteter\_Wert} & \text{Kritischer\_Wert} & \text{Wahrscheinlichkeit\_p} \\ 190.093 & 5.328 & (0.000) \end{bmatrix}$$

Um für einen individuellen Punktschätzwert ein Konfidenzintervall zu bestimmen (wird auch als Prognoseintervall bezeichnet), benötigt man die Streuung der Residuen, der Differenz zwischen beobachteten und geschätzten Werten der abhängigen Variablen. Diese Varianz ist gegeben durch

$$s_{res}^2 = \frac{1}{n-2} \cdot \sum_{i=1}^{n} \left(y_i - ydach_i\right)^2 = \frac{1}{8} \cdot 0.627 = 0.078$$

Unter der Voraussetzung, dass die Residuen normalverteilt sind, bestimmt man die Konfidenzgrenzen mit Hilfe der Studentverteilung.

$$K_u = b_0 + b_1 \cdot x_0 - t_{\left(1-\frac{\alpha}{2}, n-2\right)} \cdot s_{res} \cdot \sqrt{1 + \frac{1}{n} + \frac{\left(x_0 - xquer\right)^2}{\displaystyle\sum_{i=1}^{n} \left(x_i - xquer\right)^2}}$$

$$K_o = b_0 + b_1 \cdot x_0 + t_{\left(1-\frac{\alpha}{2}, n-2\right)} \cdot s_{res} \cdot \sqrt{1 + \frac{1}{n} + \frac{\left(x_0 - xquer\right)^2}{\displaystyle\sum_{i=1}^{n} \left(x_i - xquer\right)^2}}$$

Für 1.5 Tsd. m^2 eingesetzt erhält man folgende Konfidenzgrenzen für $\alpha = 0.05$:

$$K_u = \left[5.834 - 2.306 \cdot \sqrt{0.078} \cdot \sqrt{1 + \frac{1}{10} + \frac{(1.5 - 0.989)^2}{1.264}} \right] = 5.097$$

$$K_o = \left[5.834 + 2.306 \cdot \sqrt{0.078} \cdot \sqrt{1 + \frac{1}{10} + \frac{(1.5 - 0.989)^2}{1.264}} \right] = 6.572$$

Mit einem Vertrauen von 95% kann man erwarten, dass der Jahresumsatz für eine Verkaufsfläche von 1.5 Tsd. m^2 zwischen 5.097 Mio. € und 6.572 Mio. € liegt.

Der Stichprobenregressionskoeffizient $b_1 = 3.431$ der berechneten Regression

$$\text{ydach}_i = 0.688 + 3.431 \cdot x_i$$

besagt, dass pro 1000 m^2 Verkaufsflache der Jahresumsatz in den 10 untersuchten Betrieben im Schnitt um 3.431 Mio. € steigt. Kann man auf Grund dieser Stichprobenergebnisse annehmen, dass der unbekannte Regressionskoeffizient β_1 größer als 3 ist? Um dies zu testen formuliert man folgende Hypothesen:

$$H_0: \beta_1 \leq 3$$

Der Regressionskoeffizient β_1 ist höchstens 3. Eine Alternative zu dieser Nullhypothese ist die Vermutung, dass der Einfluss der Verkaufsfläche auf den Umsatz größer als 3 ist. Formal

$$H_1: \beta_1 > 3.$$

Um diese Hypothesen zu prüfen, berechnet man folgende Testmaßzahl:

$$t_{beob} = \frac{b_1 - \beta_1}{s_{b_1}}$$

Diese Maßzahl ist studentverteilt mit

$$v = n - 2$$

Freiheitsgraden. Die unbekannte Varianz des Regressionskoeffizienten β_1 kann aus der Stichprobe mit Hilfe folgender Formel geschätzt werden:

$$\left(s_{b_1} \right)^2 = \frac{s_{res}^2}{\sum\limits_{i=1}^{n} \left(x_i - \text{xquer} \right)^2} = \frac{0.078}{1.264} = 0.062$$

Eingesetzt erhält man für t_{beob}

$$t_{beob} = \frac{3.431 - 3}{\sqrt{0.062}} = 1.731$$

Da dieser Wert nicht größer ist als

$$t_{1-\alpha, v} = t_{0.95, 8} = 1.86$$

kann die Nullhypothese nicht abgelehnt werden. Auf Grund der Stichprobe kann man nicht behaupten, dass der Einfluss der Verkaufsfläche auf den Jahresumsatz ein größeres Gewicht hat als 3. Das Risiko, dass diese Entscheidung falsch ist, hängt vom jeweiligen β_1 der Alternative ab.

In Grafik veranschaulicht dieses Testergebnis. Die Testmaßzahl t_{beob} (die gestrichelte Linie) liegt links vor dem rechten Schwanzende (durchgezogene Linie):

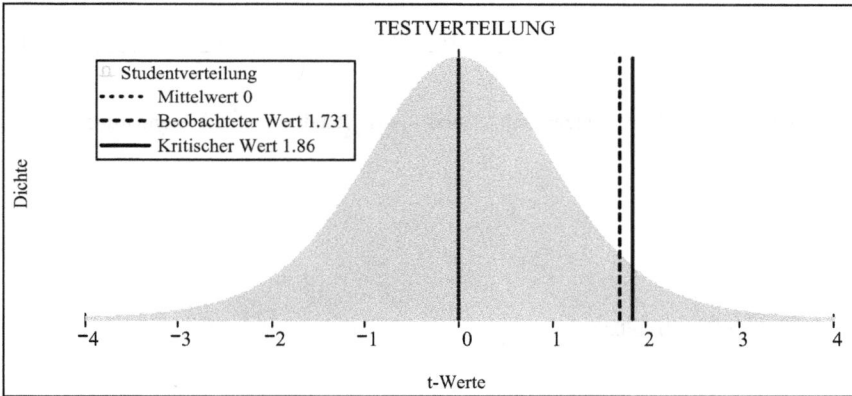

$$\begin{bmatrix} \text{Beobachteter\_Wert} & \text{Kritischer\_Wert} & \text{Wahrscheinlichkeit\_p} \\ 1.731 & (-\infty \quad 1.86) & 0.061 \end{bmatrix}$$

Nimmt man z. B. als Alternativhypothese den Stichprobenregressionskoeffizienten an,

$$b_1 = 3.431$$

dann zeigt folgende Grafik die Entscheidungssituation:

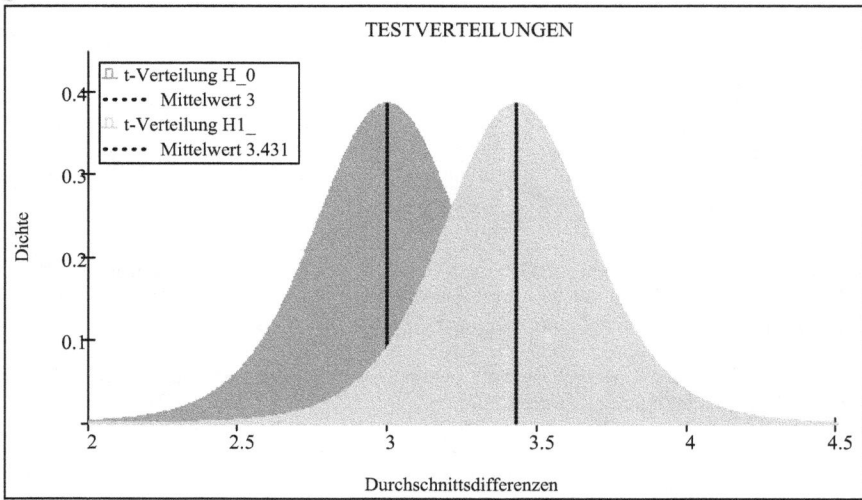

Die Mittelwerte dieser beiden Verteilungen sind 3 und 3.431 Stunden und die Standardabweichung ist jeweils

$$s_{b_1} = 0.249$$

Das β-Risiko ist daher

$$F_S(t, v) = F_S(0.129, 8) = 0.55$$

mit

$$0.129 = \frac{3.463 - 3.431}{0.249} = \frac{k_o - 3.431}{s_{diff}}$$

$$k_o = 3.463 = 3 + 1.86 \cdot 0.249 = 0 + t_{1-\alpha, v} \cdot s_{diff}$$

Wenn man im obigen Beispiel die Nullhypothese nicht ablehnen kann, dann ist die Wahrscheinlichkeit gleich 55%, dass diese Entscheidung falsch ist, wenn tatsächlich die Gewichtung der Verkaufsfläche nicht 3 sondern 3.431 ist.

In der folgenden Entscheidungstabelle sind die entsprechenden Wahrscheinlichkeiten für diese spezielle Alternativhypothese $\beta_1 = 3.431$ Stunden zusammengefasst:

AKTIONEN	ZUSTAND z_0: $\beta_1 \leqq 3$	ZUSTAND z_1: $\beta_1 = 3.431$
AKTION a_0: $\beta_1 \leqq 3$	Richtige Entscheidung: 0.939	Fehler 2. Art: 0.549
AKTION a_1: $\beta_1 = 3.431$	Fehler 1. Art: 0.061	Güte: 0.451

Für weitere Alternativhypothesen zeigt folgende OC-Funktion die Risiken für den Fehler 2. Art:

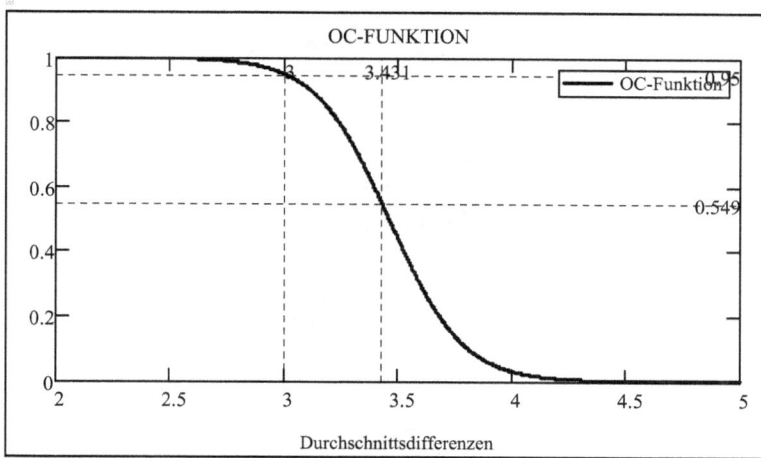

b) Bayes-Modell

Der Marktforschungsabteilung der Handelskette ist eine aktuelle internationale Studie bekannt, aus der hervorgeht, dass im internationalen Durchschnitt der Umsatz pro Tausend m^2 zusätzlicher Verkaufsfläche um 3 Mio. Geldeinheiten (+− 0.1 Mio. Geldeinheiten) zunimmt. Diese Information soll neben der Stichprobeninformation berücksichtigt werden.

Der Prioriregressionskoeffizient β'_1 ist

$$\beta'_1 = 3$$

und die Varianz ist

$$V(\beta'_1) = \left(\frac{3.1 - 2.9}{4}\right)^2 = 0.0025$$

(Setzt man Normalverteilung voraus, dann liegen 95% der möglichen Werte zwischen $\beta'_1 + 2 \cdot V(\beta'_1)^{1/2}$ und $\beta'_1 - 2 \cdot V(\beta'_1)^{1/2}$. Die Varianz ist daher der vierte Teil der Differenz 3.1 − 2.9). Der hypothetische Stichprobenumfang ergibt sich aus dem Quotienten

$$n' = \frac{V(\beta_1)}{V(\beta'_1)} = \frac{0.0621}{0.0025} = 24.84.$$

Hypothetischer Stichprobenumfang	25
Prioriregressionskoeffizient β_0	1
Prioriregressionskoeffizient β_1	3

Die Parameter der Posteriorinormalverteilung für den Regressionskoeffizienten β_1 berechnet man am einfachsten mit folgenden Formeln:

$$V\left(\beta''_1\right) = \left(\frac{1}{V\left(\beta'_1\right)} + \frac{1}{V\left(\beta_1\right)}\right)^{-1} = \left(\frac{1}{0.0025} + \frac{1}{0.0621}\right)^{-1} = 0.0021$$

$$\beta''_1 = V\left(\beta''_1\right)\cdot\left(\frac{\beta'_1}{V\left(\beta'_1\right)} + \frac{b_1}{V\left(\beta_1\right)}\right) = 0.0021\cdot\left(\frac{3}{0.0025} + \frac{3.431}{0.0025}\right) = 3.017$$

Die Wahrscheinlichkeit für die Nullhypothese

$$H_0: \beta_1 \leq 3.1$$

ist mit Hilfe dieser Angaben berechenbar. Sie ist gleich

$$W(H_0: \beta_1 \leq 3.1) = \int_{-\infty}^{3.1} f_N\left(\beta_1, 3.017, \sqrt{0.0021}\right) d\beta_1 = F_N\left(\frac{3.1 - 3.017}{\sqrt{0.0021}}\right) = 0.965$$

und die Wahrscheinlichkeit der Alternativhypothese ist gleich

$$W(H_1: \beta_1 > 3.1) = \int_{3.1}^{\infty} f_N\left(\beta_1, 3.017, \sqrt{0.0021}\right) d\beta_1 = 1 - F_N\left(\frac{3.1 - 3.017}{\sqrt{0.0021}}\right) = 0.035$$

Die folgende Grafik zeigt die Priori- und Posteriorinormalverteilung und den Flächenanteil der beiden Hypothesen:

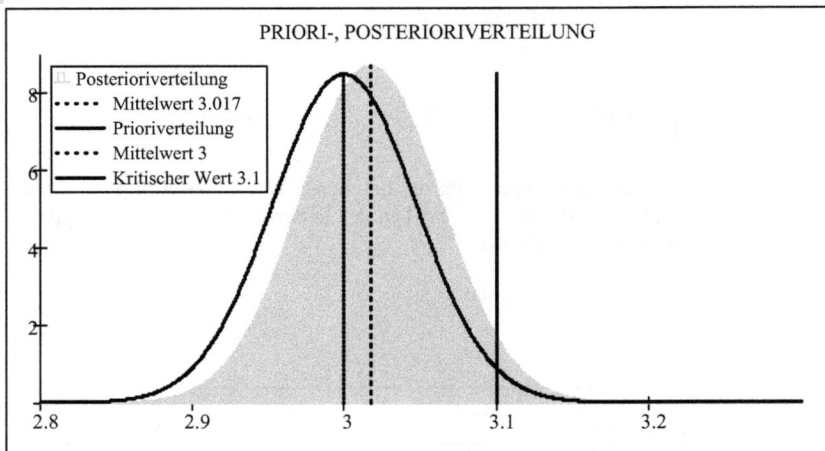

PRIORI-, POSTERIORIVERTEILUNG

Die Stichproben- und Prioriinformationen legen nahe, die Nullhypothese nicht abzulehnen. Der Zusatzumsatz pro 1000 m² liegt nicht über 3.1 Mio. Geldeinheiten. Die Wahrscheinlichkeit für die Alternativhypothese beträgt nur 3.5%. Nach der Odds-Bewertungsregel ist das Resultat signifikant für die Nullhypothese, da der Bayesfaktor

$$\frac{W(H_0, x)}{1 - W(H_0, x)} = \frac{0.965}{1 - 0.965} = 27.571$$

ist. Die Entscheidungssituation ist in folgender Tabelle nochmals zusammengefasst:

AKTIONEN	ZUSTAND z_0: $\beta_1 \leq 3.1$	ZUSTAND z_1: $\beta_1 > 3.1$
AKTION a_0: $\beta_1 \leq 3.1$	Richtige Entscheidung	Falsche Entscheidung
AKTION a_1: $\beta_1 > 3.1$	Falsche Entscheidung	Richtige Entscheidung
WAHRSCHEINLICHKEIT	0.965	0.035

c) Wald-Modell

Die Kalkulation für die Erweiterung einer Filiale um Tausend m² liefert einen Break-even-point für den notwendigen Zusatzumsatz von 3.1 Mio. Geldeinheiten. Soll die Filiale um 1000 m² vergrößert werden?

Die aus der Kalkulation ermittelten Opportunitätskosten pro Einheit Abweichung vom Break-even-point betragen 3.5 Mio. Geldeinheiten. Die Schadenfunktion für die Aktion a_0 ist daher gleich

$$s(a_0, \beta_1) = \begin{bmatrix} 0 & \text{für } \beta_1 \leq 3.1 \\ 3.5 \cdot (\beta_1 - 3.1) & \text{für } \beta_1 > 3.1 \end{bmatrix}$$

Wenn das Unternehmen keine Erweiterung der Filiale durchführt, der Zusatzumsatz aber tatsächlich über 3.1 Mio. Geldeinheiten liegt, dann entsteht ein Schaden der der Differenz von $(\beta_1 - 3.1) \cdot 3.5$ entspricht. Liegt der Zusatzumsatz unter 3.1 entsteht bei der Wahl von Aktion a_0 kein Schaden. Für die Aktion a_1 ist der mögliche Schaden durch folgende Funktion bestimmt:

$$s(a_1, \beta_1) = \begin{bmatrix} 0 & \text{für } \beta_1 \geq 3.1 \\ 3.5 \cdot (3.1 - \beta_1) & \text{für } \beta_1 < 3.1 \end{bmatrix}$$

Kein Schaden tritt bei der Wahl von a_1 auf, wenn der Zusatzumsatz tatsächlich größer als 3.1 Mio. Geldeinheiten ist. Wenn er kleiner als 3.1 Mio. Geldeinheit ist, dann entsteht ein Schaden in der Höhe von 3.5 · $(\beta_1 - 3.1)$ Geldeinheiten.

Schaden bei falscher Wahl von Aktion_0	3.5
Schaden bei falscher Wahl von Aktion_1	3.5

Diese möglichen Schäden der beiden Aktionen werden mit ihren Eintrittswahrscheinlichkeiten gewichtet. Der so berechnete Schadenerwartungswert der Aktion a_0 ist

$$SE(a_0) = \int_{\beta_{1.0}}^{\infty} 3.5 \cdot (\beta_1 - 3.1) \cdot f_N(\beta_1, 3.017, \sqrt{0.0021}) \, d\beta_1 = 0.0023$$

Mio. Geldeinheiten. Der Schadenerwartungswert für die Aktion a_1 ist

$$SE(a_1) = \int_{-\infty}^{\beta_{1.0}} 3.5 \cdot (3.1 - \beta_1) \cdot f_N(\beta_1, 3.017, \sqrt{0.0021}) \, d\beta_1 = 0.2943$$

Mio. Geldeinheiten. Da der Schadenerwartungswert der Aktion a_1 größer ist als der von a_0, wird die Firma derzeit keine Erweiterung der Filiale um 1000 m^2 vornehmen. In folgender Entscheidungstabelle sind die Ergebnisse nochmals zusammengefasst.

AKTIONEN	ZUSTAND z_0: $\beta_1 \leq 3.1$	ZUSTAND z_1: $\beta_1 > 3.1$	SE(a_i)
AKTION a_0: $\beta_1 \leq 3.1$	0	$3.5 \cdot (\beta_1 - 3.1)$	1.477
AKTION a_1: $\beta_1 > 3.1$	$3.5 \cdot (3.1 - \beta_1)$	0	0.216
WAHRSCHEINLICHKEIT	0.965	0.035	*

5_0 UMFANG: EINE STICHPROBE

5_1 ANTEILSWERT, SCHÄTZVERFAHREN

a) Klassisches Modell

Um festzustellen, wie viele der potentiellen Kunden das neue Produkt, die Spielkonsole Yoki, kaufen werden, ist es notwendig, eine Stichprobe aus den 100000 potentiellen Käufern zu ziehen und diese nach ihrer Kaufabsicht zu befragen. Welche Anzahl an Kunden soll befragt werden? Wie groß muss der Umfang der Stichprobe sein, wenn gewisse Voraussetzungen erfüllt sein sollen? (Siehe Softwareoutput von Seite 214).

Um den notwendigen Stichprobenumfang zu bestimmen, muss festgelegt werden, um wie viele Einheiten der aus der Stichprobe ermittelte Schätzwert vom wahren Käuferanteil abweichen darf. So kann man z. B. festlegen, dass der Schätzwert vom wahren Käuferanteil höchstens 0.25 Einheiten nach oben und nach unten abweichen soll. Wenn z. B. der Schätzwert 0.5 ist, also jeder zweite Befragte der Stichprobe die Spielkonsole kaufen will, dann soll der wahre Käuferanteil zwischen $0.5 - 0.25 = 0.25$ und $0.5 + 0.25 = 0.75$ liegen und zwar mit einem Vertrauen von 0.95 oder 95%. Neben der Schätzgenauigkeit $\Delta = 0.25$ ist also noch das Konfidenzniveau $1 - \alpha$ anzugeben, um den notwendigen Stichprobenumfang zu berechnen.

Darüber hinaus ist zu garantieren, dass mit einer vorgegebenen Wahrscheinlichkeit (= Güte) das aus der Stichprobe errechnete 95% Konfidenzintervall innerhalb der Grenzen 0.25 und 0.75 liegt, d. h. dass z. B. 70% der aus allen möglichen Zufallsstichproben berechneten Konfidenzintervalle innerhalb der angegebenen Grenzen liegen. Für die angegebenen Voraussetzungen

Konfidenzniveau	0.95
Güte	0.7
Genauigkeit $|\pi$ - Schätzwert$|$	0.25

errechnet sich mit Hilfe der Normalverteilung ein notwendiger Stichprobenumfang von 43 Personen, wenn man für den unbekannten wahren Käuferanteil einen Schätzwert von

Schätzwert	0.4

annimmt. Diesen Umfang kann man auf der Basis der Approximation der Binomialverteilung durch die Normalverteilung mit Hilfe der Formel

$$n_0 = \left(z_{1-\frac{\alpha}{2}} + z_{1-\frac{\beta}{2}}\right)^2 \cdot \frac{p \cdot (1 - p)}{\Delta^2} = (1.96 + 1.036)^2 \cdot \frac{0.4 \cdot (1 - 0.4)}{0.25^2} = 34.477$$

berechnen. Die z-Werte sind die entsprechenden Quantile der Standardnormalverteilung, Δ die vorgegebenen Genauigkeit und p der Schätzwert für den unbekannten Anteilswert. Dieses Ergebnis lässt sich noch durch folgende Korrektur verbessern:

$$ n = \frac{n_0}{4} \cdot \left(1 + \sqrt{1 + \frac{4}{\Delta \cdot n_0}} \right)^2 = \frac{34.477}{4} \cdot \left(1 + \sqrt{1 + \frac{4}{0.25 \cdot 34.477}} \right)^2 = 42.097 $$

Man muss also (aufgerundet) 43 Personen nach ihrem Kaufinteresse befragen, um die Vorgaben zu erfüllen. Der Stichprobenumfang von 43 Personen garantiert, dass mit einer Wahrscheinlichkeit von 70 Prozent das aus einer Zufallsstichprobe berechnete 95% Konfidenzintervall innerhalb der Grenzen 0.15 und 0.65 liegt. 70% der aus allen möglichen Zufallsstichproben berechneten Konfidenzintervalle liegen innerhalb der angegebenen Grenzen.

Lässt man die Güte gegen 0 gehen, dann sind der notwendige Stichprobenumfang gleich 23 Personen. Die folgende Grafik zeigt den notwendigen Stichprobenumfang in Abhängigkeit von der Güte:

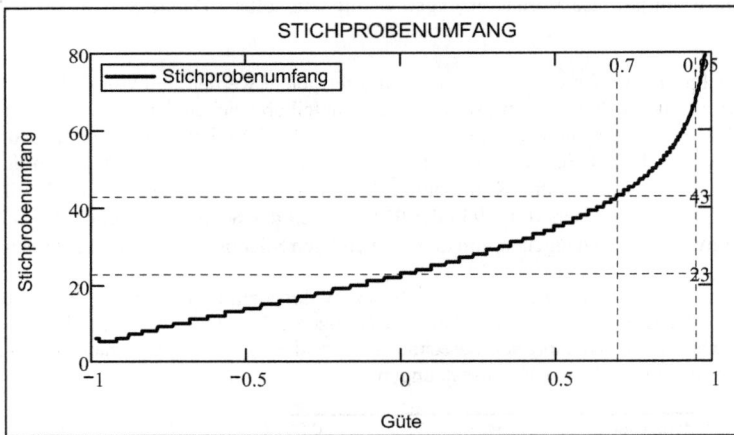

Wenn der Stichprobenumfang mehr als 5% der Grundgesamtheit umfasst, dann berücksichtigt man folgende Endlichkeitskorrektur:

$$ n_E = \frac{1}{\dfrac{1}{n} + \dfrac{1}{N}} $$

n ist der oben berechnete Stichprobenumfang und N der der Grundgesamtheit. Da im vorliegenden Beispiel die Grundgesamtheit 100.000 potentielle Käufer umfasst, spielt die Endlichkeitskorrektur keine Rolle. Bei nur 100 potentiellen Käufern wäre sie gleich

$$ n_E = \frac{1}{\dfrac{1}{43} + \dfrac{1}{100}} = 30.07 $$

In diesem Fall würde man nur 31 Personen befragen. Bei der Schätzung von Anteilswerten, die nahe bei 0 oder 1 liegen, weichen die mit Hilfe der Normalverteilung errechneten Konfidenzgrenzen stark von den Grenzen ab, die mit der exakten Binomialverteilung bestimmt werden. Im vorliegenden Beispiel sind das Minimum des notwendigen Stichprobenumfanges 33 Personen und das Maximum 36 Personen.

b) Bayes-Modell

Weiß man, dass in einem Nachbarland 40% der potentiellen Käufer die neue Spielkonsole gekauft haben, dann kann man diese Information bei der Berechnung des Stichprobenumfanges berücksichtigen. Auf der anderen Seite macht im Bayes-Modell die Berücksichtigung der Güte keinen Sinn, da in diesem Modell Wahrscheinlichkeiten für vorliegende Intervalle berechnet werden und nicht für Konfidenzintervalle möglicher Stichproben.

Berücksichtigt man die Information aus dem Nachbarland in Form einer hypothetischen Stichprobe im Umfang von n' = 15, dann ergibt sich der notwendige Stichprobenumfang für die oben angegebene Genauigkeit von $\Delta = 0.25$ und die Wahrscheinlichkeit von 95% durch die Subtraktion des hypothetischen Stichprobenumfanges n' = 15 von folgenden Umfang:

$$n_{B0} = \left(z_{1-\frac{\alpha}{2}}\right)^2 \cdot \frac{p \cdot (1-p)}{\Delta^2} = (1.96)^2 \cdot \frac{0.4 \cdot (1-0.4)}{0.25^2} = 14.752$$

$$n_B = \frac{n_{B0}}{4} \cdot \left(1 + \sqrt{1 + \frac{4}{\Delta \cdot n_0}}\right)^2 - n' = \frac{14.752}{4} \cdot \left(1 + \sqrt{1 + \frac{4}{0.25 \cdot 14.752}}\right)^2 - 15 = 7.026$$

Im Bayes-Modell müssen nur (aufgerundet) 8 Personen nach ihrem Kaufinteresse gefragt werden, wenn man von diesen Vorgaben ausgeht. Der Stichprobenumfang von 8 garantiert, dass der Posteriorianteilswert mit einer Wahrscheinlichkeit von 95 Prozent innerhalb der Grenzen Posteriorianteilswert − 0.25 und Posteriorianteilswert + 0.25 liegt.

Die folgende Grafik zeigt den Bayes'schen Stichprobenumfang in Abhängigkeit vom hypothetischen Stichprobenumfang:

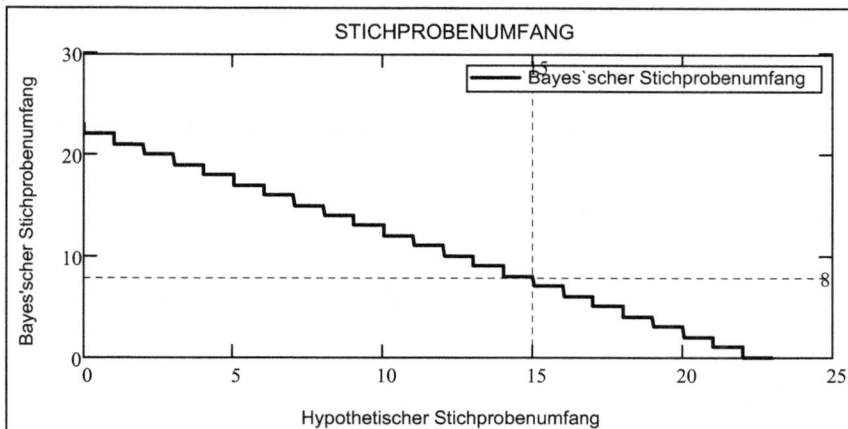

b) Wald-Modell

Im Wald-Modell bestimmt man den Stichprobenumfang nicht nur unter Berücksichtigung der möglichen Schäden, die eine Fehlschätzung verursacht, sondern es werden auch die Erhebungskosten in die Berechnungen mit einbezogen. Nach dem Wald-Modell wird man nur dann eine Stichprobenerhebung durchführen, wenn die Erhebungskosten geringer sind als der erwartete Informationsgewinn durch die Stichprobe. Diese einfache Tatsache erlaubt vorweg folgende Feststellungen: Je größer die Prioriinformation umso geringer der notwendige Umfang der Stichprobe und je höher die Erhebungskosten umso geringer der Umfang der optimalen Stichprobe.

Zuerst bestimmt man den Informationsstand auf Grund der Prioriinformationen. Für die Berechnung wird nicht die Binomialverteilung bzw. Betaverteilung verwendet, sondern die Approximation der Binomialverteilung durch die Normalverteilung. Für die Punktschätzung verwendet man die lineare Schadenfunktion des Händlers, die im Beispiel erläutert wurde:

$$s(a,\pi) = \begin{bmatrix} 0 & \text{für} & a = \pi \\ s_u \cdot (a - \pi) & \text{für} & a > \pi \\ s_o \cdot (\pi - a) & \text{für} & a < \pi \end{bmatrix} = \begin{bmatrix} 0 & \text{für} & a = \pi \\ 100 \cdot (a - \pi) & \text{für} & a > \pi \\ 50 \cdot (\pi - a) & \text{für} & a < \pi \end{bmatrix}$$

a ist der Schätzwert für den unbekannten Anteilswert π. s_u wird als Schaden der Überschätzung bezeichnet, da der unbekannte Anteilswert π kleiner ist als der Schätzwert a, also unterhalb von a liegt. Ist der unbekannte Anteilswert π grösser als der Schätzwert a, dann liegt eine Unterschätzung des wahren Anteilswertes vor, der unbekannte Anteilswert π liegt oberhalb des Schätzwertes a. Im vorliegenden Beispiel ist $s_o = 50$ der Schaden der Unterschätzung pro Abweichungseinheit und $s_u = 100$ der Schaden der Überschätzung.

Punktschätzwert

Für die Prioriinformationen

$$n' = 15 \qquad x' = 0.4 \cdot 15 = 6$$

und eine lineare Schadenfunktion findet man den optimalen Priorischätzwert mit Hilfe der Relation

$$F_Z\left[\frac{a_{opt} - \pi'}{\sqrt{\pi' \cdot (1 - \pi')}}\right] = \frac{s_o}{s_u + s_o}$$

F_Z ist die standardisierte Verteilungsfunktion der Posteriorinormalverteilung

$$F_Z(z) = \frac{1}{\sqrt{2 \cdot \pi}} \cdot \int_{-\infty}^{z} e^{-\frac{x^2}{2}} dx$$

mit

$$z = \frac{a_{opt} - \pi'}{\sqrt{\pi' \cdot (1 - \pi')}}$$

und s_u, s_o die Schäden der Unter- und Überschätzung. π' ist der Priorianteilswert

$$\pi' = \frac{x'}{n'} = \frac{6}{15} = 0.4.$$

Für das Beispiel ist diese Beziehung erfüllt, wenn man für $a_{opt} = 0.189$ nimmt:

$$F_Z\left[\frac{0.189 - 0.4}{\sqrt{0.4 \cdot (1 - 0.4)}}\right] = \frac{50}{50 + 100} = 0.333.$$

Der Schadenerwartungswert SE für diese optimale Punktschätzung wird mit Hilfe der Formel

$$SE(a_{opt}) = (s_u + s_o) \cdot \sqrt{\pi' \cdot (1 - \pi')} \cdot f_Z\left[\frac{a_{opt} - \pi'}{\sqrt{\pi' \cdot (1 - \pi')}}\right]$$

berechnet. f_Z ist die Dichtefunktion der standardisierten Normalverteilung

$$f_Z(z) = \frac{1}{\sqrt{2 \cdot \pi}} \cdot e^{-\frac{z^2}{2}}$$

Der Schadenerwartungswert ist

$$SE(0.189) = (50 + 100) \cdot \sqrt{0.4 \cdot (1 - 0.4)} \cdot f_Z\left[\frac{0.189 - 0.4}{\sqrt{0.4 \cdot (1 - 0.4)}}\right]$$

$$= 73.485 \cdot \left[\frac{1}{\sqrt{2 \cdot \pi}} \cdot e^{-\frac{\left[\frac{0.189 - 0.4}{\sqrt{0.4(1 - 0.4)}}\right]^2}{2}}\right] = 6.899$$

Geldeinheiten. Auf Grund der Prioriinformationen wird der Spielkonsolenhändler mit einem Käuferanteil von 0.189 (= 18.9%) rechnen. Sein erwarteter Schaden für diese Schätzung beträgt 6.899 Geldeinheiten. D. h. aber auch, dass der Händler selbst für vollkommene Information über den Käuferanteil nicht mehr als 6.899 Geldeinheiten ausgeben wird. Der Schadenerwartungswert der priori optimalen Aktion wird daher auch als erwarteter Wert der perfekten Information (kurz EWPI) bezeichnet.

Kennt man die Erhebungskosten, dann kann man mit Hilfe des EWPI auch den maximalen Stichprobenumfang berechnen. Der Händler muss mit folgenden Erhebungskosten rechnen:

Fixe Erhebungskosten k_fix	0
Variable Erhebungskosten k	0.001

Er muss keine fixen Kosten in Rechnung stellen, aber jede zu befragende Person kostet ihn 0.001 Geldeinheiten. Der maximale Stichprobenumfang ist daher gleich

$$n_{max} = \frac{EWPI}{k} - \frac{k_{fix}}{k} = \frac{6.899}{0.001} = 6899$$

Personen. Um nun jenen Stichprobenumfang zu finden, bei dem der Informationsgewinn am größten ist, berechnet man für jeden der Stichprobenumfänge von 1 bis 26720 den erwarteten Wert der Stichprobeninformation, kurz EWSI, und zieht davon die entsprechenden Erhebungskosten ab. Das Ergebnis ist der erwartete Nettowert der Stichprobeninformation (kurz ENSI) oder anders ausgedrückt der Informationsgewinn der Stichprobe.

Der EWSI einer Stichprobe wird für eine lineare Schadenfunktion nach folgender Formel berechnet:

$$EWSI(n) = \left(s_u + s_o\right) \cdot f_Z(z) \cdot \sqrt{\pi' \cdot (1 - \pi')} \cdot \left(\frac{1}{\sqrt{n'}} - \frac{1}{\sqrt{n' + n}}\right)$$

Das z von der standardisierten Dichtefunktion der Normalverteilung $f_Z(z)$ wird so wie bei der Priorianalyse bestimmt:

$$F_Z(z) = \frac{s_o}{s_u + s_o} = 0.333$$

Wenn man für z

$$z = \frac{0.189 - 0.4}{\sqrt{0.4 \cdot (1 - 0.4)}} = -0.431$$

einsetzt, dann ist diese Bedingung erfüllt. Der EWSI einer Stichprobe im Umfang von z. B. 100 Personen ist daher

$$EWSI(100) = (50 + 100) \cdot f_Z(-0.431) \cdot \sqrt{0.4 \cdot (1 - 0.4)} \cdot \left(\frac{1}{\sqrt{15}} - \frac{1}{\sqrt{15 + 100}}\right) = 4.407$$

Von diesem EWSI müssen die Erhebungskosten im Umfang von

$$k(n) = k_{fix} + k \cdot n = 0 + 0.001 \cdot 100 = 0.1$$

Geldeinheiten abgezogen werden, um den ENSI dieser Stichprobe zu erhalten:

$$ENSI(n) = EWSI(n) - k(n) = 4.407 - 0.1 = 4.307.$$

Der Informationsgewinn einer Stichprobe im Umfang von 100 Personen ist 4.307. Im Prinzip berechnet man nun für jeden der möglichen Umfänge den ENSI und wählt schließlich jenen Stichprobenumfang, bei dem der ENSI am größten ist. Für das vorliegende Beispiel ist dies bei einem Stichprobenumfang von

$$n_{opt} = 548$$

zu befragenden Personen der Fall. Man kann diesen optimalen Stichprobenumfang für eine lineare Schadenfunktion auch mit Hilfe folgender Formel berechnen:

$$n_{opt} = \left[\frac{(s_u + s_o) \cdot f_Z(z) \cdot \sqrt{\pi' \cdot (1 - \pi')}}{2 \cdot k}\right]^{\frac{2}{3}} - n' = \left[\frac{(50 + 100) \cdot f_Z(-0.431) \cdot \sqrt{0.4 \cdot (1 - 0.4)}}{2 \cdot 0.001}\right]^{\frac{2}{3}} - 15$$

$$= 547.98$$

Der optimale Stichprobenumfang von 548 Einheiten garantiert, dass der erwartete Informationsgewinn dieser Stichprobe für die Punktschätzung des Posteriorianteilswertes mit 5.225 Geldeinheiten am größten ist.

Intervallschätzwert:

Die Schadenfunktion für eine Intervallschätzung mit Vorgabe der Interwallänge ist für den unbekannten Anteilswert π folgendermaßen definiert:

$$s(a, \pi) = \left[\begin{array}{ll} s_u \cdot (T_u - \pi) & \text{für } T_u > \pi \\ s_o \cdot (\pi - T_o) & \text{für } T_o < \pi \end{array}\right]$$

T_u ist die Untergrenze des Schätzintervalls und T_o die Obergrenze. s_u und s_o sind die von der Punktschätzung bekannten Schäden pro Einheit Über- und Unterschätzung des wahren Anteilswertes π. Für die vorgegebene Interwallänge von

$$c = 0.5$$

Einheiten, die Schadenfunktion des Beispiels

$$s(a, \pi) = \left[\begin{array}{ll} 100 \cdot (T_u - \pi) & \text{für } T_u > \pi \\ 50 \cdot (\pi - T_o) & \text{für } T_o < \pi \end{array}\right]$$

und die oben angeführten Prioriinformationen ist das priori optimale Intervall gleich

$$T_{u.p} = 0.131$$

als Untergrenze und

$$T_{o.p} = 0.631$$

als Obergrenze. Zu diesem Ergebnis kommt man mit Hilfe folgender Formeln:

$$T_{u.p} = 0.131 = \pi' + \sqrt{\pi' \cdot (1 - \pi')} \cdot z_{linear} = 0.4 + \sqrt{0.4 \cdot (1 - 0.4)} \cdot -2.124$$

$$T_{o.p} = 0.631 = T_{u.p} + c = 0.131 + 0.5$$

z_{linear} wird so bestimmt, dass folgende Bedingung erfüllt ist:

$$s_u \cdot F_Z(z_{linear}) = s_o \cdot \left[1 - F_Z\left[z_{linear} + \frac{c}{\sqrt{\pi' \cdot (1 - \pi')}}\right]\right]$$

Wenn man für

$$z_{linear} = -2.124$$

einsetzt, dann ist diese Bedingung erfüllt. Den Schadenerwartungswert dieses priori optimalen Intervalls berechnet man mit Hilfe der Formeln

$$SE_p = \sqrt{\pi' \cdot (1 - \pi')} \cdot \left(s_u \cdot L_l(z_{linear}) + s_o \cdot L_r(z_{linear})\right) = 0.16$$

L_l und L_r sind die linken und rechten Schadensintegrale der Standardnormalverteilung:

$$L_l(z) = z \cdot F_Z(z) + f_Z(z) = -2.124 \cdot F_Z(-2.124) + f_Z(-2.124) = 0.006$$

$$L_r(z) = f_Z(z) - z \cdot (1 - F_Z(z)) = f_Z(-2.124) - -2.124 \cdot (1 - F_Z(-2.124)) = 2.13$$

Apriori ist das optimale Intervall für den unbekannten Käuferanteil gegeben durch 0.131 und 0.631. Der Schadenerwartungswert dieses Intervalls beträgt 0.16 Geldeinheiten. Dies ist wiederum der EWPI dieses Intervallschätzproblems. Der maximale Stichprobenumfang ist daher

$$n_{max} = \frac{EWPI}{k} - \frac{k_{fix}}{k} = \frac{0.16}{0.001} = 160$$

Personen. Den optimalen Stichprobenumfang findet man durch die Berechnung des ENSI für jeden dieser 160 möglichen Stichprobenumfänge und die Feststellung jenes Stichprobenumfanges bei dem der ENSI ein Maximum erreicht.

Für den möglichen Stichprobenumfang von z. B. $n = 10$ Personen wird der Schadenerwartungswert nach folgenden Formeln berechnet:

$$SE(n) = \frac{\sqrt{\pi' \cdot (1 - \pi')}}{\sqrt{n_p + n}} \cdot \left(s_u \cdot L_l(z_{u.li}(n)) + s_o \cdot L_r(z_{o.li}(n))\right)$$

Der z-Wert für das linke Schadensintegral wird so bestimmt, dass es folgende Bedingung erfüllt:

$$s_u \cdot F_Z(z) = s_o \cdot \left(1 - F_Z\left(z + \frac{c \cdot \sqrt{n_p + n}}{\sigma}\right)\right)$$

Diese Bedingung ist bei einem Stichprobenumfang von $n = 10$ für den z-Wert von

$$z_{u.li}(10) = -2.672$$

erfüllt. Der z-Wert für die Obergrenze ist

$$z_{o.li}(n) = z_{u.li}(n) + \frac{c \cdot \sqrt{n_p + n}}{\sqrt{\pi' \cdot (1 - \pi')}} = -2.672 + \frac{0.5 \cdot \sqrt{15 + 10}}{\sqrt{0.4 \cdot (1 - 0.4)}} = 2.431$$

Eingesetzt in die Formel für den Schadenerwartungswert erhält man

$$SE(10) = 0.024.$$

Der EWSI der Stichprobe vom Umfang 10 ist

$$EWSI(10) = EWPI - SE(10) = 0.16 - 0.024 = 0.137$$

Davon zieht man wieder die Erhebungskosten ab:

$$ENSI(10) = EWSI(10) - k(10) = 0.136 - 10 \cdot 0.001 = 0.127.$$

Der erwartete Informationsgewinn der Stichprobe im Umfang von 10 sind 0.126 Geldeinheiten. Den größten Informationsgewinn erwartet man bei einem Stichprobenumfang von

$$n_{opt} = 18$$

Personen. Dieser Stichprobenumfang garantiert, dass der erwartete Informationsgewinn dieser Stichprobe für die Intervallschätzung des Posteriorianteilswertes mit 0.137 Geldeinheiten am größten ist. Die folgende Grafik zeigt den erwarteten Informationserlös, Informationsgewinn und Gesamterhebungskosten für die einzelnen Stichprobenumfänge.

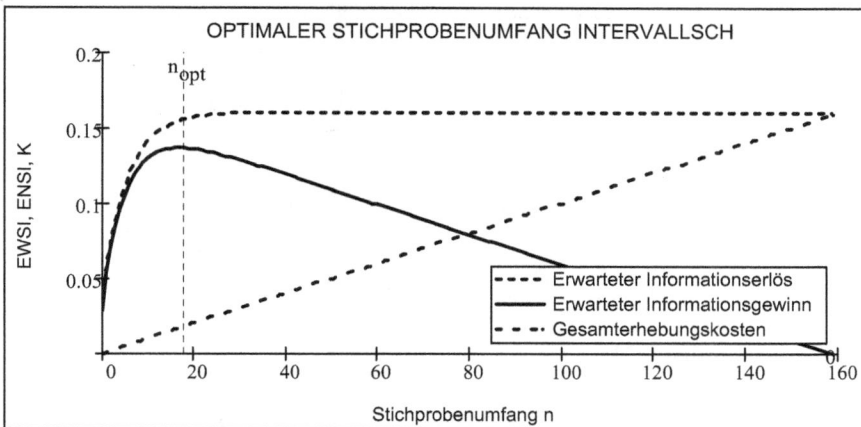

In folgender Tabelle sind die Ergebnisse für die Punkt- und Intervallschätzung zusammengefasst:

("*")	n_opt	ENSI_opt	EWI	Kosten_opt	n_max
Intervallschätzung	18	0.137	0.16	0.018	160
Punktschätzung	548	5.225	6.899	0.548	6899

5_2 ANTEILSWERT, TESTVERFAHREN

a) Klassisches Modell

Da der Produzent der Spielkonsole Yoki auf Grund seiner Break-Even-Analyse weiß, dass mindestens 40% seiner potentiellen Kunden die neue Spielkonsole kaufen müssen, um in die Gewinnzone zu kommen, muss er potentielle Kunden befragen. Welche Anzahl an Kunden soll befragt werden? Wie groß muss der Umfang der Stichprobe sein, um die Hypothese zu prüfen, dass höchstens 40% der potentiellen Kunden die Spielkonsole kaufen werden?

Der Unternehmer will an Hand einer Stichprobe folgende Hypothesen prüfen:

H_0: Der Käuferanteil ist höchstens gleich 40% H_0: $\pi \leq 0.40$

H_1: Der Käuferanteil ist mindestens gleich 50%. H_1: $\pi \geq 0.50$

Warum wird als Alternativhypothese nicht angenommen, dass der Käuferanteil mindestens 40% ist statt 50%? Je geringer die Differenz zwischen Nullhypothese und Alternativhypothese ist, umso größer ist der notwendige Stichprobenumfang. Im Prinzip geht bei einer infinitesimalen Differenz der notwendige Stichprobenumfang nach Unendlich. Der Unternehmer ist der Ansicht, dass die Differenz von 0.1 ausreichend ist. Neben dieser Differenz ist noch das Signifikanzniveau α sowie die Güte $1 - \beta$ anzugeben, um den notwendigen Stichprobenumfang zu berechnen.

Die Güte garantiert, dass die Nullhypothese maximal in β % der Fälle fälschlicherweise akzeptiert wird, wenn in Wirklichkeit die Alternativhypothese zutrifft. Bei einem β von z. B. 0.2 wird die Nullhypothese, dass der Käuferanteil höchstens 40% ist, maximal in 20% der Fälle akzeptiert, obwohl in Wirklichkeit die Alternativhypothese richtig ist.

Für folgende Voraussetzungen

Signifikanzniveau	0.05
Güte	0.8
Alternativhypothese	0.5

berechnet man den notwendiger Stichprobenumfang mit 151 Personen. Diesen Umfang kann man auf der Basis der Approximation der Binomialverteilung durch die Normalverteilung mit Hilfe der Formel

$$n_{not} = \frac{\left[z_{1-\alpha} \cdot \sqrt{\pi_0 \cdot (1 - \pi_0)} + z_{1-\beta} \cdot \sqrt{\pi_1 \cdot (1 - \pi_1)} \right]^2}{(\pi_0 - \pi_1)^2}$$

$$= \frac{\left[1.645 \cdot \sqrt{0.4 \cdot (1 - 0.4)} + 0.842 \cdot \sqrt{0.5 \cdot (1 - 0.5)} \right]^2}{(0.4 - 0.5)^2} = 150.524$$

berechnen. Die z-Werte sind die entsprechenden Quantile der Standardnormalverteilung und π_0 sowie π_1 die Anteilswerte der Null- und Alternativhypothese.

Man muss also (aufgerundet) 151 Personen nach ihrem Kaufinteresse befragen, um die Vorgaben zu erfüllen. Der Stichprobenumfang von 151 Erhebungseinheiten garantiert, dass

a) die Nullhypothese $\pi \leq 0.40$ maximal in 5% der Fälle fälschlicherweise abgelehnt wird, wenn in Wirklichkeit die Nullhypothese zutrifft und

b) die Nullhypothese $\pi \leq 0.40$ maximal in 20% der Fälle fälschlicherweise akzeptiert wird, wenn in Wirklichkeit die Alternativhypothese $\pi \geq 0.50$ zutrifft.

Wenn aber in Wirklichkeit der Anteilswert π zwischen den Grenzen 0.4 und 0.5 liegt, dann kann keine Aussage über den β-Fehler gemacht werden.

Wenn nun der aus den 151 Erhebungseinheiten berechnete Stichprobenanteilswert p des Kaufinteresses größer gleich 0.47 ist, dann kann die Nullhypothese abgelehnt werden. Das Risiko einer Fehlentscheidung ist in diesem Fall höchstens 5%. Ist dieser Anteilswert p kleiner als 0.47, dann kann die Nullhypothese nicht abgelehnt werden. Trifft in Wirklichkeit die Alternativhypothese $\pi \geq 0.50$ zu, dann ist in diesem Fall das Risiko einer Fehlentscheidung höchstens 20%. Dieser kritische Wert c = 0.47 berechnet man mit folgender Formel:

$$c = \pi_0 + z_{1-\alpha} \cdot \sqrt{\frac{\pi_0 \cdot (1 - \pi_0)}{n_{not}}} = 0.4 + 1.645 \cdot \sqrt{\frac{0.4 \cdot (1 - 0.4)}{151}} = 0.466$$

Lässt man die Güte gegen 0 gehen, dann sind der notwendige Stichprobenumfang gleich 23 Personen. Die folgende Grafik zeigt den notwendigen Stichprobenumfang in Abhängigkeit von der Güte:

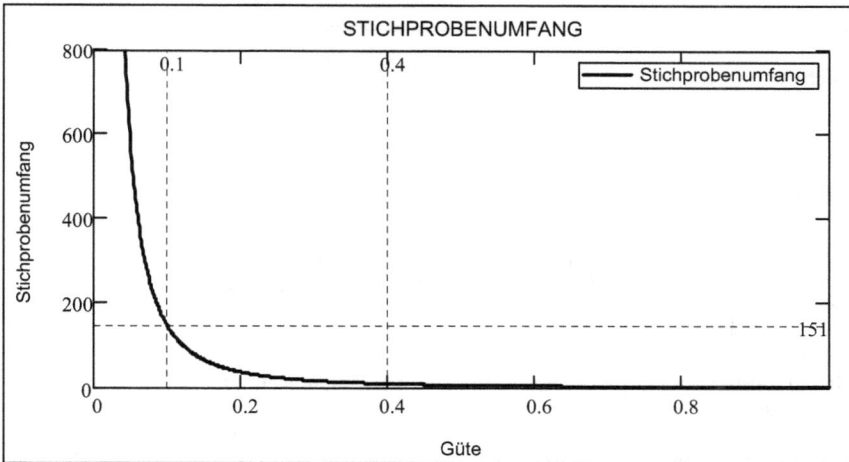

Wenn der Stichprobenumfang mehr als 5% der Grundgesamtheit umfasst, dann berücksichtigt man folgende Endlichkeitskorrektur:

$$n_E = \frac{1}{\dfrac{1}{n} + \dfrac{1}{N}}$$

n ist der oben berechnete Stichprobenumfang und N der der Grundgesamtheit. Wenn im vorliegenden Beispiel die Grundgesamtheit z. B. 100000 potentielle Käufer umfasst, spielt die Endlichkeitskorrektur keine Rolle. Bei nur 1000 potentiellen Käufern wäre sie gleich

$$n_E = \frac{1}{\dfrac{1}{151} + \dfrac{1}{1000}} = 131.19$$

In diesem Fall würde man nur 132 Personen befragen.

Bei der Testung von Anteilswerten, die nahe bei 0 oder 1 liegen, weichen die mit Hilfe der Normalverteilung errechneten Ergebnisse stark von denen ab, die mit der exakten Binomialverteilung bestimmt werden.

b) Bayes-Modell

Weiß man, dass in einem Nachbarland 50% der potentiellen Käufer die neue Spielkonsole gekauft haben, dann kann man diese Information bei der Berechnung des Stichprobenumfanges berücksichtigen. Auf der anderen Seite macht im Bayes-Modell die Berücksichtigung der Güte keinen Sinn, da in diesem Modell Wahrscheinlichkeiten für Hypothesen berechnet werden und nicht für das Auftreten möglicher Stichproben.

Berücksichtigt man die Information aus dem Nachbarland in Form einer hypothetischen Stichprobe im Umfang von

"Hypothetischer Stichprobenumfang"	12

dann ergibt sich der notwendige Stichprobenumfang für die Differenz von

$$\left| \pi_0 - \pi' \right| = \left| 0.4 - 12 \cdot 0.5 \right| = 0.1$$

und die Wahrscheinlichkeit von 95% durch folgende Formel:

$$n_{Bnot} = \frac{\left[z_{1-\alpha} \cdot \sqrt{\pi_0 \cdot (1 - \pi_0)} \right]^2}{\left(\pi_0 - \pi_1 \right)^2} = \frac{\left[1.645 \cdot \sqrt{0.4 \cdot (1 - 0.4)} \right]^2}{(0.4 - 0.5)^2} = 64.945$$

Im Bayes-Modell müssen nur (aufgerundet) 65 Personen nach ihrem Kaufinteresse gefragt werden, wenn man von den oben angeführten Hypothesen ausgeht.

Der Stichprobenumfang von 65 Einheiten garantiert, dass der Bayes-Faktor für die Nullhypothese $W(H_0|x)/(1 - W(H_0|x))$ mindestens 19 ist, wenn die Nullhypothese zutrifft. D. h. die Posterioriwahrscheinlichkeit für die Nullhypothese ist in diesem Fall mindestens 95%.

Die folgende Grafik zeigt den Bayes'schen Stichprobenumfang in Abhängigkeit vom hypothetischen Stichprobenumfang:

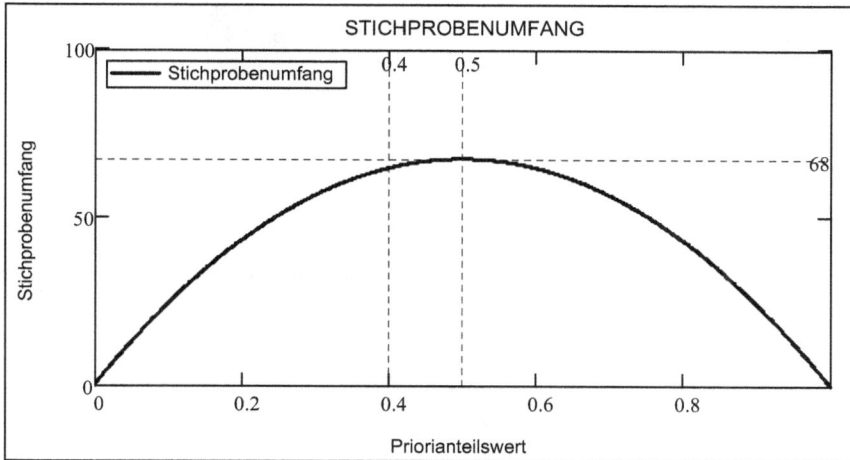

c) Wald-Modell

Im Wald-Modell bestimmt man den Stichprobenumfang nicht nur unter Berücksichtigung der möglichen Schäden, die eine Fehlschätzung verursacht, sondern es werden auch die Erhebungskosten in die Berechnungen mit einbezogen. Nach dem Wald-Modell wird man nur dann eine Stichprobenerhebung durchführen, wenn die Erhebungskosten geringer sind als der erwartete Informationsgewinn durch die Stichprobe. Diese einfache Tatsache erlaubt vorweg folgende Feststellungen: Je größer die Prioriinformation umso geringer der notwendige Umfang der Stichprobe und je höher die Erhebungskosten umso geringer der Umfang der optimalen Stichprobe.

Zuerst untersucht man die Entscheidungssituation auf Grund der Prioriinformationen. Für die Punktschätzung verwendet man die lineare Schadenfunktion des Produzenten der Spielkonsole, die im Beispiel erläutert wurde: Verzichtet er auf die Produktion der Spielkonsole und die Nachfrage liegt über dem Break-even-point von 0.4, dann hat er einem entgangenen Gewinn von 2000 Geldeinheiten pro Spielkonsole. Keinen Schaden oder entgangenen Gewinn hat er, wenn er auf die Produktion verzichtet und die Nachfrage unter dem Break-even-point bleibt. Diese Informationen kann man auch folgendermaßen anschreiben:

$$s(a_0, \pi) = \begin{bmatrix} 0 & \text{für} & \pi \le 0.4 \\ 2000 \cdot (\pi - 0.4) & \text{für} & \pi > 0.4 \end{bmatrix}$$

$s(a_0, \pi)$ ist die lineare Schadenfunktion für die Aktion, die Spielkonsolenproduktion nicht aufzunehmen. Wenn er die Produktion der Spielkonsole aufnimmt, die Nachfrage aber unter dem Break-even-point von 0.4 bleibt, dann muss er mit einem Schaden von 3000 Geldeinheiten pro zu viel produzierten Stück rechnen. Keinen Schaden hat er in dieser Situation, wenn die Nachfrage tatsächlich über dem Break-even-point liegt.

$$s(a_1, \pi) = \begin{bmatrix} 0 & \text{für} & \pi \ge 0.4 \\ 3000 \cdot (0.4 - \pi) & \text{für} & \pi < 0.4 \end{bmatrix}$$

$s(a_1, \pi)$ ist die lineare Schadenfunktion für die Aktion, die Konsolenproduktion aufzunehmen. Die Unsicherheit über die beiden möglichen Nachfragesituationen (π kleiner gleich 0.4 oder größer) kann der Unternehmer durch die Prioribetaverteilung zum Ausdruck bringen.

Für die Prioriinformationen

$$n' = 30$$

$$x' = 0.5 \cdot 30 = 15$$

und eine lineare Schadenfunktion findet man den Schadenerwartungswert für die Aktion a_0 (= Annahme der Nullhypothese) mit Hilfe folgender Formel

$$SE(a_0) = s_2 \cdot \int_{\pi_0}^{1} (\pi - \pi_0) \cdot f_\beta(\pi, x', n' - x') \, d\pi = 3000 \cdot \int_{0.4}^{1} (\pi - 0.4) \cdot f_\beta(\pi, 15, 30 - 15) \, d\pi$$

$$= 3000 \cdot \left[\frac{15}{30} \cdot \left(1 - F_\beta(0.4, 15 + 1, 15)\right) - 0.4 \cdot \left(1 - F_\beta(0.4, 15, 15)\right) \right]$$

$$= 317.87$$

und für die Aktion a_1 (= Annahme der Alternativhypothese)

$$SE(a_1) = s_1 \cdot \int_{0}^{\pi_0} (\pi_0 - \pi) \cdot f_\beta(\pi, x'', n'' - x'') \, d\pi = 2000 \cdot \int_{0}^{0.4} (0.4 - \pi) \cdot f_\beta(\pi, 15, 30 - 15) \, d\pi$$

$$= 2000 \cdot \left(0.4 \cdot F_\beta(0.4, 15, 15) - \frac{15}{30} \cdot F_\beta(0.4, 15 + 1, 15) \right)$$

$$= 11.914$$

F_β ist die Verteilungsfunktion der Betaverteilung. Die Aktion a_0, die Nullhypothese anzunehmen und die Produktion der Spielkonsole nicht aufnehmen, hat auf Grund der Prioriinformationen einen Schadenerwartungswert von 317.87 Geldeinheiten und die Aktion a_1, die Spielkonsole produzieren, einen Schadenerwartungswert von 11.914 Geldeinheiten. Der Produzent wird daher die Spielkonsole produzieren, da der Schadenerwartungswert für diese Entscheidung geringer ist. Der Schadenerwartungswert dieser Entscheidung ist 11.914. D. h. aber auch, dass der Produzent selbst für vollkommene Information über den Käuferanteil nicht mehr als 11.914 Geldeinheiten ausgeben wird. Der Schadenerwartungswert der priori optimalen Aktion wird daher auch als erwarteter Wert der perfekten Information (kurz EWPI) bezeichnet.

Kennt man die Erhebungskosten, dann kann man mit Hilfe des EWPI auch den maximalen Stichprobenumfang berechnen, der für eine Stichprobenerhebung in Frage kommt. Der Produzent muss mit folgenden Erhebungskosten rechnen:

Fixe Erhebungskosten k_fix	0
Variable Erhebungskosten k	0.08

Er muss keine fixen Kosten in Rechnung stellen, aber jede zu befragende Person kostet ihn 0.08 Geldeinheiten. Der maximale Stichprobenumfang ist daher gleich

$$n_{max} = \frac{EWPI}{k} - \frac{k_{fix}}{k} = \frac{11.914}{0.08} = 148.925$$

gerundet 149 Personen. Um nun jenen Stichprobenumfang zu finden, bei dem der Informationsgewinn am größten ist, berechnet man für jeden der Stichprobenumfänge von 1 bis 149 den erwarteten Wert der Stichprobeninformation, kurz EWSI, und zieht davon die entsprechenden Erhebungskosten ab. Das Ergebnis ist der erwartete Nettowert der Stichprobeninformation (kurz ENSI) oder anders ausgedrückt der Informationsgewinn der Stichprobe. Für das vorliegende Beispiel zeigt sich, dass dieser ENSI für einen Stichprobenumfang von

$$n_{opt} = 48$$

am größten ist.

Der EWSI einer Stichprobe wird für eine lineare Schadenfunktion nach folgender Formel berechnet:

$$EWSI(n) = EWPI - \sum_{x=0}^{n} \left(\min(x) \cdot f_{\beta B}(x, x_p, n_p, n) \right)$$

mit

$$\min(x) = \min\left(\left(s_2 \cdot L_r(\pi_0, x_p + x, n_p + n - x_p - x) \quad s_1 \cdot L_l(\pi_0, x_p + x, n_p + n - x_p - x) \right) \right)$$

L_r und L_l sind die oben angeführten linearen Schadenintegrale der Betaverteilung und $f_{\beta B}$ die Wahrscheinlichkeitsfunktion der Betabinomialverteilung.

Für den optimalen Umfang von 48 ist das rechte lineare Schadenintegral

$$L_r(\pi_0, x_p + x, n_p + n - x_p - x) = L_r(0.4, 15 + x, 30 + 48 - 15 - x)$$

Für das Stichprobenergebnis $x = 20$ erhält man z. B.

$$L_r(0.4, 15 + 20, 30 + 48 - 15 - 20) = L_r(0.4, 35, 43)$$

und eingesetzt in die Betaverteilung

$$\frac{35}{35 + 43} \cdot \left(1 - F_\beta(0.4, 35 + 1, 43) \right) - 0.4 \cdot \left(1 - F_\beta(0.4, 35, 43) \right) = 0.055$$

Gewichtet mit s_2 ist dies

$$3000 \cdot 0.055 = 165$$

Wenn man eine Stichprobe von 48 Personen nach ihrer Kaufabsicht befragt und 20 davon mit "Ja"" antworten, dann ist der Schadenerwartungswert für die Aktion "Annahme der Nullhypothese und damit auf den Verzicht der Spielkonsolenproduktion" gleich 165 Geldeinheiten.

Auf die gleiche Art berechnet man den Schadenerwartungswert für die Aktion "Annahme der Alternativhypothese". Das linke Schadenintegral und damit der Schadenerwartungswert dieser Aktion ist

$$s_1 \cdot L_1\left(\pi_0, x_p + x, n_p + n - x_p - x\right) = 2000 \cdot L_1(0.4, 15 + 20, 30 + 48 - 15 - 20) = 11.67$$

Das Minimum der beiden Schadenerwartungswerte ist 11.67. Der Schadenerwartungswert einer Stichprobe im Umfang von 48 Personen, von denen 20 angeben, die Spielkonsole kaufen zu wollen, ist also 11.67 Geldeinheiten. Dieses Ergebnis wird nun mit seiner Eintrittswahrscheinlichkeit gewichtet. Diese Eintrittswahrscheinlichkeit wird mit Hilfe der Betabinomialverteilung berechnet:

$$\min(x) \cdot f_{\beta B}\left(x, x_p, n_p, n\right) = \min(20) \cdot f_{\beta B}(20, 15, 30, 48) = 11.67 \cdot f_{\beta B}(20, 15, 30, 48)$$

Die Wahrscheinlichkeitsfunktion der Betabinomialverteilung ist

$$f_{\beta B}\left(x, x_p, n_p, n\right) = \frac{n!}{x! \cdot (n - x)!} \cdot \frac{(n' - 1)!}{(x' - 1)! \cdot (n' - x' - 1)!} \cdot \frac{(x' + x - 1)! \cdot [(n' + n - x' - -1)x]!}{(n' + n - 1)!}$$

Die Werte des Beispiels eingesetzt ergeben

$$f_{\beta B}(20, 15, 30, 48) = 0.056.$$

Damit ist der Schadenerwartungswert für das Ergebnis x = 20 von 48 gleich

$$\min(20) \cdot f_{\beta B}(20, 15, 30, 48) = 11.67 \cdot 0.056 = 0.654$$

Wenn man auf die gleiche Art die Werte für die restlichen x von 0 bis 48 berechnet und addiert, diese Summe vom EWPI abzieht, dann erhält man den EWSI dieses Stichprobenumfanges:

$$\text{EWSI}(48) = \text{EWPI} - \sum_{x = 0}^{48} \left(\min(x) \cdot f_{\beta B}(x, 15, 30, 48)\right) = 11.914 - 7.879 = 4.035$$

Von diesem EWSI müssen die Erhebungskosten

$$k(n) = k_{fix} + k \cdot n = 0 + 0.08 \cdot 49 = 3.48$$

abgezogen werden, um den ENSI der Stichprobe zu erhalten:

$$\text{ENSI}(48) = \text{EWSI}(48) - k(48) = 4.035 - 3.48 = 0.195$$

Der optimale Stichprobenumfang von 48 Einheiten garantiert, dass der erwartete Informationsgewinn dieser Stichprobe für die Punktschätzung des Posteriorianteilswertes mit 0.195 Geldeinheiten am größten ist.

Die folgende Grafik zeigt den erwarteten Informationserlös, Informationsgewinn und Gesamterhebungskosten für die einzelnen Stichprobenumfänge.

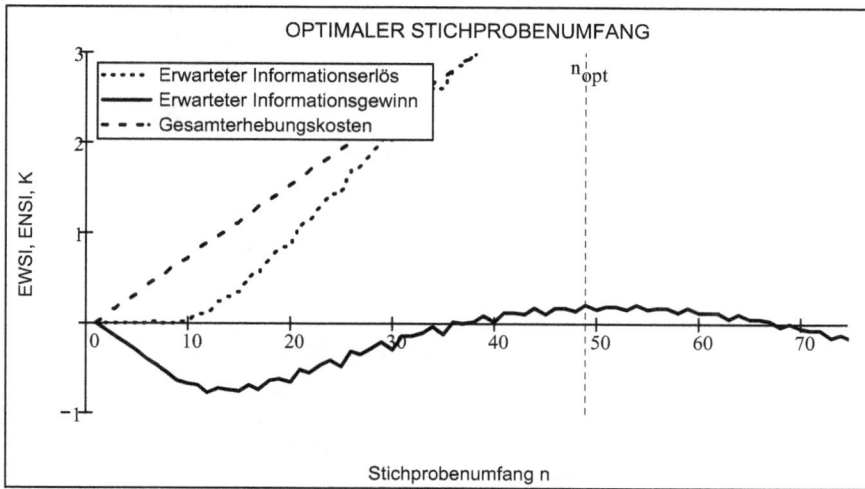

Aus der Grafik kann man entnehmen, dass Stichprobenumfänge bis 35 einen negativen ENSI haben, also nicht in Frage kommen. Auch Stichprobenumfänge ab 68 haben wieder einen negativen ENSI. Für den Produzenten kommen daher nur Stichprobenumfänge zwischen 36 und 67 Personen in Betracht, um zu entscheiden, ob die Spielkonsole produziert werden soll. Bei allen anderen Umfängen übersteigen die Erhebungskosten den Informationserlös (= EWSI). Den maximalen Informationsgewinn (= ENSI) besitzt der Stichprobenumfang von 48 zu befragende Personen.

5_3 DURCHSCHNITT, SCHÄTZVERFAHREN

a) Klassisches Modell

Ein Fleischhändler plant eine neue Filiale. Um festzustellen, wie viele Kilogramm Fleisch die potentiellen Kunden im Schnitt kaufen werden, ist es notwendig, eine Stichprobe aus Käufern zu ziehen und diese nach ihrer Kaufabsicht zu befragen. Welche Anzahl an Kunden soll befragt werden? Wie groß muss der Umfang der Stichprobe sein, wenn gewisse Voraussetzungen erfüllt sein sollen?

Um den notwendigen Stichprobenumfang zu bestimmen, muss festgelegt werden, um wie viel Einheiten der aus der Stichprobe ermittelte Schätzwert vom wahren Durchschnitt abweichen darf. So kann man z. B. festlegen, dass der Schätzwert vom wahren Durchschnitt höchstens um 4 Kilogramm nach oben und nach unten abweichen soll. Wenn z. B. der Schätzwert 8 ist, also jeder Befragte der Stichprobe im Schnitt 8 Kilogramm Fleisch kauft, dann soll der wahre Durchschnitt zwischen 4 und 12 Kilogramm liegen und zwar mit einem Vertrauen von 0.95 oder 95%. Neben der Schätzgenauigkeit $\Delta = 4$ ist das Konfidenzniveau $1 - \alpha$ anzugeben, um den notwendigen Stichprobenumfang zu berechnen.

Darüber hinaus ist zu garantieren, dass mit einer vorgegebenen Wahrscheinlichkeit (= Güte) das aus der Stichprobe errechnete 95% Konfidenzintervall innerhalb der Grenzen zwischen 4 und 12 Kilogramm liegt, d. h. dass z. B. 80% der aus allen möglichen Zufallsstichproben berechneten Konfidenzintervalle innerhalb der angegebenen Grenzen liegen.
Für die angegebenen Voraussetzungen

Konfidenzniveau	0.95
Güte	0.8
Genauigkeit |μ - Schätzwert|	4

und der Standardabweichung in der Grundgesamtheit

Standardabweichung der Grundgesamtheit	10

errechnet sich mit Hilfe der Studentverteilung ein notwendiger Stichprobenumfang von 68 Personen. Diesen Umfang kann man mit Hilfe der Formel

$$n_0 = \left(z_{1-\frac{\alpha}{2}} + z_{1-\frac{\beta}{2}}\right)^2 \cdot \left(\frac{\sigma}{\Delta}\right)^2 = (1.96 + 1.282)^2 \cdot \frac{10^2}{4^2} = 65.691$$

näherungsweise berechnen. Die z-Werte sind die entsprechenden Quantile der Standardnormalverteilung, Δ die vorgegebene Genauigkeit und σ die Standardabweichung der Grundgesamtheit. Da die Standardabweichung der Grundgesamtheit normalerweise nur geschätzt ist, ist nicht die Normalverteilung, sondern die Studentverteilung heranzuziehen. Dazu berechnet man, ausgehend von n_0 die folgenden Stichprobenumfänge, bis die linke Seite die rechte übersteigt:

$$n_{66} = \left(t_{1-\frac{\alpha}{2},66-1} + t_{1-\frac{\beta}{2},66-1}\right)^2 \cdot \left(\frac{\sigma}{\Delta}\right)^2 = (1.997 + 1.295)^2 \cdot \frac{10^2}{4^2} = 67.733$$

$$n_{67} = \left(t_{1-\frac{\alpha}{2},67-1} + t_{1-\frac{\beta}{2},67-1}\right)^2 \cdot \left(\frac{\sigma}{\Delta}\right)^2 = (1.996 + 1.294)^2 \cdot \frac{10^2}{4^2} = 67.651$$

$$n_{68} = \left(t_{1-\frac{\alpha}{2},68-1} + t_{1-\frac{\beta}{2},68-1}\right)^2 \cdot \left(\frac{\sigma}{\Delta}\right)^2 = (1.995 + 1.294)^2 \cdot \frac{10^2}{4^2} = 67.61$$

Man muss also (aufgerundet) 68 Personen nach ihrem Kaufinteresse befragen, um die Vorgaben zu erfüllen. Der Stichprobenumfang von 68 Personen garantiert, dass mit einer Wahrscheinlichkeit von 80 Prozent das aus einer Zufallsstichprobe berechnete 95% Konfidenzintervall innerhalb der Grenzen 4 und 12 Kilogramm liegt. 80% der aus allen möglichen Zufallsstichproben berechneten Konfidenzintervalle liegen innerhalb der angegebenen Grenzen.

Lässt man die Güte gegen 0 gehen, dann sind der notwendige Stichprobenumfang gleich 25 Personen. Die folgende Grafik zeigt den notwendigen Stichprobenumfang in Abhängigkeit von der Güte:

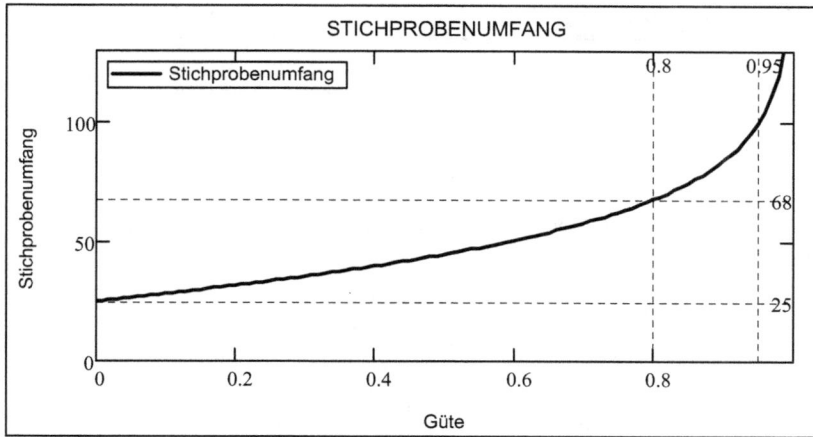

Wenn der Stichprobenumfang mehr als 5% der Grundgesamtheit umfasst, dann berücksichtigt man folgende Endlichkeitskorrektur:

$$n_E = \frac{1}{\frac{1}{n} + \frac{1}{N}}$$

n ist der oben berechnete Stichprobenumfang und N der der Grundgesamtheit. Bei nur 100 potentiellen Käufern wäre sie gleich

$$n_E = \frac{1}{\frac{1}{68} + \frac{1}{100}} = 40.476$$

In diesem Fall würde man nur 41 Personen befragen.

b) Bayes-Modell

Weiß man von einer früheren Befragung von 10 Personen, dass sie im Schnitt 10 Kilogramm Fleisch gekauft haben, dann kann man diese Information bei der Berechnung des Stichprobenumfanges berücksichtigen. Auf der anderen Seite macht im Bayes-Modell die Berücksichtigung der Güte keinen Sinn, da in diesem Modell Wahrscheinlichkeiten für vorliegende Intervalle berechnet werden und nicht für Konfidenzintervalle möglicher Stichproben.

Berücksichtigt man die Information aus dem Nachbarland in Form einer hypothetischen Stichprobe im Umfang von

Hypothetischer Stichprobenumfang	10

dann ergibt sich der notwendige Stichprobenumfang für die oben angegebene Genauigkeit von $\Delta = 4$ und die Wahrscheinlichkeit von 95% durch die Subtraktion des hypothetischen Stichprobenumfanges $n' = 10$ von folgendem Umfang:

$$n_{B0} = \left(z_{1-\frac{\alpha}{2}}\right)^2 \cdot \left(\frac{\sigma}{\Delta}\right)^2 - n' = (1.96)^2 \cdot \left(\frac{10}{4}\right)^2 - 10 = 14.01$$

$$n_{15} = \left(t_{1-\frac{\alpha}{2},15-1}\right)^2 \cdot \left(\frac{\sigma}{\Delta}\right)^2 - n' = (2.145)^2 \cdot \left(\frac{10}{4}\right)^2 - 10 = 18.756$$

$$n_{16} = \left(t_{1-\frac{\alpha}{2},16-1}\right)^2 \cdot \left(\frac{\sigma}{\Delta}\right)^2 - n' = (2.131)^2 \cdot \left(\frac{10}{4}\right)^2 - 10 = 18.382$$

$$n_{17} = \left(t_{1-\frac{\alpha}{2},17-1}\right)^2 \cdot \left(\frac{\sigma}{\Delta}\right)^2 - n' = (2.11)^2 \cdot \left(\frac{10}{4}\right)^2 - 10 = 17.826$$

$$n_{18} = \left(t_{1-\frac{\alpha}{2},18-1}\right)^2 \cdot \left(\frac{\sigma}{\Delta}\right)^2 - n' = (2.101)^2 \cdot \left(\frac{10}{4}\right)^2 - 10 = 17.589$$

Im Bayes-Modell müssen (aufgerundet) 18 Personen nach ihrem Kaufinteresse gefragt werden, wenn man von diesen Vorgaben ausgeht.

Der Stichprobenumfang von 18 garantiert, dass der Posterioridurchschnitt mit einer Wahrscheinlichkeit von 95 Prozent innerhalb der Grenzen Posterioridurchschnitt − 4 und Posterioridurchschnitt + 4 Kilogramm liegt.

Die folgende Grafik zeigt den Bayes'schen Stichprobenumfang in Abhängigkeit vom hypothetischen Stichprobenumfang:

STICHPROBENUMFANG

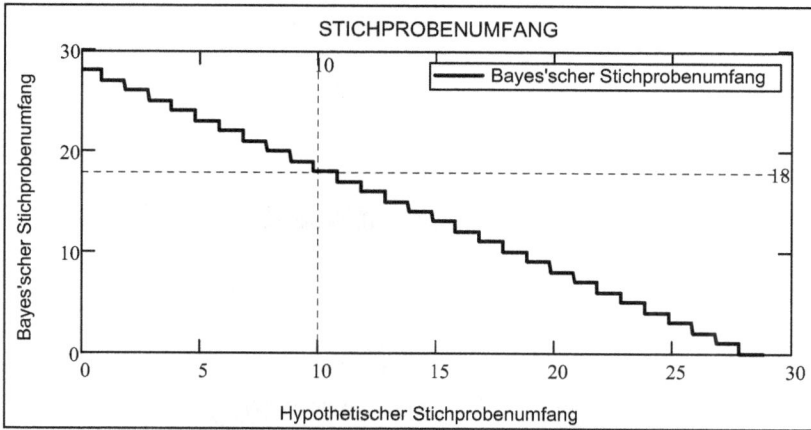

c) Wald-Modell

Im Wald-Modell bestimmt man den Stichprobenumfang nicht nur unter Berücksichtigung der möglichen Schäden, die eine Fehlschätzung verursacht, sondern es werden auch die Erhebungskosten in die Berechnungen mit einbezogen. Nach dem Wald-Modell wird man nur dann eine Stichprobenerhebung durchführen, wenn die Erhebungskosten geringer sind als der erwartete Informationsgewinn durch die Stichprobe. Diese einfache Tatsache erlaubt vorweg folgende Feststellungen: Je größer die Prioriinformation umso geringer der notwendige Umfang der Stichprobe und je höher die Erhebungskosten umso kleiner der Umfang der optimalen Stichprobe.

Zuerst bestimmt man den Informationsstand auf Grund der Prioriinformationen. Für die Punktschätzung verwendet man die lineare Schadenfunktion des Händlers, die im Beispiel erläutert wurde:

$$s(a, \mu) = \begin{bmatrix} 0 & \text{für} & a = \mu \\ s_u \cdot (a - \mu) & \text{für} & a > \mu \\ s_o \cdot (\mu - a) & \text{für} & a < \mu \end{bmatrix} = \begin{bmatrix} 0 & \text{für} & a = \mu \\ 20 \cdot (a - \mu) & \text{für} & a > \mu \\ 20 \cdot (\mu - a) & \text{für} & a < \mu \end{bmatrix}$$

a ist der Schätzwert für den unbekannten Durchschnitt μ. s_u wird als Schaden der Überschätzung bezeichnet, da der unbekannte Durchschnitt μ kleiner ist als der Schätzwert a, also unterhalb von a liegt. Ist der unbekannte Durchschnitt μ größer als der Schätzwert a, dann liegt eine Unterschätzung des wahren Durchschnittes vor, der unbekannte Durchschnitt μ liegt oberhalb des Schätzwertes a. Im vorliegenden Beispiel ist $s_o = 20$ der Schaden der Unterschätzung pro Abweichungseinheit und $s_u = 20$ der Schaden der Überschätzung.

Punktschätzwert

Für die Prioriinformationen

$$n' = 10$$

$$\mu' = 10$$

und eine lineare Schadenfunktion findet man den optimalen Priorischätzwert mit Hilfe der Relation

$$F_Z\left(\frac{a_{opt} - \mu'}{\frac{\sigma}{\sqrt{n'}}}\right) = \frac{s_o}{s_u + s_o}$$

F_Z ist die standardisierte Verteilungsfunktion der Posteriorinormalverteilung

$$F_Z(z) = \frac{1}{\sqrt{2 \cdot \pi}} \cdot \int_{-\infty}^{z} e^{-\frac{x^2}{2}} \, dx$$

mit

$$z = \frac{a_{opt} - \mu'}{\frac{\sigma}{\sqrt{n'}}}$$

und s_u, s_o die Schäden der Unter- und Überschätzung. μ' ist der Prioridurchschnitt. Für das Beispiel ist diese Beziehung erfüllt, wenn man für $a_{opt} = 10 = \mu'$ nimmt:

$$F_Z\left(\frac{10 - 10}{\frac{10}{\sqrt{10}}}\right) = \frac{20}{20 + 20} = 0.5.$$

Die Beziehung $a_{opt} = \mu'$ gilt immer, wenn $s_u = s_o$, wenn also der Schaden der Überschätzung gleich dem der Unterschätzung ist. Der Schadenerwartungswert SE für diese optimale Punktschätzung wird mit Hilfe der Formel

$$SE(a_{opt}) = (s_u + s_o) \cdot \frac{\sigma}{\sqrt{n'}} \cdot f_Z\left(\frac{a_{opt} - \mu'}{\frac{\sigma}{\sqrt{n'}}}\right)$$

berechnet. f_Z ist die Dichtefunktion der standardisierten Normalverteilung

$$f_Z(z) = \frac{1}{\sqrt{2 \cdot \pi}} \cdot e^{-\frac{z^2}{2}}$$

Der Schadenerwartungswert ist

$$SE(0.189) = (20 + 20) \cdot \frac{10}{\sqrt{10}} \cdot f_Z\left(\frac{10 - 10}{\frac{10}{\sqrt{10}}}\right)$$

$$= \frac{400}{\sqrt{10}} \cdot \left(\frac{1}{\sqrt{2 \cdot \pi}} \cdot e^{-0}\right) = 50.463$$

Geldeinheiten. Auf Grund der Prioriinformationen wird der Fleischhändler mit einem Durchschnitt von 10 Kilogramm Fleisch pro Kunde rechnen. Sein erwarteter Schaden für diese Schätzung beträgt 50.463 Geldeinheiten. D. h. aber auch, dass der Händler selbst für vollkommene Information über den unbekannten Durchschnitt nicht mehr als 50.463 Geldeinheiten ausgeben wird. Der Schadenerwartungswert der priori optimalen Aktion wird daher auch als erwarteter Wert der perfekten Information (kurz EWPI) bezeichnet.

Kennt man die Erhebungskosten, dann kann man mit Hilfe des EWPI auch den maximalen Stichprobenumfang berechnen. Der Händler muss mit folgenden Erhebungskosten rechnen:

Fixe Erhebungskosten k_fix	0
Variable Erhebungskosten k	0.1

Er muss keine fixen Kosten in Rechnung stellen, aber jede zu befragende Person kostet ihn 0.1 Geldeinheiten. Der maximale Stichprobenumfang ist daher gleich

$$n_{max} = \frac{EWPI}{k} - \frac{k_{fix}}{k} = \frac{50.463}{0.1} = 505$$

Personen. Um nun jenen Stichprobenumfang zu finden, bei dem der Informationsgewinn am größten ist, berechnet man für jeden der Stichprobenumfänge von 1 bis 505 den erwarteten Wert der Stichprobeninformation, kurz EWSI, und zieht davon die entsprechenden Erhebungskosten ab. Das Ergebnis ist der erwartete Nettowert der Stichprobeninformation (kurz ENSI) oder anders ausgedrückt der Informationsgewinn der Stichprobe.

Der EWSI einer Stichprobe wird für eine lineare Schadenfunktion nach folgender Formel berechnet:

$$EWSI(n) = (s_u + s_o) \cdot f_Z(z) \cdot \sigma \cdot \left(\frac{1}{\sqrt{n'}} - \frac{1}{\sqrt{n' + n}}\right)$$

Das z von der standardisierten Dichtefunktion der Normalverteilung $f_Z(z)$ wird so wie bei der Priorianalyse bestimmt:

$$F_Z(z) = \frac{s_o}{s_u + s_o} = 0.5$$

Wenn man für z

$$z = \frac{10 - 10}{\dfrac{10}{\sqrt{10}}} = 0$$

einsetzt, dann ist diese Bedingung erfüllt. Der EWSI einer Stichprobe im Umfang von z. B. 100 Personen ist daher

$$\text{EWSI}(100) = (20 + 20) \cdot f_Z(0) \cdot 10 \cdot \left(\frac{1}{\sqrt{10}} - \frac{1}{\sqrt{10 + 100}} \right) = 35.248$$

Von diesem EWSI müssen die Erhebungskosten im Umfang von

$$k(n) = k_{fix} + k \cdot n = 0 + 0.1 \cdot 100 = 10$$

Geldeinheiten abgezogen werden, um den ENSI dieser Stichprobe zu erhalten:

$$\text{ENSI}(n) = \text{EWSI}(n) - k(n) = 35.248 - 10 = 25.248.$$

Der Informationsgewinn einer Stichprobe im Umfang von 100 Personen sind 25.248 Geldeinheiten. Im Prinzip berechnet man nun für jeden der möglichen Umfänge den ENSI und wählt schließlich jenen Stichprobenumfang, bei dem der ENSI am größten ist. Für das vorliegende Beispiel ist dies bei einem Stichprobenumfang von

$$n_{opt} = 76$$

zu befragenden Personen der Fall. Man kann diesen optimalen Stichprobenumfang für eine lineare Schadenfunktion auch mit Hilfe folgender Formel berechnen:

$$n_{opt} = \left(\frac{\text{EWPI} \cdot \sqrt{n'}}{2 \cdot k} \right)^{\frac{2}{3}} - n' = \left(\frac{50.463 \cdot \sqrt{10}}{2 \cdot 0.1} \right)^{\frac{2}{3}} - 10 = 76.026$$

Der optimale Stichprobenumfang von 76 Einheiten garantiert, dass der erwartete Informationsgewinn dieser Stichprobe für die Punktschätzung des Posterioridurchschnittes mit 25.655 Geldeinheiten am größten ist.

Intervallschätzwert:

Die Schadenfunktion für eine Intervallschätzung mit Vorgabe der Intervalllänge ist für den unbekannten Durchschnitt μ folgendermaßen definiert:

$$s(a,\mu) = \begin{bmatrix} s_u \cdot (T_u - \mu) & \text{für} & T_u > \mu \\ s_o \cdot (\mu - T_o) & \text{für} & T_o < \mu \end{bmatrix}$$

T_u ist die Untergrenze des Schätzintervalls und T_o die Obergrenze. s_u und s_o sind die von der Punktschätzung bekannten Schäden pro Einheit Über- und Unterschätzung des wahren Anteilswertes. Für die vorgegebene Intervallänge von

$$c = 4$$

Einheiten, die Schadenfunktion des Beispiels

$$s(a,\mu) = \begin{bmatrix} 20 \cdot (T_u - \mu) & \text{für} & T_u > \mu \\ 20 \cdot (\mu - T_o) & \text{für} & T_o < \mu \end{bmatrix}$$

und die oben angeführten Prioriinformationen ist das priori optimale Intervall gleich

$$T_{u.p} = 6$$

als Untergrenze und

$$T_{o.p} = 10$$

als Obergrenze. Zu diesem Ergebnis kommt man mit Hilfe folgender Formeln:

$$T_{u.p} = 6 = \mu' + \frac{\sigma}{\sqrt{n'}} \cdot z_{\text{linear}} = 10 + \frac{10}{\sqrt{10}} \cdot -1.265$$

$$T_{o.p} = 10 = T_{u.p} + c = 6 + 4$$

z_{linear} wird so bestimmt, dass folgende Bedingung erfüllt ist:

$$s_u \cdot F_Z(z_{\text{linear}}) = s_o \cdot \left[1 - F_Z\left[z_{\text{linear}} + \frac{c}{\sqrt{\pi' \cdot (1 - \pi')}} \right] \right]$$

Wenn man für

$$z_{\text{linear}} = -1.265$$

einsetzt, dann ist diese Bedingung erfüllt. Den Schadenerwartungswert dieses priori optimalen Intervalls berechnet man mit Hilfe der Formeln für $s_u = s_o$:

$$SE_p = 2 \cdot s_u \cdot L_l(z_{linear}) \cdot \frac{\sigma}{\sqrt{n'}} = 6.202$$

L_l und L_r sind die linken und rechten Schadensintegrale der Standardnormalverteilung:

$$L_l(z) = z \cdot F_Z(z) + f_Z(z) = -1.265 \cdot F_Z(-1.265) + f_Z(-1.265) = 0.049$$

Apriori ist das optimale Intervall für den unbekannten Durchschnitt gegeben durch 6 und 10 Kilogramm. Der Schadenerwartungswert dieses Intervalls beträgt 6.202 Geldeinheiten. Dies ist wiederum der EWPI dieses Intervallschätzproblems. Der maximale Stichprobenumfang ist daher

$$n_{max} = \frac{EWPI}{k} - \frac{k_{fix}}{k} = \frac{6.202}{0.1} = 62$$

Personen. Den optimalen Stichprobenumfang findet man durch die Berechnung des ENSI für jeden dieser 62 möglichen Stichprobenumfänge und die Feststellung jenes Stichprobenumfanges bei dem der ENSI ein Maximum erreicht.

Für den möglichen Stichprobenumfang von z. B. $n = 10$ Personen wird der Schadenerwartungswert nach folgenden Formeln berechnet ($s_u = s_o$):

$$SE(n) = s_u \cdot \left(2 \cdot \frac{\sigma}{\sqrt{n_p + n}} \cdot f_Z\left(-\frac{c \cdot \sqrt{n_p + n}}{2 \cdot \sigma} \right) - c \cdot F_Z\left(-\frac{c \cdot \sqrt{n_p + n}}{2 \cdot \sigma} \right) \right)$$

$$= 20 \cdot \left(2 \cdot \frac{10}{\sqrt{10 + 10}} \cdot f_Z\left(-\frac{4 \cdot \sqrt{10 + 10}}{2 \cdot 10} \right) - 4 \cdot F_Z\left(-\frac{4 \cdot \sqrt{10 + 10}}{2 \cdot 10} \right) \right) = 1.313$$

Der EWSI der Stichprobe vom Umfang 10 ist

$$EWSI(10) = EWPI - SE(10) = 6.202 - 1.313 = 4.889$$

Davon zieht man wieder die Erhebungskosten ab:

$$ENSI(10) = EWSI(10) - k(10) = 4.889 - 10 \cdot 0.1 = 3.889.$$

Der erwartete Informationsgewinn der Stichprobe im Umfang von 10 sind 3.889 Geldeinheiten. Den größten Informationsgewinn erwartet man bei einem Stichprobenumfang von

$$n_{opt} = 14$$

Personen. Dieser Stichprobenumfang garantiert, dass der erwartete Informationsgewinn dieser Stichprobe für die Intervallschätzung des Posterioridurchschnittes mit 4.03 Geldeinheiten am größten ist. Die folgende Grafik zeigt den erwarteten Informationserlös, Informationsgewinn und Gesamterhebungskosten für die einzelnen Stichprobenumfänge.

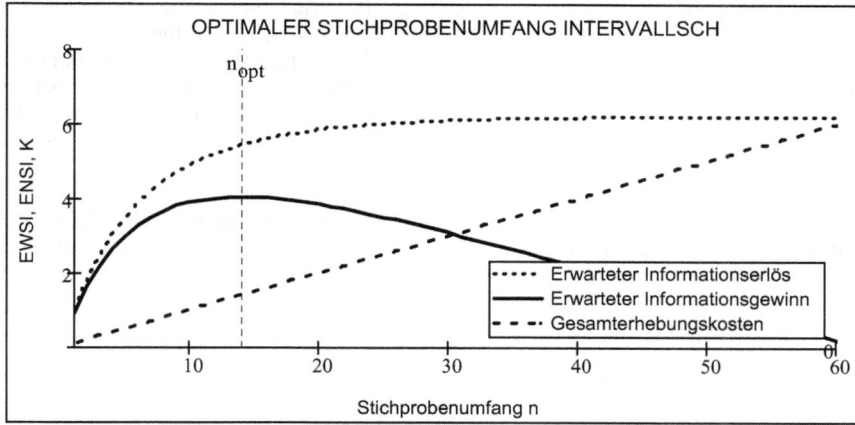

In folgender Tabelle sind die Ergebnisse für die Punkt- und Intervallschätzung zusammengefasst:

("*")	n_opt	ENSI_opt	EWPI	Kosten_opt	n_max
Intervallschätzung	14	4.03	6.202	1.4	62
Punktschätzung	76	25.655	50.463	7.6	505

5_4 DURCHSCHNITT, TESTVERFAHREN

a) Klassisches Modell

Ein Fleischhändler plant die Errichtung einer Filiale. Auf Grund seiner Break-even-Analyse weiß er, dass seine potentiellen Kunden durchschnittlich 5 Kilogramm Fleisch pro Woche kaufen müssen, um in die Gewinnzone zu kommen. Welche Anzahl an Kunden soll er befragen, um die Frage zu klären, ob die durchschnittliche Fleischmenge pro Woche über oder unter dem Break-Even-Punkt liegt? Wie groß muss der Umfang der Stichprobe sein, um die Hypothese zu prüfen, dass die potentiellen Kunden höchstens durchschnittlich 5 Kilogramm Fleisch pro Woche kaufen? (Siehe auch Softwareoutput auf Seite 220)

Der Fleischhändler will folgende Hypothesen prüfen:

H_0: Die durchschnittliche Fleischmenge pro Kunde ist höchstens gleich 5 Kilogramm
H_0: $\mu \leq 5$

H_1: Die durchschnittliche Fleischmenge pro Kunde ist mindestens gleich 6 Kilogramm
H_1: $\mu \geq 6$.

Auch hier muss der Fleischhändler als Alternativhypothese z. B. 6 Kilogramm annehmen und nicht größer als 5 Kilogramm, da sonst kein notwendiger 'Stichprobenumfang im klassischen Modell berechnet werden kann. Je geringer die Differenz zwischen Nullhypothese und Alternativhypothese ist, umso größer ist der notwendige Stichprobenumfang. Im Prinzip geht bei einer infinitesimalen Differenz der notwendige Stichprobenumfang gegen Unendlich. Der Händler ist der Ansicht, dass die Differenz von 1 Kilogramm ausreichend ist. Neben dieser Differenz ist noch das Signifikanzniveau α sowie die Güte $1 - \beta$ anzugeben, um den notwendigen Stichprobenumfang zu berechnen.

Die Güte garantiert, dass die Nullhypothese maximal in β% der Fälle fälschlicherweise akzeptiert wird, wenn in Wirklichkeit die Alternativhypothese zutrifft. Bei einem β von z. B. 0.2 wird die Nullhypothese maximal in 20% der Fälle akzeptiert, obwohl in Wirklichkeit die Alternativhypothese richtig ist.

Für folgende Voraussetzungen

Signifikanzniveau	0.05
Güte	0.8
Alternativhypothese	6
Nullhypothese	5

berechnet man den notwendiger Stichprobenumfang mit 58 Personen, wenn die Standardabweichung der Grundgesamtheit 3 Kilogramm ist.

Diesen Umfang kann man mit Hilfe der Formel

$$n_0 = \frac{\left(z_{1-\alpha} \cdot \sigma + z_{1-\beta} \cdot \sigma\right)^2}{\left(\mu_0 - \mu_1\right)^2} = \frac{(1.645 \cdot 3 + 0.842 \cdot 3)^2}{(5-6)^2} = 55.667$$

näherungsweise berechnen. Die z-Werte sind die entsprechenden Quantile der Standardnormalverteilung und μ_0 sowie μ_1 die Durchschnitte der Null- und Alternativhypothese und σ die Standardabweichung der Grundgesamtheit. Da die Standardabweichung der Grundgesamtheit normalerweise nur geschätzt ist, ist nicht die Normalverteilung, sondern die Studentverteilung heranzuziehen. Dazu berechnet man, ausgehend von n_0 die folgenden Stichprobenumfänge, bis die linke Seite die rechte übersteigt:

$$n_{56} = \frac{\left(t_{1-\alpha, 56-1} \cdot \sigma + t_{1-\beta, 56-1} \cdot \sigma\right)^2}{\left(\mu_0 - \mu_1\right)^2} = 57.21$$

$$n_{57} = \frac{\left(t_{1-\alpha, 57-1} \cdot \sigma + t_{1-\beta, 57-1} \cdot \sigma\right)^2}{\left(\mu_0 - \mu_1\right)^2} = 57.181$$

$$n_{58} = \frac{\left(t_{1-\alpha, 58-1} \cdot \sigma + t_{1-\beta, 58-1} \cdot \sigma\right)^2}{\left(\mu_0 - \mu_1\right)^2} = 57.154$$

Man muss also (aufgerundet) 58 Personen danach befragen, wie viel Kilogramm Fleisch sie pro Woche einkaufen, um die Vorgaben zu erfüllen. Der Stichprobenumfang von 58 Erhebungseinheiten garantiert, dass

a) die Nullhypothese $\mu \leq 5$ maximal in 5% der Fälle fälschlicherweise abgelehnt wird, wenn in Wirklichkeit die Nullhypothese zutrifft und

b) die Nullhypothese $\mu \leq 5$ maximal in 20% der Fälle fälschlicherweise akzeptiert wird, wenn in Wirklichkeit die Alternativhypothese $\mu \geq 6$ zutrifft.

Wenn aber in Wirklichkeit der Durchschnitt μ zwischen den Grenzen 5 und 6 liegt, dann kann keine Aussage über den $\tilde{\beta}$-Fehler gemacht werden.

Wenn nun der aus den 58 Erhebungseinheiten berechnete Stichprobendurchschnitt xquer größer gleich 5.66 Kilogramm ist, dann kann die Nullhypothese abgelehnt werden. Das Risiko einer Fehlentscheidung ist in diesem Fall höchstens 5%. Ist dieser Durchschnitt kleiner als 5.66 Kilogramm, dann kann die Nullhypothese nicht abgelehnt werden. Trifft in Wirklichkeit die Alternativhypothese $\mu \geq 6$ zu, dann ist in diesem Fall das Risiko einer Fehlentscheidung höchstens 20%. Dieser kritische Wert c = 5.66 berechnet man mit folgender Formel:

$$c = \mu_0 + t_{1-\alpha,\, n_{not}-1} \cdot \frac{\sigma}{\sqrt{n_{not}}} = 5 + 1.672 \cdot \frac{3}{\sqrt{58}} = 5.659$$

Lässt man die Güte gegen 0 gehen, dann sind der notwendige Stichprobenumfang gleich 23 Personen. Die folgende Grafik zeigt den notwendigen Stichprobenumfang in Abhängigkeit von der Güte:

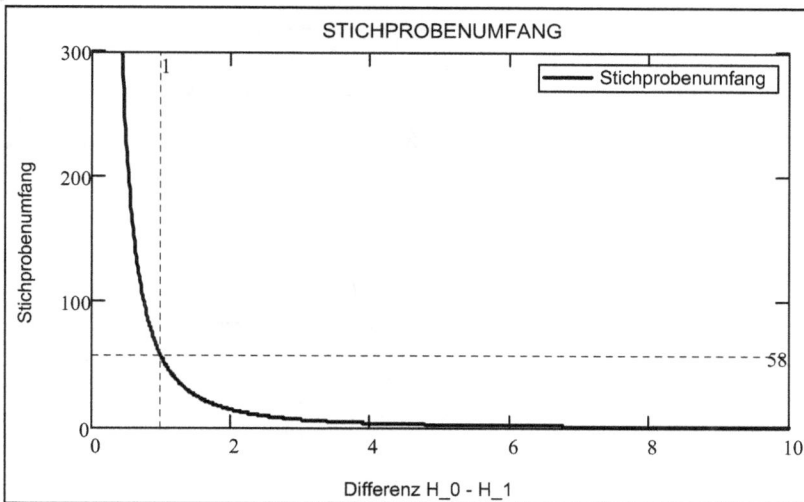

Wenn der Stichprobenumfang mehr als 5% der Grundgesamtheit umfasst, dann berücksichtigt man folgende Endlichkeitskorrektur:

$$n_E = \frac{1}{\frac{1}{n} + \frac{1}{N}}$$

n ist der oben berechnete Stichprobenumfang und N der der Grundgesamtheit. Wenn im vorliegenden Beispiel die Grundgesamtheit z. B. 10000 potentielle Käufer umfasst, spielt die Endlichkeitskorrektur keine Rolle. Bei nur 100 potentiellen Käufern wäre sie gleich

$$n_E = \frac{1}{\frac{1}{58} + \frac{1}{100}} = 36.709$$

In diesem Fall würde man nur 37 Personen befragen.

b) Bayes-Modell

Bei einer früheren Befragung haben 5 Kunden angegeben, dass sie im Durchschnitt pro Woche 6 Kilogramm Fleisch kaufen. Diese Information kann man als Prioriinformation zur oben angeführten Stichprobeninformation betrachten.

Berücksichtigt man die Information aus dem Nachbarland in Form einer hypothetischen Stichprobe im Umfang von

Hypothetischer Stichprobenumfang	5
Priorimittelwert	6

dann ergibt sich der notwendige Stichprobenumfang für die Wahrscheinlichkeit von 95% näherungsweise durch folgende Formel:

$$n_{B0} = \frac{\left(z_{1-\alpha} \cdot \sigma\right)^2}{\left(\mu_0 - \mu_1\right)^2} - n_p = \frac{(1.645 \cdot 3)^2}{(5-6)^2} - 5 = 19.354$$

Mit Hilfe der Studentverteilung kommt man iterativ zu folgenden notwendigen Stichprobenumfang:

$$n_{21} = \frac{\left(t_{1-\alpha, 21-1} \cdot \sigma\right)^2}{\left(\mu_0 - \mu_1\right)^2} - n_p = \frac{(1.725 \cdot 3)^2}{(5-6)^2} - 5 = 21.772$$

$$n_{22} = \frac{\left(t_{1-\alpha, 22-1} \cdot \sigma\right)^2}{\left(\mu_0 - \mu_1\right)^2} - n_p = \frac{(1.721 \cdot 3)^2}{(5-6)^2} - 5 = 21.649$$

Im Bayes-Modell müssen (aufgerundet) 22 Personen befragt werden, wenn man von den oben angeführten Hypothesen ausgeht.

Der Stichprobenumfang von 22 Einheiten garantiert, dass der Bayes-Faktor für die Nullhypothese $W(H_0|x)/(1 - W(H_0|x))$ mindestens 19 ist, wenn die Nullhypothese zutrifft. D. h. die Posterioriwahrscheinlichkeit für die Nullhypothese ist in diesem Fall mindestens 95%. Die folgende Grafik zeigt den Bayes'schen Stichprobenumfang in Abhängigkeit vom hypothetischen Stichprobenumfang:

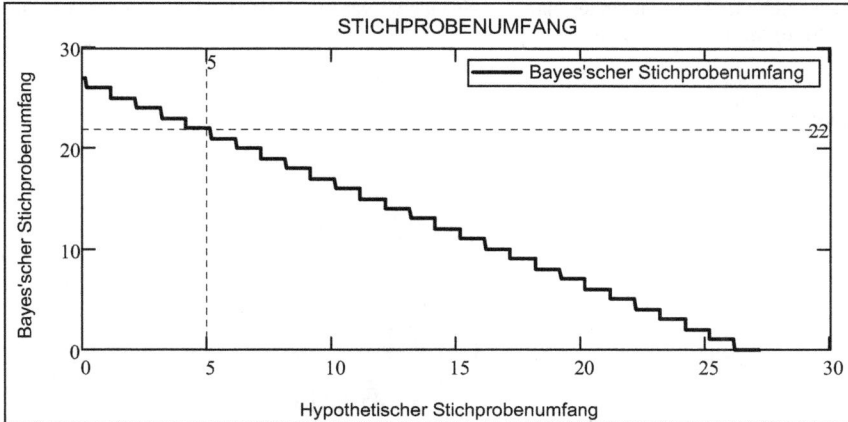

c) Wald-Modell

Im Wald-Modell bestimmt man den Stichprobenumfang nicht nur unter Berücksichtigung der möglichen Schäden, die eine falsche Entscheidung verursacht, sondern es werden auch die Erhebungskosten in die Berechnungen mit einbezogen. Nach dem Wald-Modell wird man nur dann eine Stichprobenerhebung durchführen, wenn die Erhebungskosten geringer sind als der erwartete Informationsgewinn durch die Stichprobe. Zuerst untersucht man die Entscheidungssituation auf Grund der Prioriinformationen. Für die Entscheidung verwendet man die lineare Schadenfunktion des Fleischhändlers, die im Beispiel erläutert wurde: Verzichtet er auf die Eröffnung einer Filiale und die Nachfrage liegt über dem Break-even-point von 5 Kilogramm, dann hat er einem entgangenen Gewinn von 30 Geldeinheiten pro Kilogramm Fleisch. Keinen Schaden oder entgangenen Gewinn hat er, wenn er auf die Filiale verzichtet und die Nachfrage unter dem Break-even-point bleibt. Diese Informationen kann man auch folgendermaßen anschreiben:

$$s\big(a_0, \mu\big) = \begin{bmatrix} 0 & \text{für } \mu \le 5 \\ 30 \cdot (\mu - 5) & \text{für } \mu > 5 \end{bmatrix}$$

$s(a_0, \mu)$ ist die lineare Schadenfunktion für die Aktion, die Filiale nicht zu eröffnen. Wenn er die Filiale aufsperrt, die Nachfrage aber unter dem Break-even-point von 5 bleibt, dann muss er mit einem Schaden von 20 Geldeinheiten pro Kilogramm Fleisch rechnen. Keinen Schaden hat er in dieser Situation, wenn die Nachfrage tatsächlich über dem Break-even-point liegt.

$$s\big(a_1, \mu\big) = \begin{bmatrix} 0 & \text{für } \mu \ge 5 \\ 20 \cdot (5 - \mu) & \text{für } \mu < 5 \end{bmatrix}$$

$s(a_1, \mu)$ ist die lineare Schadenfunktion für die Aktion, die Filiale aufzusperren. Die Unsicherheit über die beiden möglichen Nachfragesituationen (μ kleiner gleich 5 oder größer) kann der Unternehmer durch die Priorinormalverteilung zum Ausdruck bringen.

Für die Prioriinformationen

$$n' = 5 \qquad \mu' = 6$$

und eine lineare Schadenfunktion findet man den Schadenerwartungswert für die Aktion a_0 (= Annahme der Nullhypothese) mit Hilfe folgender Formel

$$SE(a_0) = s_2 \cdot \int_{\mu_0}^{\infty} (\mu - \mu_0) \cdot f_N(\mu, \mu', \sigma') \, d\mu$$

$$= s_2 \cdot \sigma' \cdot \left[f_Z\left(\frac{\mu_0 - \mu'}{\sigma'} \right) - \frac{\mu_0 - \mu'}{\sigma'} \cdot \left(1 - F_Z\left(\frac{\mu_0 - \mu'}{\sigma'} \right) \right) \right]$$

$$= 30 \cdot \frac{3}{\sqrt{5}} \cdot \left[f_Z\left(\frac{5 - 6}{\frac{3}{\sqrt{5}}} \right) - \frac{5 - 6}{\frac{3}{\sqrt{5}}} \cdot \left(1 - F_Z\left(\frac{5 - 6}{\frac{3}{\sqrt{5}}} \right) \right) \right]$$

$$= 35.322$$

und für die Aktion a_1 (= Annahme der Alternativhypothese)

$$SE(a_1) = s_1 \cdot \int_{-\infty}^{\mu_0} (\mu_0 - \mu) \cdot f_N(\mu, \mu', \sigma') \, d\mu$$

$$= s_1 \cdot \sigma' \cdot \left(\frac{\mu_0 - \mu'}{\sigma'} \cdot F_Z\left(\frac{\mu_0 - \mu'}{\sigma'} \right) + f_Z\left(\frac{\mu_0 - \mu'}{\sigma'} \right) \right)$$

$$= 20 \cdot \frac{3}{\sqrt{5}} \cdot \left(\frac{5 - 6}{\frac{3}{\sqrt{5}}} \cdot F_Z\left(\frac{5 - 6}{\frac{3}{\sqrt{5}}} \right) + f_Z\left(\frac{5 - 6}{\frac{3}{\sqrt{5}}} \right) \right)$$

$$= 3.548$$

F_Z ist die Verteilungsfunktion der Standardnormalverteilung. Die Aktion a_0, die Nullhypothese anzunehmen und die Filiale nicht eröffnen, hat auf Grund der Prioriinformationen einen Schadenerwartungswert von 35.322 Geldeinheiten und die Aktion a_1, die Filiale eröffnen, einen Schadenerwartungswert von 3.548 Geldeinheiten. Der Fleischhändler wird daher die Filiale eröffnen, da der Schadenerwartungswert für diese Entscheidung geringer ist. Der Schadenerwartungswert dieser Entscheidung ist 3.548. D. h. aber auch, dass der Händler selbst für vollkommene Information über die durchschnittliche Fleischmenge pro Kunde und Woche nicht mehr als 3.548 Geldeinheiten ausgeben wird. Der Schadenerwartungswert der priori optimalen Aktion wird daher auch als erwarteter Wert der perfekten Information (kurz EWPI) bezeichnet.. Kennt man die Erhebungskosten, dann kann man mit Hilfe des EWPI auch den maximalen Stichprobenumfang berechnen, der für eine Stichprobenerhebung in Frage kommt. Der Händler muss mit folgenden Erhebungskosten rechnen:

Fixe Erhebungskosten k_fix	0
Variable Erhebungskosten k	0.05

Er muss keine fixen Kosten in Rechnung stellen, aber jede zu befragende Person kostet ihn 0.05 Geldeinheiten. Der maximale Stichprobenumfang ist daher gleich

$$n_{max} = \frac{EWPI}{k} - \frac{k_{fix}}{k} = \frac{3.548}{0.05} = 70.96$$

gerundet 71 Personen. Um nun jenen Stichprobenumfang zu finden, bei dem der Informationsgewinn am größten ist, berechnet man für jeden der Stichprobenumfänge von 1 bis 71 den erwarteten Wert der Stichprobeninformation, kurz EWSI, und zieht davon die entsprechenden Erhebungskosten ab. Das Ergebnis ist der erwartete Nettowert der Stichprobeninformation (kurz ENSI) oder anders ausgedrückt der Informationsgewinn der Stichprobe. Für das vorliegende Beispiel zeigt sich, dass dieser ENSI für einen Stichprobenumfang von

$$n_{opt} = 17$$

am größten ist. Der erwartete Wert der Stichprobeninformation einer Stichprobe vom Umfang n wird für eine lineare Schadenfunktion und gleichen Schäden $s_1 = s_2 = s$ nach folgender Formel berechnet:

$$EWSI(n) = \begin{cases} s \cdot L_l(\mu'') & \text{wenn Priorientscheidung für H\_1''} \\ s \cdot L_r(\mu'') & \text{wenn Priorientscheidung für H\_0''} \end{cases}$$

L_l und L_r sind die linearen Schadenintegrale der Normalverteilung für den Posterioridurchschnitt μ'' mit dem Durchschnitt μ' der Priorinormalverteilung und der Varianz

$$\sigma_{\mu''}^2 = \sigma^2 \cdot \left(\frac{1}{n'} - \frac{1}{n - n'} \right)$$

Der optimale Stichprobenumfang kann in diesem Fall über folgende Formel berechnet werden:

$$n_{opt} = \left(\frac{s \cdot \sigma' \cdot n'}{2 \cdot k} \cdot f_Z(z') \right)^{\frac{1}{2}} - n'$$

Für $s_1 = s_2 = 20$ wäre der optimale Stichprobenumfang gleich

$$n_{opt} = \left(\frac{20 \cdot \frac{3}{\sqrt{5}} \cdot 5}{2 \cdot 0.05} \cdot f_Z\left(\frac{5 - 6}{\frac{3}{\sqrt{5}}} \right) \right)^{\frac{1}{2}} - 5 = 15.135$$

und für $s_1 = s_2 = 30$ ist er gleich

$$n_{opt} = \left(\frac{30 \cdot \dfrac{3}{\sqrt{5}} \cdot 5}{2 \cdot 0.05} \cdot f_Z \left(\frac{5-6}{\dfrac{3}{\sqrt{5}}} \right) \right)^{\frac{1}{2}} - 5 = 19.660$$

Für die tatsächliche Situation von $s_1 = 20$ und $s_2 = 30$ liegt der optimale Stichprobenumfang von $n_{opt} = 17$ zwischen den beiden Grenzen von (aufgerundet) 16 und 20 zu befragenden Personen. Mit Hilfe dieser Formel kann der optimale Stichprobenumfang auch für $s_1 \neq s_2$ eingegrenzt werden. Da im vorliegenden Beispiel $s_1 \neq s_2$ ist, muss der EWSI über die partiellen Momente der bivariaten Normalverteilung berechnet werden. Für den optimalen Stichprobenumfang von 17 ist der EWSI gleich 2.45 Geldeinheiten. Zieht man davon die Erhebungskosten von 0.85 Geldeinheiten ab, dann kommt man zu einem ENSI von 1.6 Geldeinheiten. Die folgende Grafik zeigt den erwarteten Informationserlös, Informationsgewinn und Gesamterhebungskosten für die einzelnen Stichprobenumfänge.

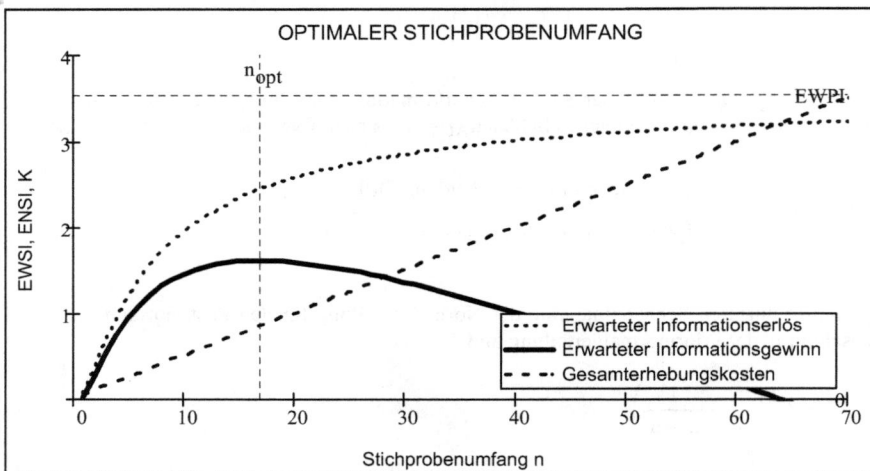

6_0 UMFANG: ZWEI UNABHÄNGIGE STICHPROBEN

6_1 ANTEILSWERTE

a) Klassisches Modell

Dem Hersteller von Fernsehgeräten stehen für den Kauf von Chips zwei Angebote zur Wahl. Um zu prüfen, ob die Firma B die Chips mit einem geringeren Anteil defekter liefert als die Firma A, will man eine Stichprobenerhebung durchführen. Wie groß muss der Umfang der Stichprobe sein, um die Hypothese zu prüfen, dass der Anteil defekter Chips in den Lieferungen der Firma B geringer ist als in der Firma A?

Folgende Hypothesen sind zu prüfen:

H$_0$: Die Ausschussquote der Chipslieferungen von der Firma A ist gleich jener von B.
H$_0$: $\pi_A = \pi_B$ oder H$_0$: $\pi_A - \pi_B = \delta_\pi = 0$

H$_1$: Die Ausschussquote der Firma A ist größer als die von B und zwar um 10 Prozentpunkte
H$_1$: $\pi_A > \pi_B$ oder H$_1$: $\pi_A - \pi_B = \delta_\pi = 0.10 > 0$

Als Alternative wird eine Differenz von 10 Prozentpunkten angenommen und nicht 0, da sonst kein notwendiger 'Stichprobenumfang im klassischen Modell berechnet werden kann. Je geringer die Differenz zwischen Nullhypothese und Alternativhypothese ist, umso größer ist der notwendige Stichprobenumfang. Im Prinzip geht bei einer infinitesimalen Differenz der notwendige Stichprobenumfang nach Unendlich. Neben dieser Differenz ist noch das Signifikanzniveau α sowie die Güte $1 - \beta$ anzugeben, um den notwendigen Stichprobenumfang zu berechnen.

Die Güte garantiert, dass die Nullhypothese maximal in β% der Fälle fälschlicherweise akzeptiert wird, wenn in Wirklichkeit die Alternativhypothese zutrifft. Bei einem β von z. B. 0.2 wird die Nullhypothese maximal in 20% der Fälle akzeptiert, obwohl in Wirklichkeit die Alternativhypothese richtig ist.

Für folgende Voraussetzungen

Signifikanzniveau	0.05
Güte	0.8
Alternativhypothese	1
Nullhypothese	0

berechnet man den notwendigen Stichprobenumfang mit 140 zu prüfende Chips der Firma A und 86 Chips der Firma B, wenn die Schätzwerte für den fehlerhaften Chip in der Grundgesamtheiten wie folgt angenommen werden:

Anteil π_1	0.15
Anteil π_2	0.05

Den Gesamtumfang kann man mit Hilfe der Formel

$$n_0 = \frac{1+k}{k} \cdot \frac{\left[z_{1-\alpha} \cdot \sqrt{\dfrac{\pi_2 + k\cdot\pi_1}{1+k} \left(1 - \dfrac{\pi_2 + k\cdot\pi_1}{1+k} \right) \cdot (1+k)} + z_{1-\beta} \cdot \sqrt{k\cdot\pi_2 \cdot (1 - \pi_2) + \pi_1 \cdot (1 - \pi_1)} \right]^2}{\Delta^2}$$

berechnen. Die z-Werte sind die entsprechenden Quantile der Standardnormalverteilung und π_1 sowie π_2 die Anteilswerte in den beiden Grundgesamtheiten und k ist das Verhältnis der Standardabweichungen:

$$k = \frac{\sqrt{\pi_2 \cdot (1 - \pi_2)}}{\sqrt{\pi_1 \cdot (1 - \pi_1)}} = \frac{\sqrt{0.05 \cdot (1 - 0.05)}}{\sqrt{0.15 \cdot (1 - 0.15)}} = 0.61$$

In die Formel eingesetzt erhält man für den Gesamtumfang

$$n_0 = 310$$

Chips. Davon sind 192 Chips der Firma A zu kontrollieren

$$n_1 = \frac{n_0}{1+k} = \frac{310}{1 + 0.61} = 192$$

und 118 Chips von der Firma B

$$n_2 = k \cdot n_1 = 118.$$

Der Stichprobenumfang von insgesamt 310 Erhebungseinheiten garantiert, dass

    a) die Nullhypothese $\delta_0 \leq 0$ maximal in 5% der Fälle fälschlicherweise abgelehnt wird, wenn in Wirklichkeit die Nullhypothese zutrifft und

    b) die Nullhypothese $\delta_0 \leq 0$ maximal in 20% der Fälle fälschlicherweise akzeptiert wird, wenn in Wirklichkeit die Alternativhypothese $\delta_0 \leq 1$ zutrifft..

Wenn aber in Wirklichkeit die Anteilsdifferenz δ zwischen den Grenzen 0 und 0.1 liegt, dann kann keine Aussage über den β–Fehler gemacht werden.

Lässt man die Güte gegen 0 gehen, dann sind der notwendige Stichprobenumfang gleich 23 Personen. Die folgende Grafik zeigt den notwendigen Stichprobenumfang in Abhängigkeit von der Güte:

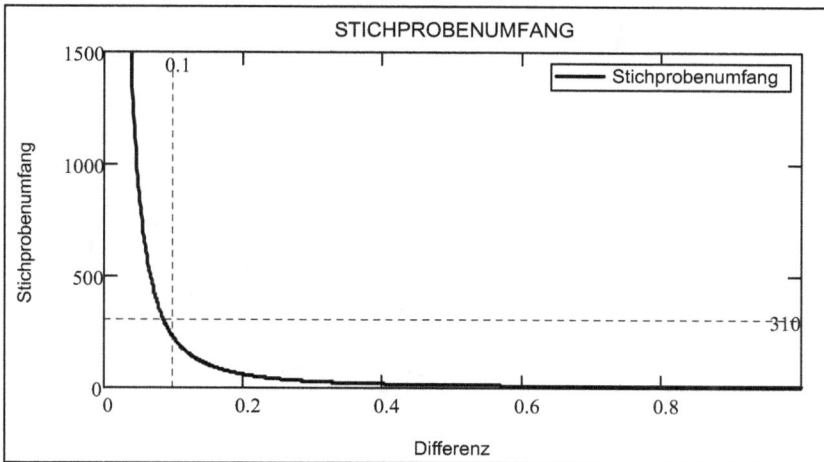

b) Bayes-Modell

Von einer früheren Lieferung weiß man, dass von 100 Chips der Firma A 15 defekt waren und 5 von 100 der Firma B.

Berücksichtigt man diese Information in Form einer hypothetischen Stichprobe im Umfang von je 10 hypothetischen Stichprobeneinheiten

"*"	Prioristichprobe 1	Prioristichprobe 2
Priorianteilswerte	0.15	0.05
Hypoth. Stichprobenumfang	10	10

dann ergibt sich der notwendige Stichprobenumfang für die Wahrscheinlichkeit von 95% näherungsweise durch folgende Formel:

$$n_0 = \frac{1+k}{k} \cdot \frac{\left[z_{1-\alpha} \cdot \sqrt{\frac{\pi_2 + k \cdot \pi_1}{1+k} \cdot \left(1 - \frac{\pi_2 + k \cdot \pi_1}{1+k}\right) \cdot (1+k)} \right]^2}{\Delta^2} - (n_1 + n_2) =$$

$$\frac{1+0.61}{0.61} \cdot \frac{\left[1.645 \cdot \sqrt{\frac{0.05 + 0.61 \cdot 0.15}{1+0.61} \cdot \left(1 - \frac{0.05 + 0.61 \cdot 0.15}{1+0.61}\right) \cdot (1+0.61)} \right]^2}{0.1^2} - (10+10) = 72.163$$

Im Bayes-Modell müssen (aufgerundet) insgesamt 73 Chips untersucht werden, wenn man von den oben angeführten Hypothesen ausgeht. Aufgeteilt auf Chips der Firma A und B ergibt sich

$$n_a = \frac{n_{gesamt}}{1 + \dfrac{\sigma_2}{\sigma_1}} = \frac{73}{1 + \dfrac{1}{0.61}} = 27.658$$

$$n_b = n_{gesamt} - n_a = 45.342$$

Der Stichprobenumfänge von 28 Chips der Firma A und 45 Chips der Firma B garantieren, dass der Bayes-Faktor für die Nullhypothese $W(H_0|x)/(1 - W(H_0|x))$ mindestens 19 ist, wenn die Nullhypothese zutrifft. D. h. die Posterioriwahrscheinlichkeit für die Nullhypothese ist in diesem Fall mindestens 95%.

Die folgende Grafik zeigt den Bayes'schen Stichprobenumfang in Abhängigkeit von der Differenz:

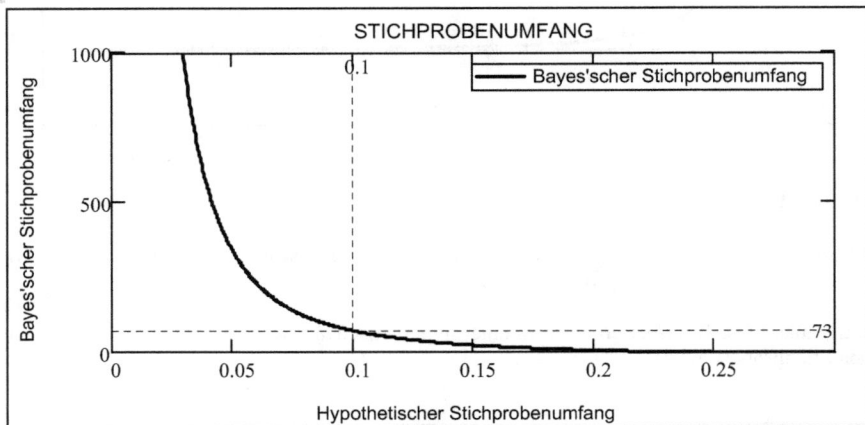

c) Wald-Modell

Für die Entscheidung verwendet man folgende Schadenfunktion:

$$s(a_0, \delta) = \begin{bmatrix} 0 & \text{für } \pi_1 \leq \pi_2 \\ 300 \cdot (\delta - 0) & \text{für } \pi_1 > \pi_2 \end{bmatrix}$$

$s(a_0, \delta)$ ist die lineare Schadenfunktion für die Aktion, die Nullhypothese anzunehmen und bei der alten Firma B zu bestellen. Die Ausschussanteile beider Lieferanten sind gleich groß. Wenn tatsächlich der Chipausschuss bei der Firma A größer ist als bei der Firma B, dann hat die Bestellfirma mit einem entgangenen Gewinn von 300 Geldeinheiten pro Prozentpunkt zu rechnen. Die Schadenfunktion für die Aktion, Annahme der Alternativhypothese ist analog:

$$s(a_1, \delta) = \begin{bmatrix} 0 & \text{für } \pi_1 \geq \pi_2 \\ 300 \cdot (0 - \delta) & \text{für } \pi_1 < \pi_2 \end{bmatrix}$$

Die Bestellfirma entscheidet sich für die Firma A, da sie annimmt, dass diese Firma einen geringeren Ausschuss an Chips produziert als die Firma B. Ist die Produktionssituation aber in Wirklichkeit umgekehrt, dann muss sie mit einem Kosten von 300 Geldeinheiten pro Prozentpunkt Unterschied rechnen. Die Unsicherheit über die beiden möglichen Situationen (δ kleiner gleich 0 oder größer) kann der Unternehmer durch die Priorinormalverteilung zum Ausdruck bringen.

Für die oben angeführten Prioriinformationen und die lineare Schadenfunktion findet man den Schadenerwartungswert für die Aktion a_0 (= Annahme der Nullhypothese) mit Hilfe folgender Formel

$$
\begin{aligned}
SE(a_0) &= s_2 \cdot \int_{\delta_0}^{\infty} (\delta - \delta_0) \cdot f_N(\delta, \delta', \sigma'_\delta)\, d\delta \\[2mm]
&= s_2 \cdot \sigma'_\delta \cdot \left[f_Z\left(\frac{\delta_0 - \delta'}{\sigma'_\delta} \right) - \frac{\delta_0 - \delta'}{\sigma'_\delta} \cdot \left(1 - F_Z\left(\frac{\delta_0 - \delta'}{\sigma'_\delta} \right) \right) \right] \\[2mm]
&= 300 \cdot 0.132 \cdot \left[f_Z\left(\frac{0 - 0.1}{0.132} \right) - \frac{0 - 0.1}{0.132} \cdot \left(1 - F_Z\left(\frac{0 - 0.1}{0.132} \right) \right) \right] \\[2mm]
&= 35.152
\end{aligned}
$$

und für die Aktion a_1 (= Annahme der Alternativhypothese)

$$
\begin{aligned}
SE(a_1) &= s_1 \cdot \int_{-\infty}^{\delta_0} (\delta_0 - \delta) \cdot f_N(\delta, \mu', \sigma'_\delta)\, d\delta \\[2mm]
&= s_1 \cdot \sigma'_\delta \cdot \left(\frac{\delta_0 - \delta'}{\sigma'_\delta} \cdot F_Z\left(\frac{\delta_0 - \delta'}{\sigma'_\delta} \right) + f_Z\left(\frac{\delta_0 - \delta'}{\sigma'_\delta} \right) \right) \\[2mm]
&= 300 \cdot 0.132 \cdot \left(\frac{0 - 0.1}{0.132} \cdot F_Z\left(\frac{0 - 0.1}{0.132} \right) + f_Z\left(\frac{0 - 0.1}{0.132} \right) \right) \\[2mm]
&= 5.152
\end{aligned}
$$

F_Z ist die Verteilungsfunktion der Standardnormalverteilung und σ'_δ ist die Prioristandardabweichung der Differenz:

$$
\sigma'_\delta = \sqrt{ \frac{\pi_{1.p} \cdot (1 - \pi_{1.p})}{n_{1.p}} + \frac{\pi_{2.p} \cdot (1 - \pi_{2.p})}{n_{2.p}} } = \sqrt{ \frac{0.15(1 - 0.15)}{10} + \frac{0.05 \cdot (1 - 0.05)}{10} } = 0.132
$$

Die Aktion a_1, die Alternativhypothese anzunehmen und bei der Firma B zu bestellen, hat auf Grund der Prioriinformationen einen Schadenerwartungswert von 5.153 Geldeinheiten und die Aktion a_0, die Nullhypothese anzunehmen und bei der Firma A zu bestellen, einen Schadenerwartungswert von 35.152 Geldeinheiten. Der Schadenerwartungswert der priori optimalen Aktion a_1 wird auch als erwarteter Wert der perfekten Information (EWPI) bezeichnet. Kennt man die Erhebungskosten, dann kann man mit Hilfe des EWPI auch den maximalen Stichprobenumfang berechnen, der für eine Stichprobenerhebung in Frage kommt. Der Unternehmer muss mit folgenden Erhebungskosten rechnen:

"*"	Stichprobe 1	Stichprobe 2
"Erhebungskosten fix"	0	0
Erhebungskosten variabel	0.01	0.01

Er muss keine fixen Kosten in Rechnung stellen, aber jeder zu testender Chip kostet ihn 0.01 Geldeinheiten. Der maximale Stichprobenumfang ist daher sowohl für n_1 als auch n_2 gleich

$$n_{max} = \frac{EWPI}{k} - \frac{k_{fix}}{k} = \frac{5.152}{0.01} = 515.2$$

Um nun jenes Paar an Stichprobenumfängen zu finden, bei dem der Informationsgewinn am größten ist, berechnet man für jeden der Stichprobenumfänge von 1 bis 515 den erwarteten Wert der Stichprobeninformation, kurz EWSI, und zieht davon die entsprechenden Erhebungskosten ab. Das Ergebnis ist der erwartete Nettowert der Stichprobeninformation (kurz ENSI) oder anders ausgedrückt der Informationsgewinn der Stichprobe. Für das vorliegende Beispiel zeigt sich, dass dieser ENSI für einen Stichprobenumfang von insgesamt

$$n_{opt} = 87$$

Chips am größten sind. Von diesen 87 Chips werden 54 von der Firma A und 33 von der Firma B untersucht. Der erwartete Wert der Stichprobeninformation einer Stichprobe vom Umfang n wird für eine lineare Schadenfunktion und gleichen Schäden $s_1 = s_2 = s$ nach folgender Formel berechnet:

$$EWSI(n_1, n_2) = \left(\begin{array}{ll} s \cdot L_l(\delta'') & \text{wenn Priorientscheidung für } H_1 \\ s \cdot L_r(\delta'') & \text{wenn Priorientscheidung für } H_0 \end{array} \right)$$

L_l und L_r sind die linearen Schadenintegrale der Normalverteilung für den Erwartungswert der Posterioridifferenz δ'' mit den Parametern Prioridifferenz δ' und der Varianz

$$\sigma_{\delta''}^2 = \pi_1 \cdot (1 - \pi_1) \cdot \left(\frac{1}{n'_1} - \frac{1}{n_1 + n'_1} \right) + \pi_2 \cdot (1 - \pi_2) \cdot \left(\frac{1}{n'_2} - \frac{1}{n_2 + n'_2} \right)$$

$$= 0.15 \cdot (1 - 0.15) \cdot \left(\frac{1}{10} - \frac{1}{54 + 10} \right) + 0.05 \cdot (1 - 0.05) \cdot \left(\frac{1}{10} - \frac{1}{33 + 10} \right) = 0.014$$

Da apriori H_1 angenommen wurde, ist der erwartete Wert der Stichprobeninformation für die beiden Stichprobenumfänge $n_1 = 54$ und $n_2 = 33$ gleich

$$EWSI(54, 33) = 4.071$$

und der erwartete Nettowert ist

$$ENSI(54, 33) = EWSI(54, 33) - K(54, 33) = 3.201$$

mit

$$K(54, 33) = 54 \cdot 0.01 + 33 \cdot 0.01 = 0.87.$$

6_2 DURSCHNITTE

a) Klassisches Modell

Um zu prüfen, ob Männer im Schnitt pro Stunde mehr Parksünder aufschreiben als Frauen, will man eine Stichprobenerhebung durchführen. Wie groß muss der Umfang der Stichprobe sein, um die Hypothese zu prüfen, dass Männer im Schnitt pro Stunde mehr Parksünder aufschreiben als Frauen?

Folgende Hypothesen sind zu prüfen:

H_0: Die Durchschnittszahl an abgemahnten Parksündern pro Stunde ist von Frauen und Männern in der Grundgesamtheit aller Männer und Frauen gleich.
H_0: $\mu_{männlich} = \mu_{weiblich}$ oder H_0: $\delta_\mu = 0$

H_1: Die Durchschnittszahl an Parksündern pro Stunde ist von Männern größer als die von Frauen.
H_1: $\mu_{männlich} > \mu_{weiblich}$ oder H_1: $\delta_\mu = 1 > 0$

Als Alternative wird ein Parksünder als Differenz angenommen und nicht 0, da sonst kein notwendiger 'Stichprobenumfang im klassischen Modell berechnet werden kann. Je geringer die Differenz zwischen Nullhypothese und Alternativhypothese ist, umso größer ist der notwendige Stichprobenumfang. Im Prinzip geht bei einer infinitesimalen Differenz der notwendige Stichprobenumfang nach Unendlich. Neben dieser Differenz ist noch das Signifikanzniveau α sowie die Güte $1 - \beta$ anzugeben, um den notwendigen Stichprobenumfang zu berechnen.

Die Güte garantiert, dass die Nullhypothese maximal in β% der Fälle fälschlicherweise akzeptiert wird, wenn in Wirklichkeit die Alternativhypothese zutrifft. Bei einem β von z. B. 0.2 wird die Nullhypothese maximal in 20% der Fälle akzeptiert, obwohl in Wirklichkeit die Alternativhypothese richtig ist.

Für folgende Voraussetzungen

Signifikanzniveau	0.05
Güte	0.8
Alternativhypothese	1
Nullhypothese	0

berechnet man den notwendiger Stichprobenumfang mit 5 Männern und 11 Frauen, wenn die Standardabweichungen in den Grundgesamtheiten wie folgt angenommen werden:

Standardabweichung der Grundgesamtheit 1	0.5
Standardabweichung der Grundgesamtheit 2	1

Diesen Umfang kann man mit Hilfe der Formel

$$n_0 = \left(z_{1-\alpha} + z_{1-\beta}\right)^2 \cdot \left(\frac{\sigma_1 + \sigma_2}{\delta_0 - \delta_1}\right)^2 = (1.645 + 0.842)^2 \cdot \left(\frac{0.5 + 1}{0 - 1}\right)^2 = 13.917$$

näherungsweise berechnen. Die z-Werte sind die entsprechenden Quantile der Standardnormalverteilung und δ_0 sowie δ_1 die Durchschnittsdifferenzen der Null- und Alternativhypothese und σ_1 sowie σ_2 die Standardabweichungen in den Grundgesamtheiten. Da die Standardabweichungen normalerweise nur geschätzt sind, ist nicht die Normalverteilung, sondern die Studentverteilung heranzuziehen. Dazu berechnet man, ausgehend von n_0 die folgenden Stichprobenumfänge, bis die linke Seite die rechte übersteigt:

$$n_{14} = \left(t_{1-\alpha,\,14-2} + t_{1-\beta,\,14-2}\right)^2 \cdot \left(\frac{0.5+1}{0-1}\right)^2 = 15.859$$

$$n_{15} = \left(t_{1-\alpha,\,15-2} + t_{1-\beta,\,15-2}\right)^2 \cdot \left(\frac{0.5+1}{0-1}\right)^2 = 15.694$$

$$n_{16} = \left(t_{1-\alpha,\,16-2} + t_{1-\beta,\,16-2}\right)^2 \cdot \left(\frac{0.5+1}{0-1}\right)^2 = 15.556$$

Man muss also insgesamt (aufgerundet) 16 Kontrollpersonen testen, um die Vorgaben zu erfüllen. Dieser wird mit Hilfe folgender Formeln auf Männer und Frauen aufgeteilt:

$$n_a = \frac{n_{gesamt}}{1 + \dfrac{\sigma_2}{\sigma_1}} = \frac{16}{1 + \dfrac{1}{0.5}} = 5.333$$

$$n_b = n_{gesamt} - n_a = 10.667$$

Der Stichprobenumfang von insgesamt 16 Erhebungseinheiten garantiert, dass

a) die Nullhypothese $\delta_0 \leq 0$ maximal in 5% der Fälle fälschlicherweise abgelehnt wird, wenn in Wirklichkeit die Nullhypothese zutrifft und

b) die Nullhypothese $\delta_0 \leq 0$ maximal in 20% der Fälle fälschlicherweise akzeptiert wird, wenn in Wirklichkeit die Alternativhypothese $\delta_0 \leq 1$ zutrifft.

Wenn aber in Wirklichkeit die Durchschnittsdifferenz δ zwischen den Grenzen 0 und 1 liegt, dann kann keine Aussage über den $\bar{\beta}$-Fehler gemacht werden. Lässt man die Güte gegen 0 gehen, dann sind der notwendige Stichprobenumfang gleich 23 Personen. Die folgende Grafik zeigt den notwendigen Stichprobenumfang in Abhängigkeit von der Güte:

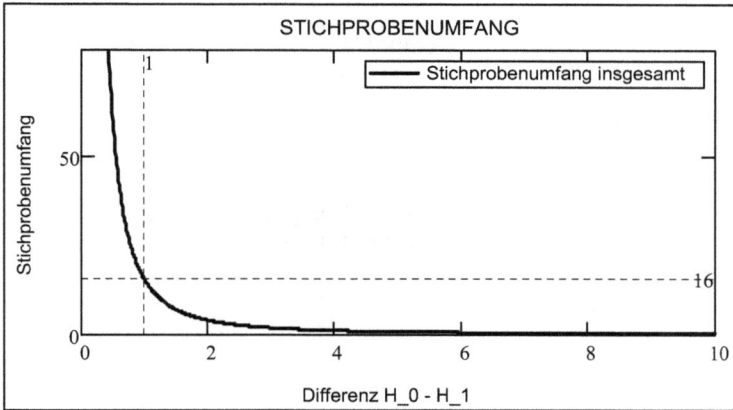

b) Bayes-Modell

In einer früheren Untersuchung war der Unterschied in der durchschnittlichen Zahl von abgemahnten Parksündern pro Stunde zwischen Frauen und Männern 1 Parksünder. Nach dieser vor einem Jahr durchgeführten Erhebung mahnten Männer im Schnitt pro Stunde 5 Parksünder ab, Frauen nur 4.

Berücksichtigt man diese Information in Form einer hypothetischen Stichprobe im Umfang von je einer hypothetischen Stichprobeneinheit

"*"	Prioristichprobe 1	Prioristichprobe 2
Prioridurchschnitte	5	4
Hypoth. Stichprobenumfang	1	1

dann ergibt sich der notwendige Stichprobenumfang für die Wahrscheinlichkeit von 95% näherungsweise durch folgende Formel:

$$n_{B0} = \left(z_{1-\alpha}\right)^2 \cdot \left(\frac{\sigma_1 + \sigma_2}{\delta_0 - \delta_1}\right)^2 - n_{p.gesamt} = (1.645)^2 \cdot \left(\frac{0.5 + 1}{0 - 1}\right)^2 - 2 = 4.089$$

$$\delta'_1 = \mu'_1 - \mu'_2 = 5 - 4 = 1$$

Mit Hilfe der Studentverteilung kommt man iterativ zu folgenden notwendigen Stichprobenumfangs:

$$n_5 = \left(t_{1-\alpha, 5-2}\right)^2 \cdot \left(\frac{\sigma_1 + \sigma_2}{\delta_0 - \delta_1}\right)^2 - n_{p.gesamt} = (2.353)^2 \cdot \left(\frac{0.5 + 1}{0 - 1}\right)^2 - 2 = 10.461$$

$$n_7 = \left(t_{1-\alpha,\,7-2}\right)^2 \cdot \left(\frac{\sigma_1 + \sigma_2}{\delta_0 - \delta_1}\right)^2 - n_{p.gesamt} = (2.015)^2 \cdot \left(\frac{0.5 + 1}{0 - 1}\right)^2 - 2 = 7.136$$

$$n_8 = \left(t_{1-\alpha,\,8-2}\right)^2 \cdot \left(\frac{\sigma_1 + \sigma_2}{\delta_0 - \delta_1}\right)^2 - n_{p.gesamt} = (1.943)^2 \cdot \left(\frac{0.5 + 1}{0 - 1}\right)^2 - 2 = 6.496$$

Im Bayes-Modell müssen (aufgerundet) insgesamt 8 Personen befragt werden, wenn man von den oben angeführten Hypothesen ausgeht. Aufgeteilt auf Männer und Frauen ergibt sich

$$n_a = \frac{n_{gesamt}}{1 + \dfrac{\sigma_2}{\sigma_1}} = \frac{8}{1 + \dfrac{1}{0.5}} = 2.667$$

$$n_b = n_{gesamt} - n_a = 5.333$$

Der Stichprobenumfang von 3 Männer und 5 Frauen garantiert, dass der Bayes-Faktor für die Nullhypothese $W(H_0|x)/(1 - W(H_0|x))$ mindestens 19 ist, wenn die Nullhypothese zutrifft. D. h. die Posterioriwahrscheinlichkeit für die Nullhypothese ist in diesem Fall mindestens 95%.

Die folgende Grafik zeigt den Bayes'schen Stichprobenumfang in Abhängigkeit von der Differenz:

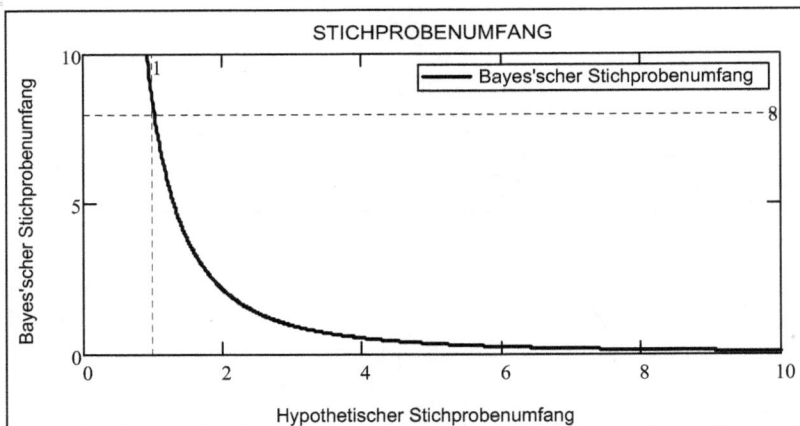

c) Wald-Modell

Für die Überwachungsfirma treten folgende Kosten und Erlöse auf: Für einen Mann muss die Firma pro Stunde 11 Geldeinheiten bezahlen und für eine Frau nur 10 Geldeinheiten. Pro Strafmandat erhält die Firma 3 Geldeinheiten.

Zuerst untersucht man die Entscheidungssituation auf Grund der Prioriinformationen. Für die Entscheidung verwendet man folgende Schadenfunktion:

$$s\big(a_0,\delta\big) = \begin{bmatrix} 0 & \text{für } \delta \leq 0 \\ 3\cdot(\delta-0) & \text{für } \delta > 0 \end{bmatrix}$$

$s(a_0, \delta)$ ist die lineare Schadenfunktion für die Aktion, die Nullhypothese anzunehmen und die kosten-günstigeren Frauen anzustellen. Wenn Frauen und Männer im Schnitt 4 Strafmandate pro Stunde ausstellen, dann erzielt die Firma einen Erlös von 3 · 4 = 12 Geldeinheiten und einen Gewinn von 12 − 11 Geld-einheiten Kosten = 1 Geldeinheiten Gewinn bei der Anstellung von Männern und von 2 Geldeinheiten bei der Anstellung von Frauen. Wenn in Wirklichkeit Männer im Schnitt 5 Strafmandate pro Stunde ausstel-len, dann ist der Gewinn gleich 3 · 5 = 15 − 11 = 4 Geldeinheiten, also ein entgangener Gewinn von 4 − 1 = 3 Geldeinheiten wenn man die Nullhypothese annimmt und Frauen anstellt:

$$\begin{bmatrix} \text{"Gewinne"} & \text{"Männer 4 und Frauen 4"} & \text{"Männer 5 und Frauen 4"} \\ \text{"Männer 4 und Frauen 4"} & (1,2) & (4,2) \\ \text{"Männer 5 und Frauen 4"} & (1,2) & (4,2) \end{bmatrix}$$

$$\begin{bmatrix} \text{"Entgangene Gewinne"} & \text{"Männer 4 und Frauen 4"} & \text{"Männer 5 und Frauen 4"} \\ \text{"Männer 4 und Frauen 4"} & (0,0) & (3,0) \\ \text{"Männer 5 und Frauen 4"} & (3,0) & (0,0) \end{bmatrix}$$

Wenn die Differenz zwischen der durchschnittlichen Anzahl an Strafmandaten pro Stunde nicht 1 Straf-mandat ausmacht, sondern ein Vielfaches, dann ist der entgangenen Gewinn das Vielfache von 3 Geldein-heiten. Die Schadenfunktion für die Aktion, Annahme der Alternativhypothese ist analog:

$$s\big(a_1,\delta\big) = \begin{bmatrix} 0 & \text{für } \delta \geq 0 \\ 3\cdot(0-\delta) & \text{für } \delta < 0 \end{bmatrix}$$

Die Unsicherheit über die beiden möglichen Situationen (δ kleiner gleich 0 oder größer) kann der Unter-nehmer durch die Priorinormalverteilung zum Ausdruck bringen.

Für die oben angeführten Prioriinformationen und die lineare Schadenfunktion findet man den Schaden-erwartungswert für die Aktion a_0 (= Annahme der Nullhypothese) mit Hilfe folgender Formel

$$SE\big(a_0\big) = s_2 \cdot \int_{\delta_0}^{\infty} \big(\delta - \delta_0\big)\cdot f_N\big(\delta, \delta', \sigma'_\delta\big)\, d\delta$$

$$= s_2 \cdot \sigma'_\delta \cdot \left[f_Z\left(\frac{\delta_0 - \delta'}{\sigma'_\delta}\right) - \frac{\delta_0 - \delta'}{\sigma'_\delta}\cdot\left(1 - F_Z\left(\frac{\delta_0 - \delta'}{\sigma'_\delta}\right)\right)\right]$$

$$= 3\cdot 1.118 \cdot \left[f_Z\left(\frac{0-1}{1.118}\right) - \frac{0-1}{1.118}\cdot\left(1 - F_Z\left(\frac{0-1}{1.118}\right)\right)\right]$$

$$= 3.34$$

und für die Aktion a_1 (= Annahme der Alternativhypothese)

$$SE(a_1) = s_1 \cdot \int_{-\infty}^{\delta_0} (\delta_0 - \delta) \cdot f_N(\delta, \mu', \sigma'_\delta) \, d\delta$$

$$= s_1 \cdot \sigma'_\delta \cdot \left(\frac{\delta_0 - \delta'}{\sigma'_\delta} \cdot F_Z\left(\frac{\delta_0 - \delta'}{\sigma'_\delta} \right) + f_Z\left(\frac{\delta_0 - \delta'}{\sigma'_\delta} \right) \right)$$

$$= 3 \cdot 1.118 \cdot \left(\frac{0 - 1}{1.118} \cdot F_Z\left(\frac{0 - 1}{1.118} \right) + f_Z\left(\frac{0 - 1}{1.118} \right) \right)$$

$$= 0.34$$

F_Z ist die Verteilungsfunktion der Standardnormalverteilung und σ'_δ ist die Prioristandardabweichung der Differenz:

$$\sigma'_\delta = \sqrt{\frac{\sigma_1^2}{n_{1.p}} + \frac{\sigma_2^2}{n_{2.p}}} = \sqrt{\frac{0.5^2}{1} + \frac{1^2}{1}} = 1.118$$

Die Aktion a_0, die Nullhypothese anzunehmen und Frauen anzustellen, hat auf Grund der Prioriinformationen einen Schadenerwartungswert von 3.43 Geldeinheiten und die Aktion a_1, die Alternativhypothese anzunehmen und Männer anstellen, einen Schadenerwartungswert von 0.34 Geldeinheiten. Die Firma wird daher auf Grund der Prioriinformationen Männer anstellen, da der Schadenerwartungswert für diese Entscheidung geringer ist. Der Schadenerwartungswert dieser Entscheidung ist 0.34. D. h. aber auch, dass die Firma selbst für vollkommene Information nicht mehr als 0.34 Geldeinheiten ausgeben wird. Der Schadenerwartungswert der priori optimalen Aktion wird daher auch als erwarteter Wert der perfekten Information (EWPI) bezeichnet.

Kennt man die Erhebungskosten, dann kann man mit Hilfe des EWPI auch den maximalen Stichprobenumfang berechnen, der für eine Stichprobenerhebung in Frage kommt. Der Unternehmer muss mit folgenden Erhebungskosten rechnen:

Fixe Erhebungskosten k_fix	0
Variable Erhebungskosten k	0.001

Er muss keine fixen Kosten in Rechnung stellen, aber jede zu testende Person kostet ihn 0.01 Geldeinheiten. Der maximale Stichprobenumfang ist daher gleich

$$n_{max} = \frac{EWPI}{k} - \frac{k_{fix}}{k} = \frac{0.340}{0.001} = 340$$

Um nun jenen Stichprobenumfang zu finden, bei dem der Informationsgewinn am größten ist, berechnet man für jeden der Stichprobenumfänge von 1 bis 340 den erwarteten Wert der Stichprobeninformation, EWSI, und zieht davon die entsprechenden Erhebungskosten ab. Das Ergebnis ist der erwartete Nettowert der Stichprobeninformation (ENSI) oder anders ausgedrückt der Informationsgewinn der Stichprobe. Für das vorliegende Beispiel zeigt sich, dass dieser ENSI für einen Stichprobenumfang von insgesamt

$$n_{opt} = 25$$

Personen am größten sind. Von diesen 25 Personen werden 8 Männer und 17 Frauen getestet.

Der erwartete Wert der Stichprobeninformation einer Stichprobe vom Umfang n wird für eine lineare Schadenfunktion und gleichen Schäden $s_1 = s_2 = s$ nach folgender Formel berechnet:

$$EWSI(n_1, n_2) = \begin{pmatrix} s \cdot L_l(\delta'') & \text{wenn Priorientscheidung für } H_1 \\ s \cdot L_r(\delta'') & \text{wenn Priorientscheidung für } H_0 \end{pmatrix}$$

L_l und L_r sind die linearen Schadenintegrale der Normalverteilung für den Erwartungswert der Posterioridifferenz δ'' mit den Parametern Prioridifferenz δ' und der Varianz

$$\sigma_{\delta''}^2 = \sigma_1^2 \cdot \left(\frac{1}{n'_1} - \frac{1}{n_1 + n'_1} \right) + \sigma_2^2 \cdot \left(\frac{1}{n'_2} - \frac{1}{n_2 + n'_2} \right)$$

$$= 0.5^2 \cdot \left(\frac{1}{1} - \frac{1}{8+1} \right) + 1^2 \cdot \left(\frac{1}{1} - \frac{1}{17+1} \right) = 1.167$$

Das linke Schadensintegral ist

$$s \cdot L_l(\delta'') = 3 \cdot \sqrt{1.167} \cdot L_l \left(\frac{1-0}{1.08} \right) = 3.3102$$

und das rechte ist gleich

$$s \cdot L_r(\delta'') = 3 \cdot \sqrt{1.167} \cdot L_r \left(\frac{1-0}{1.08} \right) = 0.3102.$$

Da apriori H_0 angenommen wurde, ist der erwartete Wert der Stichprobeninformation für die beiden Stichprobenumfänge $n_1 = 8$ und $n_2 = 17$ gleich

$$EWSI(8, 17) = 0.310$$

und der erwartete Nettowert ist

$$ENSI(8, 17) = EWSI(8, 17) - K(8, 17) = 0.285$$

mit

$$K(8, 17) = 8 \cdot 0.001 + 17 \cdot 0.001 = 0.025.$$

Die folgende Grafik zeigt den erwarteten Informationserlös (= EWSI), Informationsgewinn (= ENSI) und Gesamterhebungskosten für die Kombinationen der einzelnen Stichprobenumfänge. Die Umrisslinien geben die Kombinationen der beiden Stichprobenumfänge an, die den gleichen ENSI aufweisen.

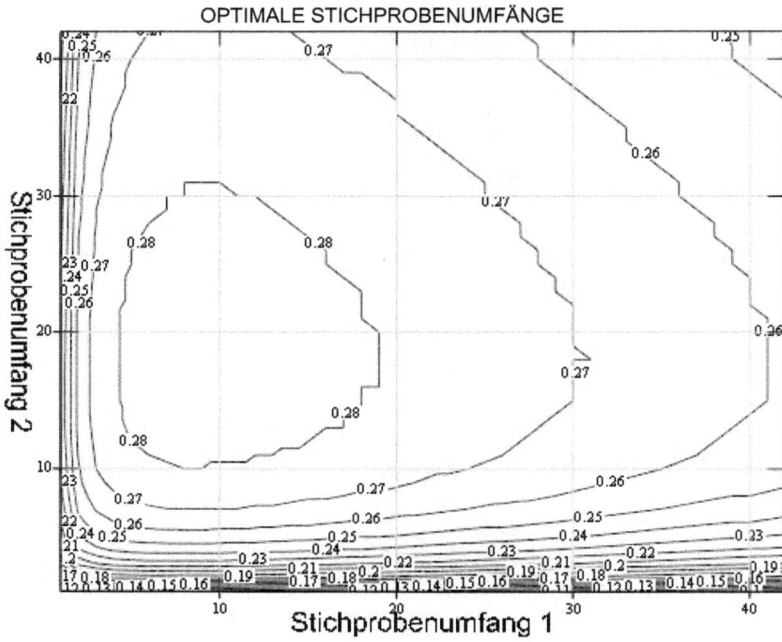

7_0 UMFANG: ZWEI ABHÄNGIGE STICHPROBEN

7_1 ANTEILSWERTE

a) Klassisches Modell

Eine Werbefirma garantiert, dass durch ihre Werbeveranstaltungen der potentielle Käuferanteil um 10%-Punkte gesteigert werden kann. Welche Anzahl potentieller Käufer sollen zu einer Werbeveranstaltung eingeladen werden, um festzustellen, wie sich der Käuferanteil vor und nach der Veranstaltung verändert? Wie groß muss der Umfang der Stichprobe sein, um die Hypothese zu prüfen, dass der Käuferanteil nach der Werbeveranstaltung um 10% größer ist?

Man will an Hand einer Stichprobe folgende Hypothesen prüfen:

H_0: $\pi_1 = \pi_2$ oder H_0: $\pi_1 - \pi_2 = \Delta = 0$

Die Käuferquote vor und nach der Werbeveranstaltung ist unverändert.

H_1: $\pi_1 - \pi_2 = \Delta = 0.1 > 0$.

Die Käuferquote ist nach der Veranstaltung um 10%-Punkte größer als vor der Werbung. Neben dieser Differenz ist noch das Signifikanzniveau α sowie die Güte $1 - \beta$ anzugeben, um den notwendigen Stichprobenumfang zu berechnen.

Die Güte garantiert, dass die Nullhypothese maximal in β% der Fälle fälschlicherweise akzeptiert wird, wenn in Wirklichkeit die Alternativhypothese zutrifft. Bei einem β von z. B. 0.2 wird die Nullhypothese maximal in 20% der Fälle akzeptiert, obwohl in Wirklichkeit die Alternativhypothese richtig ist.

Derzeit liegt der Käuferanteil bei 30%. Die Alternativhypothese ist daher 30 + 10 = 40%. Für folgende Voraussetzungen

Signifikanzniveau	0.05
Güte	0.8
Nullhypothese	0.3
Alternativhypothese	0.4

berechnet man den notwendiger Stichprobenumfang mit 136 Personen. Diesen Umfang kann man auf der Basis der Approximation der Binomialverteilung durch die Normalverteilung mit Hilfe der Formel

$$n_{not} = \frac{\left[z_{1-\alpha} \cdot \sqrt{\pi_1 \cdot (1 - \pi_1)} + z_{1-\beta} \cdot \sqrt{\pi_2 \cdot (1 - \pi_2)} \right]^2}{(\pi_1 - \pi_2)^2}$$

$$= \frac{\left[1.645 \cdot \sqrt{0.3 \cdot (1 - 0.3)} + 0.842 \cdot \sqrt{0.4 \cdot (1 - 0.4)}\right]^2}{(0.3 - 0.4)^2} = 135.973$$

berechnen. Die z-Werte sind die entsprechenden Quantile der Standardnormalverteilung und π_1 sowie π_2 die Anteilswerte der Null- und Alternativhypothese. Man muss also (aufgerundet) 136 Personen vor und nach der Werbeveranstaltung nach ihrem Kaufinteresse befragen, um die Vorgaben zu erfüllen. Der Stichprobenumfang von 136 Erhebungseinheiten garantiert, dass

a) die Nullhypothese $\Delta = \pi_1 - \pi_2 = 0$ maximal in 5% der Fälle fälschlicherweise abgelehnt wird, wenn in Wirklichkeit die Nullhypothese zutrifft und

b) die Nullhypothese $\Delta = \pi_1 - \pi_2 = 0$ maximal in 20% der Fälle fälschlicherweise akzeptiert wird, wenn in Wirklichkeit die Alternativhypothese $\Delta = \pi_1 - \pi_2 > 0$ zutrifft.

Wenn aber in Wirklichkeit die Differenz der Anteilswerte Δ zwischen den Grenzen 0.0 und 0.1 liegt, dann kann keine Aussage über den β–Fehler gemacht werden.

Die folgende Grafik zeigt den notwendigen Stichprobenumfang in Abhängigkeit von der Differenz:

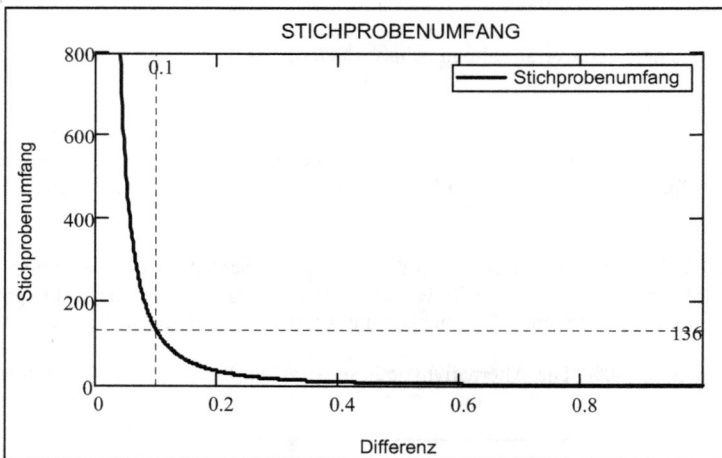

Bei der Testung von Anteilswerten, die nahe bei 0 oder 1 liegen, weichen die mit Hilfe der Normalverteilung errechneten Ergebnisse stark von denen ab, die mit der exakten Binomialverteilung bestimmt werden.

b) Bayes-Modell

Weiß man, dass in einem Nachbarland von den 40% potentieller Käufern nach der Werbeveranstaltung um 5% Punkte mehr bereit waren, das Produkt zu kaufen, dann kann man diese Information bei der Berechnung des Stichprobenumfanges berücksichtigen. Auf der anderen Seite macht im Bayes-Modell die Berücksichtigung der Güte keinen Sinn, da in diesem Modell Wahrscheinlichkeiten für Hypothesen berechnet werden und nicht für das Auftreten möglicher Stichproben.

Berücksichtigt man die Information aus dem Nachbarland in Form einer hypothetischen Stichprobe im Umfang von 10

Hypothetischer Stichprobenumfang	10
Hypothetische Stichprobenrealisation	4
Differenz $\Delta^` = |\pi'_1 - \pi'_2|$	0.05

dann ergibt sich der notwendige Stichprobenumfang für die Wahrscheinlichkeit von 95% durch folgende Formel:

$$n_{Bnot} = \frac{\left[z_{1-\alpha} \cdot \sqrt{\pi_1 \cdot (1 - \pi_1)}\right]^2}{\Delta^2} = \frac{\left[1.645 \cdot \sqrt{0.3 \cdot (1 - 0.7)}\right]^2}{(0.05)^2} = 259.732$$

Im Bayes-Modell müssen (aufgerundet) 260 Personen vor und nach der Werbeveranstaltung nach ihrem Kaufinteresse gefragt werden, wenn man von den oben angeführten Hypothesen ausgeht.

Der Stichprobenumfang von 260 Einheiten garantiert, dass der Bayes-Faktor für die Nullhypothese $W(H_0|x)/(1 - W(H_0|x))$ mindestens 19 ist, wenn die Nullhypothese zutrifft. D. h. die Posterioriwahrscheinlichkeit für die Nullhypothese ist in diesem Fall mindestens 95%.

Die folgende Grafik zeigt den Bayes'schen Stichprobenumfang in Abhängigkeit vom hypothetischen Stichprobenumfang:

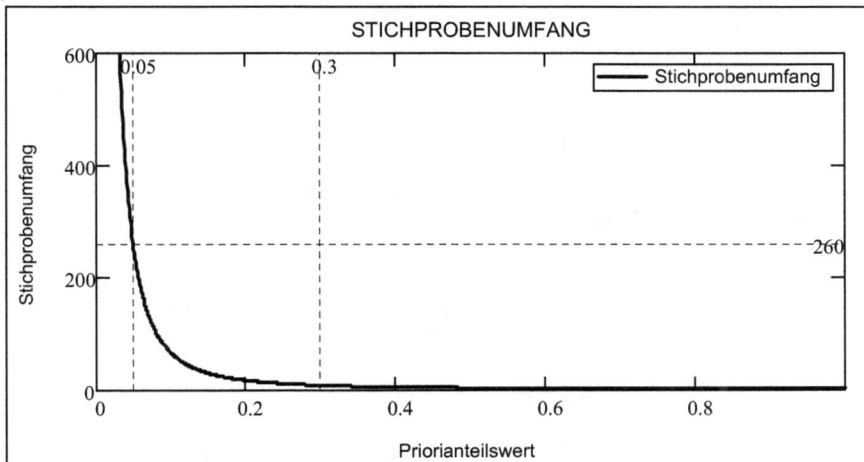

c) Wald-Modell

Zuerst untersucht man die Entscheidungssituation auf Grund der Priori- und Schadeninformationen: Verzichtet man auf die Dienste des Werbeveranstalters und hätte er in Wirklichkeit tatsächlich den Anteil der Käufer um 10 Prozentpunkte erhöht, dann ist mit einem entgangenen Gewinn in der Höhe von 200 Geldeinheiten zu rechnen. Führt andererseits die Werbeveranstaltung nicht zur angekündigten Erhöhung des Käuferanteils, dann ist trotzdem der Werbeveranstalter zu bezahlen und zwar in der Höhe von 300 Geldeinheiten.

Schaden bei falscher Wahl von Aktion_0	200
Schaden bei falscher Wahl von Aktion_1	300

Diese Informationen kann man auch folgendermaßen anschreiben:

$$s\left(a_0, \Delta\right) = \begin{pmatrix} 0 & \text{für} & \Delta \leq 0 \\ 200 & \text{für} & \Delta > 0 \end{pmatrix}$$

$s(a_0, \Delta)$ ist die konstante Schadenfunktion für die Aktion, den Werbeveranstalter nicht in Anspruch zu nehmen. $s(a_1, \Delta)$ ist die Schadenfunktion für die Aktion, die Werbeveranstaltung durchzuführen:

$$s\left(a_1, \Delta\right) = \begin{pmatrix} 0 & \text{für} & \Delta \geq 0 \\ 300 & \text{für} & \Delta < 0 \end{pmatrix}$$

Die Unsicherheit über die beiden möglichen Situationen (Δ kleiner gleich 0.4 oder größer) kann durch die Prioribetaverteilung zum Ausdruck gebracht werden.

Für die Prioriinformationen

$$n' = 10$$

$$x' = 4$$

und eine konstante Schadenfunktion findet man den Schadenerwartungswert für die Aktion a_0 (= Annahme der Nullhypothese) mit Hilfe folgender Formel

$$SE\left(a_0\right) = s_2 \cdot \int_{\pi_0}^{1} f_\beta\left(\pi, x', n' - x'\right) d\pi = 300 \cdot \int_{0.3}^{1} f_\beta\left(\pi, 4, 10 - 4\right) d\pi = 218.898$$

und für die Aktion a_1 (= Annahme der Alternativhypothese)

$$SE\left(a_1\right) = s_1 \cdot \int_{0}^{\pi_0} f_\beta\left(\pi, x'', n'' - x''\right) d\pi = 200 \cdot \int_{0}^{0.3} f_\beta\left(\pi, 4, 10 - 4\right) d\pi = 54.068$$

F_β ist die Verteilungsfunktion der Betaverteilung. Die Aktion a_0, die Nullhypothese anzunehmen und die Werbeveranstaltung nicht durchzuführen, hat auf Grund der Prioriinformationen einen Schadenerwartungswert von 218.898 Geldeinheiten und die Aktion a_1, die Werbeveranstaltung durchzuführen, einen

Schadenerwartungswert von 54.068 Geldeinheiten. Der Produzent wird daher die Alternativhypothese annehmen, da der Schadenerwartungswert für diese Entscheidung geringer ist. Der Schadenerwartungswert dieser Entscheidung wird auch als erwarteter Wert der perfekten Information (EWPI) bezeichnet. Kennt man die Erhebungskosten, dann kann man mit Hilfe des EWPI auch den maximalen Stichprobenumfang berechnen, der für eine Stichprobenerhebung in Frage kommt. Der Produzent muss mit folgenden Erhebungskosten rechnen:

Fixe Erhebungskosten k_fix	0
Variable Erhebungskosten k	0.6

Er muss keine fixen Kosten in Rechnung stellen, aber jede zu befragende Person kostet ihn 0.08 Geldeinheiten. Der maximale Stichprobenumfang ist daher gleich

$$n_{max} = \frac{EWPI}{k} - \frac{k_{fix}}{k} = \frac{54.068}{0.6} = 90.113$$

gerundet 91 Personen. Um nun jenen Stichprobenumfang zu finden, bei dem der Informationsgewinn am größten ist, berechnet man für jeden der Stichprobenumfänge von 1 bis 91 den erwarteten Wert der Stichprobeninformation, EWSI, und zieht davon die entsprechenden Erhebungskosten ab. Das Ergebnis ist der erwartete Nettowert der Stichprobeninformation (ENSI) oder anders ausgedrückt der Informationsgewinn der Stichprobe. Für das vorliegende Beispiel zeigt sich, dass dieser ENSI für einen Stichprobenumfang von

$$n_{opt} = 20$$

am größten ist. Der EWSI einer Stichprobe wird für eine konstante Schadenfunktion nach folgender Formel berechnet:

$$EWSI(n) = EWPI - \sum_{x=0}^{n} \left(min(x) \cdot f_{\beta B}(x, x_p, n_p, n) \right)$$

mit

$$min(x) = min\left[\left[s_2 \cdot \left(1 - F_\beta(\pi_0, x_p + x, n_p + n - x_p - x)\right) \quad s_1 \cdot F_\beta(\pi_0, x_p + x, n_p + n - x_p - x)\right]\right]$$

F_β ist die Verteilungsfunktion der Betaverteilung und f_{bB} die Wahrscheinlichkeitsfunktion der Betabinomialverteilung. Für den optimalen Umfang von 20 und z. B. x = 11 sind die beiden Schadenerwartungswerte

$$SE(a_0) = 300 \cdot \left(1 - F_\beta(0.4, 4 + 11, 10 + 20 - 4 - 11)\right) = 259.136$$

$$SE(a_1) = s_1 \cdot F_\beta(\pi_0, x_p + x, n_p + n - x_p - x) = 200 \cdot F_\beta(0.4, 4 + 11, 10 + 20 - 4 - 11) = 27.243$$

Das Minimum aus den beiden Werten wird mit der Betabinomialverteilung gewichtet:

$$min(x) \cdot f_{\beta B}(x, x_p, n_p, n) = min(20) \cdot f_{\beta B}(11, 4, 10, 20) = 27.243 \cdot f_{\beta B}(11, 4, 10, 20)$$

Die Wahrscheinlichkeitsfunktion der Betabinomialverteilung ist

$$f_{\beta B}(x, x_p, n_p, n) = \frac{n!}{x! \cdot (n-x)!} \cdot \frac{(n'-1)!}{(x'-1)! \cdot (n'-x'-1)!} \cdot \frac{(x'+x-1)! \cdot [(n'+n-x'--1)x]!}{(n'+n-1)!}$$

Die Werte des Beispiels eingesetzt ergeben

$$f_{\beta B}(11, 4, 10, 20) = 0.0728.$$

Damit ist der Schadenerwartungswert für das Ergebnis x = 11 von 20 gleich

$$\min(20) \cdot f_{\beta B}(11, 4, 10, 20) = 27.243 \cdot 0.0728 = 1.983$$

Wenn man auf die gleiche Art die Werte für die restlichen x von 0 bis 20 berechnet und addiert, diese Summe vom EWPI abzieht, dann erhält man den EWSI dieses Stichprobenumfanges:

$$EWSI(20) = EWPI - \sum_{x=0}^{20} \left[\min(x) \cdot f_{\beta B}[x, (4, 10, 20), 30, 48] \right] = 54.068 - 37.294 = 17.627$$

Von diesem EWSI müssen die Erhebungskosten

$$k(n) = k_{fix} + k \cdot n = 0 + 0.6 \cdot 20 = 12$$

abgezogen werden, um den ENSI der Stichprobe zu erhalten:

$$ENSI(20) = EWSI(20) - k(20) = 17.627 - 12 = 5.627$$

Der optimale Stichprobenumfang von 20 Einheiten garantiert, dass der erwartete Informationsgewinn dieser Stichprobe für die Punktschätzung des Posteriorianteilswertes mit 5.627 Geldeinheiten am größten ist. Die folgende Grafik zeigt den erwarteten Informationserlös, Informationsgewinn und Gesamterhebungskosten für die einzelnen Stichprobenumfänge.

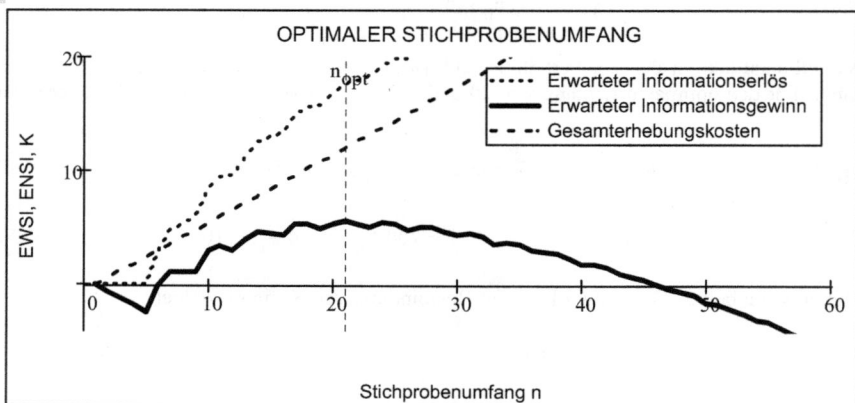

OPTIMALER STICHPROBENUMFANG

Erwarteter Informationserlös
Erwarteter Informationsgewinn
Gesamterhebungskosten

EWSI, ENSI, K

Stichprobenumfang n

7_2 DURCHSCHNITTE

a) Klassisches Modell

Ein Taxiunternehmer möchte wissen, ob der Benzinverbrauch seiner Taxis auf 100 Kilometer mit Superbenzin geringer ist als mit Normalbenzin. Dazu will er seine Autos einmal mit Normalbenzin tanken und einmal mit Superbenzin. Wie viele Autos soll er in seinen Versuch einbeziehen? Wie groß muss der Umfang der Stichprobe sein, um die Hypothese zu prüfen, dass man mit Superbenzin auf 100 Kilometer durchschnittlich weniger Liter benötigt als mit Normalbenzin?

Der Taxiunternehmer will folgende Hypothesen prüfen:

H_0: Die durchschnittliche Anzahl an Liter für 100 km ist für Normalbenzin gleich der von Superbenzin.
H_0: $\mu_{Normal} = \mu_{Super}$ oder H_0: $\mu_{Normal} - \mu_{Super} = \delta_\mu = 0$

H_1: Die durchschnittliche Anzahl an Liter für 100 km ist für Normalbenzin höher als die von Superbenzin.
H_1: $\mu_{Normal} > \mu_{Super}$ oder H_1: $|\mu_{Normal} - \mu_{Super}| = \delta_\mu >= 1$

Auch hier muss der Unternehmer als Alternativhypothese z. B. 1 Liter annehmen und nicht größer als 0 Liter, da sonst kein notwendiger 'Stichprobenumfang im klassischen Modell berechnet werden kann. Je geringer die Differenz zwischen Nullhypothese und Alternativhypothese ist, umso größer ist der notwendige Stichprobenumfang. Im Prinzip geht bei einer infinitesimalen Differenz der notwendige Stichprobenumfang gegen Unendlich. Der Taxiunternehmer ist die Ansicht, dass die Differenz von 1 Liter ausreichend ist. Neben dieser Differenz ist noch das Signifikanzniveau α sowie die Güte $1 - \beta$ anzugeben, um den notwendigen Stichprobenumfang zu berechnen.

Die Güte garantiert, dass die Nullhypothese maximal in β% der Fälle fälschlicherweise akzeptiert wird, wenn in Wirklichkeit die Alternativhypothese zutrifft. Bei einem β von z. B. 0.2 wird die Nullhypothese maximal in 20% der Fälle akzeptiert, obwohl in Wirklichkeit die Alternativhypothese richtig ist.

Für folgende Voraussetzungen

Signifikanzniveau	0.05
Güte	0.8
Alternativhypothese	1
Nullhypothese	0

berechnet man den notwendiger Stichprobenumfang mit 27 Autos, wenn die Standardabweichungen und Korrelation in den Grundgesamtheiten wie folgt angenommen werden:

Standardabweichung der Grundgesamtheit 1	2
Standardabweichung der Grundgesamtheit 2	2
Korrelation zwischen den Grundgesamtheiten	0.5

Diesen Umfang kann man mit Hilfe der Formel

$$n_0 = \frac{\left(z_{1-\alpha}\cdot\sigma\delta + z_{1-\beta}\cdot\sigma\delta\right)^2}{\left(\delta_0 - \delta_1\right)^2} = \frac{(1.645\cdot 2 + 0.842\cdot 2)^2}{(0-1)^2} = 24.741$$

näherungsweise berechnen. Die z-Werte sind die entsprechenden Quantile der Standardnormalverteilung und δ_0 sowie δ_1 die Durchschnittsdifferenzen der Null- und Alternativhypothese und σ_δ die Standardabweichung der Differenz in der Grundgesamtheit:

$$\sigma = \left[(1 \;\; -1)\cdot\begin{pmatrix} \sigma_1^2 & \sigma_1\cdot\sigma_2\cdot\rho \\ \sigma_1\cdot\sigma_2\cdot\rho & \sigma_2^2 \end{pmatrix}\cdot\begin{pmatrix} 1 \\ -1 \end{pmatrix}\right]^{\frac{1}{2}} = \left[(1 \;\; -1)\cdot\begin{pmatrix} 2^2 & 2\cdot 2\cdot 0.5 \\ 2\cdot 2\cdot 0.5 & 2^2 \end{pmatrix}\cdot\begin{pmatrix} 1 \\ -1 \end{pmatrix}\right]^{\frac{1}{2}} = 2$$

Da die Standardabweichung der Differenz der Grundgesamtheit normalerweise nur geschätzt ist, ist nicht die Normalverteilung, sondern die Studentverteilung heranzuziehen. Dazu berechnet man, ausgehend von n0 die folgenden Stichprobenumfänge, bis die linke Seite die rechte übersteigt:

$$n_{25} = \frac{\left(t_{1-\alpha,25-1}\cdot\sigma\delta + t_{1-\beta,25-1}\cdot\sigma\delta\right)^2}{\left(\delta_0 - \delta_1\right)^2} = 26.373$$

$$n_{26} = \frac{\left(t_{1-\alpha,26-1}\cdot\sigma\delta + t_{1-\beta,26-1}\cdot\sigma\delta\right)^2}{\left(\delta_0 - \delta_1\right)^2} = 26.304$$

$$n_{27} = \frac{\left(t_{1-\alpha,27-1}\cdot\sigma\delta + t_{1-\beta,27-1}\cdot\sigma\delta\right)^2}{\left(\delta_0 - \delta_1\right)^2} = 26.241$$

Man muss also (aufgerundet) 27 Autos testen, wie viel Liter Normal- und Superbenzin sie auf 100 Kilometer brauchen, um die Vorgaben zu erfüllen. Der Stichprobenumfang von 27 Erhebungseinheiten garantiert, dass

a) die Nullhypothese $\delta_0 \leq 0$ maximal in 5% der Fälle fälschlicherweise abgelehnt wird, wenn in Wirklichkeit die Nullhypothese zutrifft und

b) die Nullhypothese $\delta_0 \leq 0$ maximal in 20% der Fälle fälschlicherweise akzeptiert wird, wenn in Wirklichkeit die Alternativhypothese $\delta_1 \leq 1$ zutrifft.

Wenn aber in Wirklichkeit die Durchschnittsdifferenz δ zwischen den Grenzen 5 und 6 liegt, dann kann keine Aussage über den β-Fehler gemacht werden.

Wenn nun die aus den 27 Erhebungseinheiten berechnete Stichprobendurchschnittsdifferenz d_{xquer} größer gleich 0.66 Liter ist, dann kann die Nullhypothese abgelehnt werden. Das Risiko einer Fehlentscheidung ist in diesem Fall höchstens 5%. Ist diese Durchschnittsdifferenz kleiner als 0.66 Liter, dann kann die Nullhypothese nicht abgelehnt werden. Trifft in Wirklichkeit die Alternativhypothese $\delta_1 \leq 1$ zu, dann ist in diesem Fall das Risiko einer Fehlentscheidung höchstens 20%. Dieser kritische Wert c = 0.66 berechnet man mit folgender Formel:

$$c = \delta_0 + t_{1-\alpha, n_{not}-1} \cdot \frac{\sigma_\delta}{\sqrt{n_{not}}} = 0 + 1.706 \cdot \frac{2}{\sqrt{27}} = 0.656$$

Lässt man die Güte gegen 0 gehen, dann sind der notwendige Stichprobenumfang gleich 23 Personen. Die folgende Grafik zeigt den notwendigen Stichprobenumfang in Abhängigkeit von der Güte:

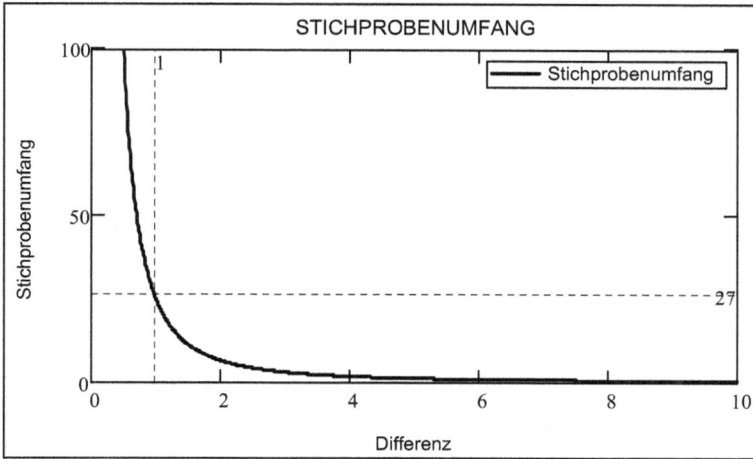

b) Bayes-Modell

Laut Herstellerangaben der Kraftfahrzeuge benötigen diese für 100 km 10 Liter Normalkraftstoff und nur 8 Liter mit Superbenzin. Der Taxiunternehmer will diese Angaben nicht unberücksichtigt lassen, misst ihnen aber nur ein Gewicht von einer hypothetischen Stichprobeneinheit zu. Berücksichtigt man diese Information in Form einer hypothetischen Stichprobe im Umfang von

"*"	Prioristichprobe 1	Prioristichprobe 2
Prioridurchschnitte	10	9
Hypoth. Stichprobenumfang	1	1

dann ergibt sich der notwendige Stichprobenumfang für die Wahrscheinlichkeit von 95% näherungsweise durch folgende Formel:

$$n_{B0} = \frac{\left(z_{1-\alpha} \cdot \sigma'_\delta\right)^2}{\left(\delta_0 - \delta'_1\right)^2} - n_p = \frac{(1.645 \cdot 2)^2}{(0-1)^2} - 1 = 9.824$$

$$\delta'_1 = \mu'_1 - \mu'_2 = 10 - 9 = 1$$

$$\sigma'_\delta = \left[(1 \ \ -1) \cdot \frac{1}{n'} \cdot \begin{pmatrix} \sigma_1^2 & \sigma_1 \cdot \sigma_2 \cdot \rho \\ \sigma_1 \cdot \sigma_2 \cdot \rho & \sigma_2^2 \end{pmatrix} \cdot \begin{pmatrix} 1 \\ -1 \end{pmatrix} \right]^{\frac{1}{2}} = \left[(1 \ \ -1) \cdot \frac{1}{1} \cdot \begin{pmatrix} 2^2 & 2 \cdot 2 \cdot 0.5 \\ 2 \cdot 2 \cdot 0.5 & 2^2 \end{pmatrix} \cdot \begin{pmatrix} 1 \\ -1 \end{pmatrix} \right]^{\frac{1}{2}} = 2$$

Mit Hilfe der Studentverteilung kommt man iterativ zu folgenden notwendigen Stichprobenumfängen:

$$n_{10} = \frac{\left(t_{1-\alpha,\,10-1} \cdot \sigma'_\delta \right)^2}{\left(\delta_0 - \delta'_1 \right)^2} - n_p = \frac{(1.833 \cdot 2)^2}{(0-1)^2} - 1 = 12.441$$

$$n_{12} = \frac{\left(t_{1-\alpha,\,12-1} \cdot \sigma'_\delta \right)^2}{\left(\delta_0 - \delta'_1 \right)^2} - n_p = \frac{(1.796 \cdot 2)^2}{(0-1)^2} - 1 = 11.901$$

Im Bayes-Modell müssen (aufgerundet) 12 Personen befragt werden, wenn man von den oben angeführten Hypothesen ausgeht.

Der Stichprobenumfang von 12 Einheiten garantiert, dass der Bayes-Faktor für die Nullhypothese $W(H_0|x)/(1 - W(H_0|x))$ mindestens 19 ist, wenn die Nullhypothese zutrifft. D. h. die Posterioriwahrscheinlichkeit für die Nullhypothese ist in diesem Fall mindestens 95%.

Die folgende Grafik zeigt den Bayes'schen Stichprobenumfang in Abhängigkeit vom hypothetischen Stichprobenumfang:

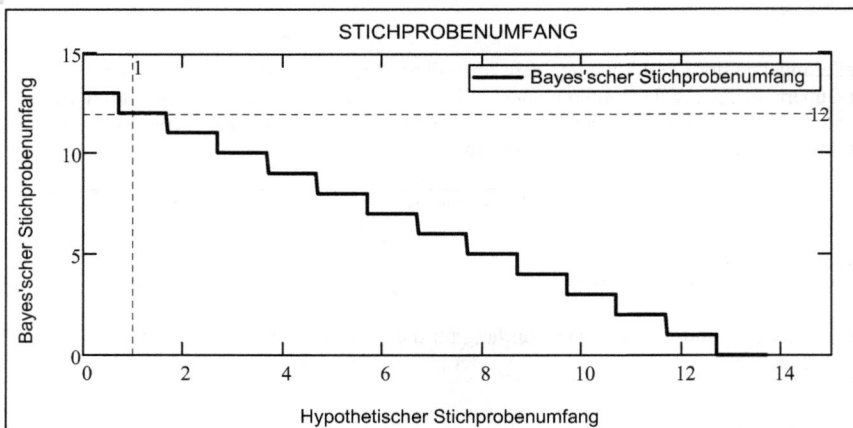

c) Wald-Modell

Ein Liter Normalbenzin kostet 10 Geldeinheiten und ein Liter Superbenzin 11.5 Geldeinheiten. Diesen Tatbestand will der Taxiunternehmer bei seiner Entscheidung natürlich mitberücksichtigen. Ob er künftig seine Taxis mit Normal- oder Superkraftstoff tankt, hängt nicht nur von der Wahrscheinlichkeit ab, ob man im Schnitt mit Normal- oder Superkraftstoff weniger für 100 Kilometer braucht, sondern von den erwarteten Kosten.

Zuerst untersucht man die Entscheidungssituation auf Grund der Prioriinformationen. Für die Entscheidung verwendet man folgende Schadenfunktion:

$$s\left(a_0, \delta\right) = \begin{bmatrix} 0 & \text{für } \delta \leq 0 \\ 1.5 \cdot (\delta - 0) & \text{für } \delta > 0 \end{bmatrix}$$

$s(a_0, \delta)$ ist die lineare Schadenfunktion für die Aktion, die Nullhypothese anzunehmen und mit Normalbenzin zu fahren. Wenn er mit Normalbenzin fährt, mit Superbenzin tatsächlich aber weniger Liter für 100 Kilometer notwendig sind, dann muss er mit einem Schaden von $11.5 - 10 = 1.5$ Geldeinheiten pro Kilometer rechnen. Keinen Schaden hat er in dieser Situation, wenn zwischen Normal- und Superbenzin tatsächlich kein Unterschied besteht.

$$s\left(a_1, \delta\right) = \begin{bmatrix} 0 & \text{für } \delta \geq 0 \\ 1.5 \cdot (0 - \delta) & \text{für } \delta < 0 \end{bmatrix}$$

$s(a_1, \delta)$ ist die lineare Schadenfunktion für die Aktion, die Alternative anzunehmen und mit Superbenzin zu fahren. Die Unsicherheit über die beiden möglichen Situationen (δ kleiner gleich 0 oder größer) kann der Unternehmer durch die Priorinormalverteilung zum Ausdruck bringen.

Für die Prioriinformationen

$$n' = 1$$

$$\delta' = 1$$

und eine lineare Schadenfunktion findet man den Schadenerwartungswert für die Aktion a_0 (= Annahme der Nullhypothese) mit Hilfe folgender Formel

$$SE\left(a_0\right) = s_2 \cdot \int_{\delta_0}^{\infty} \left(\delta - \delta_0\right) \cdot f_N\left(\delta, \delta', \sigma'_\delta\right) d\delta$$

$$= s_2 \cdot \sigma'_\delta \cdot \left[f_Z\left(\frac{\delta_0 - \delta'}{\sigma'_\delta}\right) - \frac{\delta_0 - \delta'}{\sigma'_\delta} \cdot \left(1 - F_Z\left(\frac{\delta_0 - \delta'}{\sigma'_\delta}\right)\right)\right]$$

$$= 1.5 \cdot 2 \cdot \left[f_Z\left(\frac{0 - 1}{2}\right) - \frac{0 - 1}{2} \cdot \left(1 - F_Z\left(\frac{0 - 1}{2}\right)\right)\right]$$

$$= 2.093$$

und für die Aktion a_1 (= Annahme der Alternativhypothese)

$$SE(a_1) = s_1 \cdot \int_{-\infty}^{\delta_0} (\delta_0 - \delta) \cdot f_N(\delta, \mu', \sigma'_\delta) \, d\delta$$

$$= s_1 \cdot \sigma'_\delta \cdot \left(\frac{\delta_0 - \delta'}{\sigma'_\delta} \cdot F_Z\left(\frac{\delta_0 - \delta'}{\sigma'_\delta} \right) + f_Z\left(\frac{\delta_0 - \delta'}{\sigma'_\delta} \right) \right)$$

$$= 1.5 \cdot 2 \cdot \left(\frac{0 - 1}{2} \cdot F_Z\left(\frac{0 - 1}{2} \right) + f_Z\left(\frac{0 - 1}{2} \right) \right)$$

$$= 0.593$$

F_Z ist die Verteilungsfunktion der Standardnormalverteilung. Die Aktion a_0, die Nullhypothese anzunehmen und mit Normalbenzin zu fahren, hat auf Grund der Prioriinformationen einen Schadenerwartungswert von 2.093 Geldeinheiten und die Aktion a_1, die Alternativhypothese anzunehmen und mit Superbenzin zu fahren, einen Schadenerwartungswert von 0.593 Geldeinheiten. Der Taxiunternehmer wird daher mit Superbenzin fahren, da der Schadenerwartungswert für diese Entscheidung geringer ist. Der Schadenerwartungswert dieser Entscheidung ist 0.593. D. h. aber auch, dass der Händler selbst für vollkommene Information nicht mehr als 0.593 Geldeinheiten ausgeben wird. Der Schadenerwartungswert der priori optimalen Aktion wird daher auch als erwarteter Wert der perfekten Information (EWPI) bezeichnet.

Kennt man die Erhebungskosten, dann kann man mit Hilfe des EWPI auch den maximalen Stichprobenumfang berechnen, der für eine Stichprobenerhebung in Frage kommt. Der Taxiunternehmer muss mit folgenden Erhebungskosten rechnen:

Fixe Erhebungskosten k_fix	0
Variable Erhebungskosten k	0.01

Er muss keine fixen Kosten in Rechnung stellen, aber jedes zu testende Auto kostet ihn 0.01 Geldeinheiten. Der maximale Stichprobenumfang ist daher gleich

$$n_{max} = \frac{EWPI}{k} - \frac{k_{fix}}{k} = \frac{0.593}{0.01} = 59.3$$

gerundet 60 Autos. Um nun jenen Stichprobenumfang zu finden, bei dem der Informationsgewinn am größten ist, berechnet man für jeden der Stichprobenumfänge von 1 bis 60 den erwarteten Wert der Stichprobeninformation, kurz EWSI, und zieht davon die entsprechenden Erhebungskosten ab. Das Ergebnis ist der erwartete Nettowert der Stichprobeninformation (ENSI) oder anders ausgedrückt der Informationsgewinn der Stichprobe. Für das vorliegende Beispiel zeigt sich, dass dieser ENSI für einen Stichprobenumfang von

$$n_{opt} = 7$$

am größten ist.

Der erwartete Wert der Stichprobeninformation einer Stichprobe vom Umfang n wird für eine lineare Schadenfunktion und gleichen Schäden $s_1 = s_2 = s$ nach folgender Formel berechnet:

$$EWSI(n) = \begin{pmatrix} s \cdot L_l(\delta") & \text{wenn Priorientscheidung für } H_1 \\ s \cdot L_r(\delta") & \text{wenn Priorientscheidung für } H_0 \end{pmatrix}$$

L_l und L_r sind die linearen Schadenintegrale der Normalverteilung für den Posterioridurchschnitt $\mu"$ mit dem Durchschnitt μ' der Priorinormalverteilung und der Varianz

$$\sigma_{\delta"}^2 = \sigma^2 \cdot \left(\frac{1}{n'} - \frac{1}{n + n'} \right)$$

Der optimale Stichprobenumfang kann in diesem Fall über folgende Formel berechnet werden:

$$n_{opt} = \left(\frac{s \cdot \sigma' \cdot n'}{2 \cdot k} \cdot f_Z(z') \right)^{\frac{1}{2}} - n'$$

Für $s_1 = s_2 = 1.5$ ist der optimale Stichprobenumfang gleich

$$n_{opt} = \left(\frac{1.5 \cdot \frac{2}{\sqrt{1}} \cdot 1}{2 \cdot 0.01} \cdot f_Z\left(\frac{0 - 1}{\frac{2}{\sqrt{1}}} \right) \right)^{\frac{1}{2}} - 1 = 6.267$$

Für den optimalen Stichprobenumfang von 7 ist der EWSI gleich 0.477 Geldeinheiten. Zieht man davon die Erhebungskosten von 0.021 Geldeinheiten ab, dann kommt man zu einem ENSI von 0.456 Geldeinheiten.

Die folgende Grafik zeigt den erwarteten Informationserlös, Informationsgewinn und Gesamterhebungskosten für die einzelnen Stichprobenumfänge.

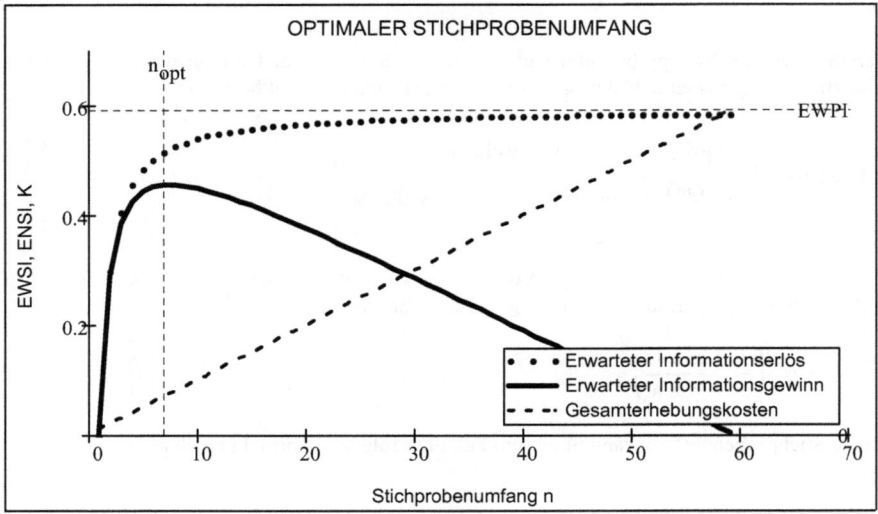

8_0 UMFANG: ZWEI STICHPROBEN ZUSAMMENHANG

8_1 Φ-KOEFFIZIENT

a) Klassisches Modell

Besteht zwischen dem erfolgreichen Besuch einer Weiterbildungsveranstaltung und den Aufstiegschancen in einem bestimmten Konzernbetrieb ein Zusammenhang? Wie groß muss der Umfang der Stichprobe sein, um die Hypothese zu prüfen, dass zwischen dem erfolgreichen Besuch einer Weiterbildungsveranstaltung und den Aufstiegschancen in einem bestimmten Konzernbetrieb ein Zusammenhang besteht?

Folgende Hypothesen sind zu prüfen:

H_0: Zwischen der Weiterbildungsveranstaltung und den Aufstiegschancen besteht kein (= 0) Zusammenhang
H_0: $\Phi = 0$.

H_1: Zwischen der Weiterbildungsveranstaltung und den Aufstiegschancen besteht in der Grundgesamtheit ein Zusammenhang
H_1: $\Phi \neq 0$.

Als Alternativhypothese wird z. B. angenommen dass der Phi-Koeffizient betragsmäßig mindestens 0.5 ist. Man ist der Ansicht, dass die Differenz von 0.5 ausreichend ist. Neben dieser Differenz ist noch das Signifikanzniveau α sowie die Güte $1 - \beta$ anzugeben, um den notwendigen Stichprobenumfang zu berech-nen.

Die Güte garantiert, dass die Nullhypothese maximal in β% der Fälle fälschlicherweise akzeptiert wird, wenn in Wirklichkeit die Alternativhypothese zutrifft. Bei einem β von z. B. 0.2 wird die Nullhypothese maximal in 20% der Fälle akzeptiert, obwohl in Wirklichkeit die Alternativhypothese richtig ist.

Für folgende Voraussetzungen

Signifikanzniveau	0.05
Güte	0.8
Alternativhypothese	0.5
Nullhypothese	0

berechnet man den notwendiger Stichprobenumfang mit 24 Personen. Diesen Umfang kann man mit Hilfe der Formel

$$n = \frac{\left(z_{1-\frac{\alpha}{2}} + z_{1-\beta}\right)^2}{\left(\zeta(\Phi_1) - \zeta(\Phi_0)\right)^2} + 3 = \frac{(1.96 + 0.842)^2}{(0.549 - 0)^2} + 3 = 29.049$$

berechnen. Die z-Werte sind die entsprechenden Quantile der Standardnormalverteilung und Φ_0 sowie Φ_1 die Phi-Koeffizienten der Null- und Alternativhypothese. Um Normalverteilung zu erzwingen, werden die beiden Phi-Koeffizienten zeta-transformiert:

$$\zeta(a) = \frac{1}{2} \cdot \ln\left(\frac{1+a}{1-a}\right)$$

Durch diese Transformation erreicht man Normalverteilung der Phi-Koeffizienten. Für $\Phi_0 = 0$ ist

$$\zeta(0) = 0$$

und für $\Phi_1 = 0.5$ ist

$$\zeta(0.5) = \frac{1}{2} \cdot \ln\left(\frac{1+0.5}{1-0.5}\right) = 0.549$$

Man muss also (aufgerundet) 30 Personen danach untersuchen, ob sie eine Weiterbildungsveranstaltung besucht haben und dadurch im letzten Jahr aufgestiegen sind. Der Stichprobenumfang von 30 Erhebungs-einheiten garantiert, dass

    a) die Nullhypothese $\Phi_0 = 0$ maximal in 5% der Fälle fälschlicherweise abgelehnt wird, wenn in Wirklichkeit die Nullhypothese zutrifft und

    b) die Nullhypothese $\Phi_0 = 0$ maximal in 20% der Fälle fälschlicherweise akzeptiert wird, wenn in Wirklichkeit die Alternativhypothese $\Phi_1 = 0.5 > 0$ zutrifft.

Wenn aber in Wirklichkeit der Phi-Koeffizient Φ zwischen den Grenzen 0 und 0.5 liegt, dann kann keine Aussage über den β–Fehler gemacht werden.

Die folgende Grafik zeigt den notwendigen Stichprobenumfang in Abhängigkeit von der Güte:

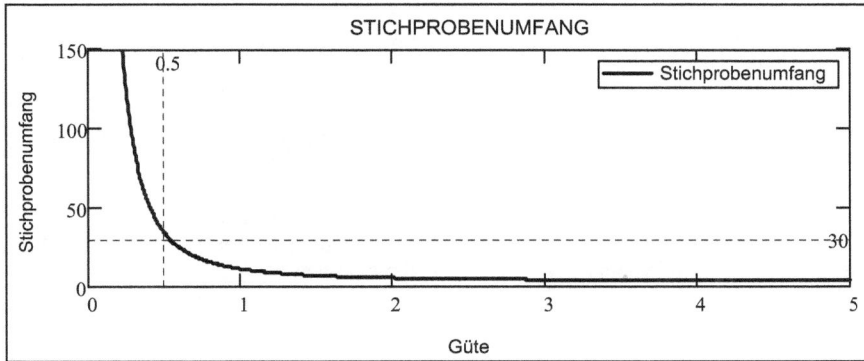

Wenn der Stichprobenumfang mehr als 5% der Grundgesamtheit umfasst, dann berücksichtigt man folgende Endlichkeitskorrektur:

$$n_E = \frac{1}{\dfrac{1}{n} + \dfrac{1}{N}}$$

n ist der oben berechnete Stichprobenumfang und N der der Grundgesamtheit. Wenn im vorliegenden Beispiel die Grundgesamtheit z. B. 100 Verkäufer umfasst, dann ist die Endlichkeitskorrektur gleich

$$n_E = \frac{1}{\dfrac{1}{30} + \dfrac{1}{100}} = 23.077$$

In diesem Fall würde man nur 24 Personen untersuchen.

b) Bayes-Modell

Bei einer früheren Untersuchung von 5 Mitarbeitern im Hinblick auf den Zusammenhang zwischen Weiterbildungskurs und Beförderung wurde ein Phi-Koeffizient von 0.5 berechnet Diese Information kann man als Prioriinformation zur oben angeführten Stichprobeninformation betrachten.

Hypothetischer Stichprobenumfang	5
Priorikorrelationskoeffizient	0.5

Berücksichtigt man die Information in Form einer hypothetischen Stichprobe im Umfang von n` = 5 dann ergibt sich der notwendige Stichprobenumfang für die Wahrscheinlichkeit von 95% näherungsweise durch folgende Formel:

$$n = \frac{(z_{1-\alpha})^2}{(\zeta(\rho_1) - \zeta(\rho_0))^2} + 3 - n_p = \frac{(1.96)^2}{(0.549 - 0)^2} + 3 - 5 = 10.746$$

Im Bayes-Modell müssen (aufgerundet) 11 Personen befragt werden, wenn man von den oben angeführten Hypothesen ausgeht.

Der Stichprobenumfang von 11 Einheiten garantiert, dass der Bayes-Faktor für die Nullhypothese $W(H_0|x)/(1 - W(H_0|x))$ mindestens 19 ist, wenn die Nullhypothese zutrifft. D. h. die Posteriori-wahrscheinlichkeit für die Nullhypothese ist in diesem Fall mindestens 95%.

Die folgende Grafik zeigt den Bayes'schen Stichprobenumfang in Abhängigkeit vom hypothetischen Stichprobenumfang:

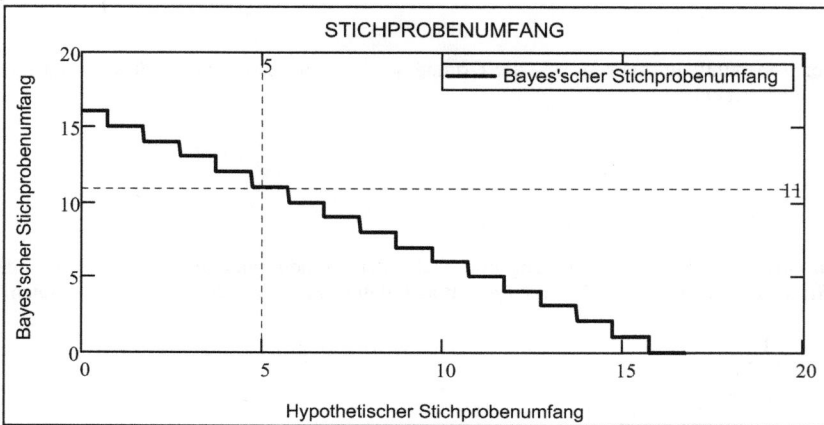

c) Wald-Modell

Zuerst untersucht man die Entscheidungssituation auf Grund der Prioriinformationen. Für die Entscheidung verwendet man die konstante Schadenfunktion: Für den Weiterbildungskurs sind 3000 Geldeinheiten zu bezahlen. Verzichtet man auf den Weiterbildungskurs, dann erspart man sich die Kosten in der Höhe von 3000 Geldeinheiten. Besteht jedoch in Wirklichkeit ein positiver Zusammenhang, dann hat man ohne Weiterbildungskurs keine Aufstiegschancen:

$$s(a_0, \Phi) = \begin{pmatrix} 0 & \text{für} & \Phi = 0 \\ 3000 & \text{für} & \Phi \neq 0 \end{pmatrix}$$

$s(a_0, \Phi)$ ist die konstante Schadenfunktion für die Aktion, keinen Weiterbildungskurs zu besuchen, da kein Zusammenhang besteht. Wenn man aber den Weiterbildungskurs besucht, obwohl in Wirklichkeit kein Zusammenhang besteht, entsteht ein Schaden von 3000 Geldeinheiten.

$$s\left(a_1, \Phi\right) = \begin{pmatrix} 0 & \text{für} & \Phi = 0 \\ 3000 & \text{für} & \Phi \neq 0 \end{pmatrix}$$

$s(a_1, \Phi)$ ist die konstante Schadenfunktion für die Aktion, den Weiterbildungskurs zu besuchen. Die Unsicherheit über die beiden möglichen Umweltsituationen (Φ gleich 0 oder verschieden) kann man durch die Priorinormalverteilung zum Ausdruck bringen.

Für die Prioriinformationen

$$n' = 5$$

$$\rho' = 0.5$$

und eine konstante Schadenfunktion findet man den Schadenerwartungswert für die Aktion a_0 (= Annahme der Nullhypothese) mit Hilfe folgender Formel

$$SE\left(a_0\right) = s_2 \cdot \int_{\Phi_0}^{\infty} f_N\left(\Phi, \zeta(\Phi'), \sigma'\right) d\Phi$$

$$= s_2 \cdot \sigma' \cdot \left(1 - F_Z\left(\frac{\Phi_0 - \zeta(\Phi')}{\sigma'}\right)\right) = 3000 \cdot \sqrt{\frac{1}{2}} \cdot \left(1 - F_Z\left(\frac{0 - 0.549}{0.707}\right)\right) = 2344.117$$

mit

$$\zeta(a) = \frac{1}{2} \cdot \ln\left(\frac{1 + a}{1 - a}\right)$$

und

$$\text{var}\zeta_p = \begin{vmatrix} 0 & \text{if } n_p \leq 3 \\ \dfrac{1}{n_p - 3} & \text{otherwise} \end{vmatrix}$$

$$\sigma' = \sqrt{\text{var}\zeta_p} = 0.707$$

$$\zeta(\Phi') = \frac{1}{2} \cdot \ln\left(\frac{1 + 0.5}{1 - 0.5}\right) = 0.549$$

Für die Aktion a_1 (= Annahme der Alternativhypothese) ist der Schadenerwartungswert

$$SE\left(a_1\right) = s_1 \cdot \int_{-\infty}^{\Phi_0} f_N\left(\Phi, \zeta(\rho'), \sigma'\right) d\Phi$$

$$= s_1 \cdot \sigma' \cdot F_Z\left(\frac{\Phi_0 - \zeta(\rho')}{\sigma'}\right) = 3000 \cdot \sqrt{\frac{1}{2}} \cdot F_Z\left(\frac{0 - 0.549}{0.707}\right) = 655.883$$

F_Z ist die Verteilungsfunktion der Standardnormalverteilung. Die Aktion a_0, die Nullhypothese anzunehmen und keinen Weiterbildungskurs besuchen, hat auf Grund der Prioriinformationen einen Schadenerwartungswert von 2344.117 Geldeinheiten und die Aktion a_1, den Weiterbildungskurs besuchen, einen Schadenerwartungswert von 655.883 Geldeinheiten. Dies ist auch der EWPI.

Kennt man die Erhebungskosten, dann kann man mit Hilfe des EWPI auch den maximalen Stichprobenumfang berechnen, der für eine Stichprobenerhebung in Frage kommt. Man muss mit folgenden Erhebungskosten rechnen:

Fixe Erhebungskosten k_fix	0
Variable Erhebungskosten k	2

Man muss keine fixen Kosten in Rechnung stellen, aber jede zu testende Person kostet ihn 0.01 Geldeinheiten. Der maximale Stichprobenumfang ist daher gleich

$$n_{max} = \frac{EWPI}{k} - \frac{k_{fix}}{k} = \frac{655.883}{2} = 327.942$$

gerundet 328 Personen. Um nun jenen Stichprobenumfang zu finden, bei dem der Informationsgewinn am größten ist, berechnet man für jeden der Stichprobenumfänge von 1 bis 328 den erwarteten Wert der Stichprobeninformation, EWSI, und zieht davon die entsprechenden Erhebungskosten ab. Das Ergebnis ist der erwartete Nettowert der Stichprobeninformation (ENSI) oder anders ausgedrückt der Informationsgewinn der Stichprobe. Für das vorliegende Beispiel zeigt sich, dass dieser ENSI für einen Stichprobenumfang von

$$n_{opt} = 51$$

am größten ist. Der erwartete Wert der Stichprobeninformation einer Stichprobe vom Umfang n wird für eine konstante Schadenfunktion und gleichen Schäden $s_1 = s_2 = s$ durch die partiellen Momente der bivariaten Normalverteilung bestimmt. Für den Stichprobenumfang von 51 ist er gleich

$$EWSI(51) = 421.423$$

Geldeinheiten und der erwartete Informationsgewinn dieser Stichprobe sind

$$ENSI(51) = 321.423$$

Geldeinheiten. Die folgende Grafik zeigt den erwarteten Informationserlös, Informationsgewinn und Gesamterhebungskosten für die einzelnen Stichprobenumfänge.

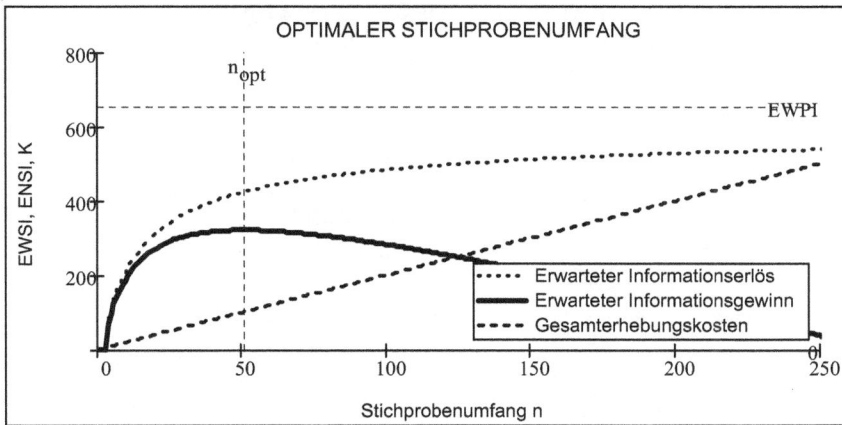

OPTIMALER STICHPROBENUMFANG

8_2 MASSKORRELATION

a) Klassisches Modell

Besteht zwischen dem psychologischem Eignungstest und dem Jahresumsatz von Außendienstmitarbeitern ein Zusammenhang? Wie groß muss der Umfang der Stichprobe sein, um die Hypothese zu prüfen, dass zwischen dem psychologischem Eignungstest und dem Jahresumsatz von Außendienstmitarbeitern ein Zusammenhang besteht?

Folgende Hypothesen sind zu prüfen:

H_0: Zwischen dem Test und dem Umsatz besteht kein (= 0) Zusammenhang:
H_0: $\rho = 0$.

H_1 Zwischen dem Test und dem Umsatz besteht in der Grundgesamtheit ein positiver Zusammenhang
H_1: $\rho = 0.5 > 0$.

Auch hier muss als Alternativhypothese z. B. 0.5 angenommen werden und nicht größer als 0, da sonst kein notwendiger 'Stichprobenumfang im klassischen Modell berechnet werden kann. Je geringer die Differenz zwischen Nullhypothese und Alternativhypothese ist, umso größer ist der notwendige Stichprobenumfang. Im Prinzip geht bei einer infinitesimalen Differenz der notwendige Stichproben-umfang nach Unendlich. Man ist der Ansicht, dass die Differenz von 0.5 ausreichend ist. Neben dieser Differenz ist noch das Signifikanzniveau α sowie die Güte $1 - \beta$ anzugeben, um den notwendigen Stichprobenumfang zu berechnen.

Die Güte garantiert, dass die Nullhypothese maximal in $\beta\%$ der Fälle fälschlicherweise akzeptiert wird, wenn in Wirklichkeit die Alternativhypothese zutrifft. Bei einem β von z. B. 0.2 wird die Nullhypothese maximal in 20% der Fälle akzeptiert, obwohl in Wirklichkeit die Alternativhypothese richtig ist.

Für folgende Voraussetzungen

Signifikanzniveau	0.05
Güte	0.8
Alternativhypothese	0.5
Nullhypothese	0

berechnet man den notwendiger Stichprobenumfang mit 24 Personen. Diesen Umfang kann man mit Hilfe der Formel

$$n = \frac{\left(z_{1-\alpha} + z_{1-\beta}\right)^2}{\left(\zeta(\rho_1) - \zeta(\rho_0)\right)^2} + 3 = \frac{(1.645 + 0.842)^2}{(0.549 - 0)^2} + 3 = 23.52$$

berechnen. Die z-Werte sind die entsprechenden Quantile der Standardnormalverteilung und ρ_0 sowie ρ_1 die Korrelationskoeffizienten der Null- und Alternativhypothese. Um Normalverteilung zu erzwingen, werden die beiden Korrelationskoeffizienten zeta-transformiert:

$$\zeta(a) = \frac{1}{2} \cdot \ln\left(\frac{1 + a}{1 - a}\right)$$

Durch diese Transformation erreicht man Normalverteilung der Korrelationskoeffizienten. Für $\rho_0 = 0$ ist zeta(0) = 0 und für $\rho_1 = 0.5$ ist

$$\zeta(0.5) = \frac{1}{2} \cdot \ln\left(\frac{1 + 0.5}{1 - 0.5}\right) = 0.549$$

Man muss also (aufgerundet) 24 Personen danach untersuchen, wie viele Punkte sie im Eignungstest erreichen und wie viel Jahresumsatz sie letztes Jahr aufweisen. Der Stichprobenumfang von 24 Erhebungseinheiten garantiert, dass

a) die Nullhypothese $\rho_M = 0$ maximal in 5% der Fälle fälschlicherweise abgelehnt wird, wenn in Wirklichkeit die Nullhypothese zutrifft und

b) die Nullhypothese $\rho_M = 0$ maximal in 20% der Fälle fälschlicherweise akzeptiert wird, wenn in Wirklichkeit die Alternativhypothese $\rho_M = 0.5 > 0$ zutrifft.

Wenn aber in Wirklichkeit der Korrelationskoeffizient ρ zwischen den Grenzen 0 und 0.5 liegt, dann kann keine Aussage über den β-Fehler gemacht werden.

Die folgende Grafik zeigt den notwendigen Stichprobenumfang in Abhängigkeit von der Güte:

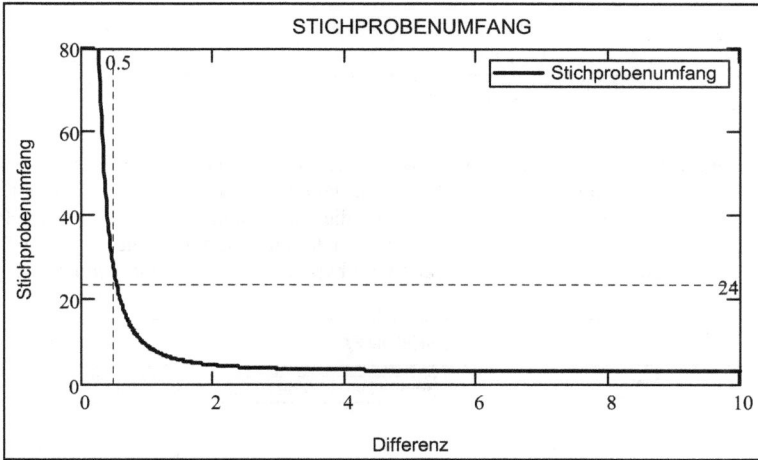

Wenn der Stichprobenumfang mehr als 5% der Grundgesamtheit umfasst, dann berücksichtigt man folgende Endlichkeitskorrektur:

$$n_E = \frac{1}{\dfrac{1}{n} + \dfrac{1}{N}}$$

n ist der oben berechnete Stichprobenumfang und N der der Grundgesamtheit. Wenn im vorliegenden Beispiel die Grundgesamtheit z. B. 100 Verkäufer umfasst, dann ist die Endlichkeitskorrektur gleich

$$n_E = \frac{1}{\dfrac{1}{24} + \dfrac{1}{100}} = 19.355$$

In diesem Fall würde man nur 20 Personen untersuchen.

b) Bayes-Modell

Bei einer früheren Untersuchung hatten 4 Verkäufer einen Korrelationskoeffizient von 0.5 zwischen Eignungstest und Jahresumsatz. Diese Information kann man als Prioriinformation zur oben angeführten Stichprobeninformation betrachten. Berücksichtigt man die Information in Form einer hypothetischen Stichprobe im Umfang von

Hypothetischer Stichprobenumfang	4
Priorikorrelationskoeffizient	0.5

dan0n ergibt sich der notwendige Stichprobenumfang für die Wahrscheinlichkeit von 95% näherungsweise durch folgende Formel:

$$n = \frac{(z_{1-\alpha})^2}{(\zeta(\rho_1) - \zeta(\rho_0))^2} + 3 - n_p = \frac{(1.645)^2}{(0.549 - 0)^2} + 3 - 4 = 7.967$$

Im Bayes-Modell müssen (aufgerundet) 8 Personen befragt werden, wenn man von den oben angeführten Hypothesen ausgeht. Der Stichprobenumfang von 8 Einheiten garantiert, dass der Bayes-Faktor für die Nullhypothese $W(H_0|x)/(1 - W(H_0|x))$ mindestens 19 ist, wenn die Nullhypothese zutrifft. D. h. die Posterioriwahrscheinlichkeit für die Nullhypothese ist in diesem Fall mindestens 95%. Die folgende Grafik zeigt den Bayes'schen Stichprobenumfang in Abhängigkeit vom hypothetischen Stichprobenumfang:

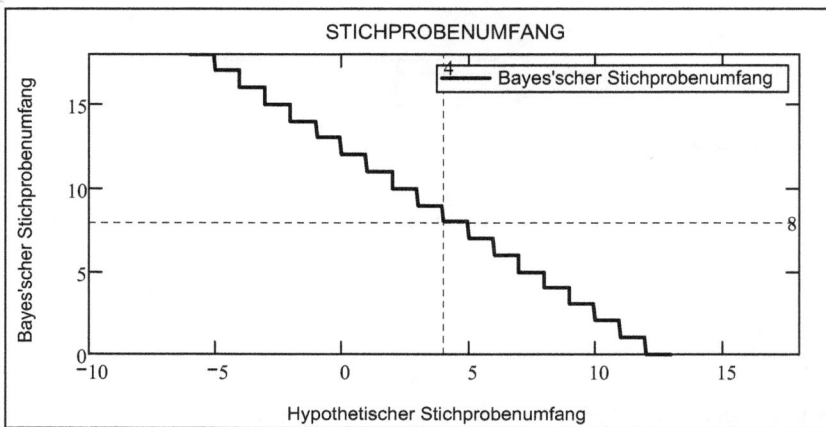

c) Wald-Modell

Im Wald-Modell bestimmt man den Stichprobenumfang nicht nur unter Berücksichtigung der möglichen Schäden, die eine falsche Entscheidung verursacht, sondern es werden auch die Erhebungskosten in die Berechnungen mit einbezogen. Nach dem Wald-Modell wird man nur dann eine Stichprobenerhebung durchführen, wenn die Erhebungskosten geringer sind als der erwartete Informationsgewinn durch die Stichprobe.

Zuerst untersucht man die Entscheidungssituation auf Grund der Prioriinformationen. Für die Entscheidung verwendet man eine lineare Schadenfunktion: Verzichtet man auf den Eignungstest, dann erspart man sich die Kosten für den Eignungstest in der Höhe von 10 Geldeinheiten. Besteht jedoch in Wirklichkeit ein positiver Zusammenhang, dann hat man ohne Eignungstest eventuell den Falschen gewählt:

$$s(a_0, \rho) = \begin{bmatrix} 0 & \text{für} & \rho \leq 0 \\ 10 \cdot (\rho - 0) & \text{für} & \rho > 0 \end{bmatrix}$$

$s(a_0, \rho)$ ist die lineare Schadenfunktion für die Aktion, keinen Eignungstest zu verwenden, da kein Zusammenhang besteht. Wenn man aber den Test verwendet, obwohl in Wirklichkeit kein Zusammenhang besteht, entsteht ein Schaden von 10 Geldeinheiten pro getestete Person.

$$s(a_1, \rho) = \begin{bmatrix} 0 & \text{für} \quad \rho \geq 0 \\ 10 \cdot (0 - \rho) & \text{für} \quad \rho < 0 \end{bmatrix}$$

$s(a_1, \rho)$ ist die lineare Schadenfunktion für die Aktion, den Eignungstest zu verwenden. Die Unsicherheit über die beiden möglichen Nachfragesituationen (ρ gleich 0 oder größer) kann man durch die Priorinormalverteilung zum Ausdruck bringen.

Für die Prioriinformationen

$$n' = 4$$

$$\rho' = 0.5$$

und eine lineare Schadenfunktion findet man den Schadenerwartungswert für die Aktion a_0 (= Annahme der Nullhypothese) mit Hilfe folgender Formel

$$SE(a_0) = s_2 \cdot \int_{\rho_0}^{\infty} (\rho - \rho_0) \cdot f_N(\rho, \zeta(\rho'), \sigma') \, d\rho$$

$$= s_2 \cdot \sigma' \cdot \left[f_Z\left(\frac{\rho_0 - \zeta(\rho')}{\sigma'}\right) - \frac{\rho_0 - \zeta(\rho')}{\sigma'} \cdot \left(1 - F_Z\left(\frac{\rho_0 - \zeta(\rho')}{\sigma'}\right)\right) \right]$$

$$= 10 \cdot 1 \cdot \left[f_Z\left(\frac{0 - 0.549}{1}\right) - \frac{5 - 0.549}{1} \cdot \left(1 - F_Z\left(\frac{5 - 0.549}{1}\right)\right) \right]$$

$$= 7.086$$

mit

$$\zeta(a) = \frac{1}{2} \cdot \ln\left(\frac{1 + a}{1 - a}\right)$$

und

$$\text{var}\zeta_p = \begin{vmatrix} 0 & \text{if } n_p \leq 3 \\ \frac{1}{n_p - 3} & \text{otherwise} \end{vmatrix}$$

$$\sigma' = \sqrt{\text{var}\zeta_p} = 1$$

$$\zeta(\rho') = \frac{1}{2} \cdot \ln\left(\frac{1 + 0.5}{1 - 0.5}\right) = 0.549$$

Für die Aktion a_1 (= Annahme der Alternativhypothese) ist der Schadenerwartungswert

$$
\begin{aligned}
SE(a_1) &= s_1 \cdot \int_{-\infty}^{\rho_0} (\rho_0 - \rho) \cdot f_N(\rho, \zeta(\rho'), \sigma') \, d\rho \\
&= s_1 \cdot \sigma' \cdot \left(\frac{\rho_0 - \zeta(\rho')}{\sigma'} \cdot F_Z\left(\frac{\rho_0 - \zeta(\rho')}{\sigma'} \right) + f_Z\left(\frac{\rho_0 - \zeta(\rho')}{\sigma'} \right) \right) \\
&= 10 \cdot 1 \cdot \left(\frac{0 - 0.549}{1} \cdot F_Z\left(\frac{0 - 0.549}{1} \right) + f_Z\left(\frac{0 - 0.549}{1} \right) \right) \\
&= 2.914
\end{aligned}
$$

F_Z ist die Verteilungsfunktion der Standardnormalverteilung. Die Aktion a_0, die Nullhypothese anzunehmen und keine Eignungstests durchführen, hat auf Grund der Prioriinformationen einen Schadenerwartungswert von 7.086 Geldeinheiten und die Aktion a_1, die Eignungstests verwenden, einen Schadenerwartungswert von 2.914 Geldeinheiten. Dies ist auch der EWPI.

Kennt man die Erhebungskosten, dann kann man mit Hilfe des EWPI auch den maximalen Stichprobenumfang berechnen, der für eine Stichprobenerhebung in Frage kommt. Man muss mit folgenden Erhebungskosten rechnen:

Fixe Erhebungskosten k_fix	0
Variable Erhebungskosten k	0.01

Man muss keine fixen Kosten in Rechnung stellen, aber jede zu testende Person kostet ihn 0.01 Geldeinheiten. Der maximale Stichprobenumfang ist daher gleich

$$
n_{max} = \frac{EWPI}{k} - \frac{k_{fix}}{k} = \frac{2.914}{0.01} = 291.4
$$

gerundet 292 Personen. Um nun jenen Stichprobenumfang zu finden, bei dem der Informationsgewinn am größten ist, berechnet man für jeden der Stichprobenumfänge von 1 bis 292 den erwarteten Wert der Stichprobeninformation, kurz EWSI, und zieht davon die entsprechenden Erhebungskosten ab. Das Ergebnis ist der erwartete Nettowert der Stichprobeninformation (kurz ENSI) oder anders ausgedrückt der Informationsgewinn der Stichprobe. Für das vorliegende Beispiel zeigt sich, dass dieser ENSI für einen Stichprobenumfang von

$$
n_{opt} = 40
$$

am größten ist.

Der erwartete Wert der Stichprobeninformation einer Stichprobe vom Umfang n wird für eine lineare Schadenfunktion und gleichen Schäden $s_1 = s_2 = s$ nach folgender Formel berechnet:

$$\text{EWSI}(n) = \begin{pmatrix} s \cdot L_l(\rho'') & \text{wenn Priorientscheidung für } H_1 \\ s \cdot L_r(\rho'') & \text{wenn Priorientscheidung für } H_0 \end{pmatrix}$$

L_l und L_r sind die linearen Schadenintegrale der Normalverteilung für den Posteriorikorrelationskoeffizient ρ''. Für das Beispiel ist der

$$\text{EWSI}(40) = 2.028$$

Geldeinheiten und der erwartete Informationsgewinn dieser Stichprobe sind

$$\text{ENSI}(40) = 1.638$$

Geldeinheiten. Die folgende Grafik zeigt den erwarteten Informationserlös, Informationsgewinn und Gesamterhebungskosten für die einzelnen Stichprobenumfänge.

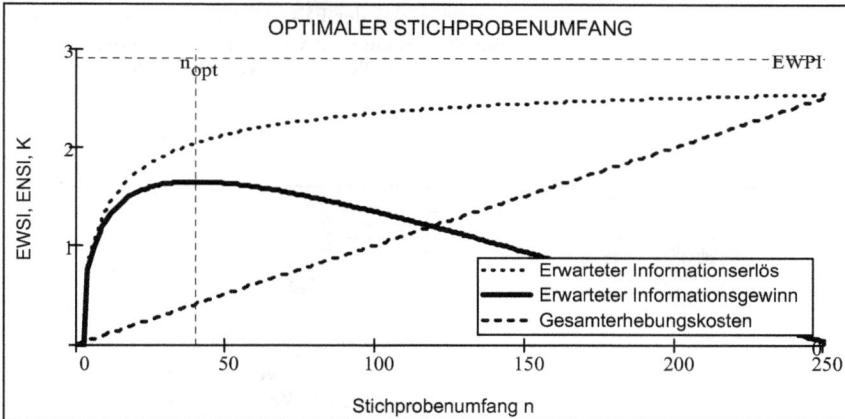

8_3 EINFACH REGRESSION

a) Klassisches Modell

Kann man von der Verkaufsfläche auf den Umsatz schließen? Wie groß muss der Umfang der Stichprobe sein, um die Hypothese zu prüfen, dass zwischen der Verkaufsfläche als unabhängige Variable und dem Umsatz als abhängige Variable ein linearer Zusammenhang besteht?

Folgende Hypothesen sind zu prüfen:

H_0: Die unabhängige Variable Verkaufsfläche hat keinen linearen Einfluss auf die abhängige Variable Umsatz
H_0: β_0 beliebig und $\beta_1 = 0$.

H_1: Die unabhängige Variable Verkaufsfläche hat keinen linearen Einfluss auf die abhängige Variable Umsatz
H_1: β_0 beliebig und $\beta_1 = 0.5 > 0$.

Auch hier muss als Alternativhypothese z. B. 0.5 angenommen werden und nicht größer als 0, da sonst kein notwendiger 'Stichprobenumfang im klassischen Modell berechnet werden kann. Je geringer die Differenz zwischen Nullhypothese und Alternativhypothese ist, umso größer ist der notwendige Stichprobenumfang. Im Prinzip geht bei einer infinitesimalen Differenz der notwendige Stichprobenumfang nach Unendlich. Man ist der Ansicht, dass die Differenz von 0.5 ausreichend ist. Neben dieser Differenz ist noch das Signifikanzniveau α sowie die Güte $1 - \beta$ anzugeben, um den notwendigen Stichprobenumfang zu berechnen.

Die Güte garantiert, dass die Nullhypothese maximal in $\beta\%$ der Fälle fälschlicherweise akzeptiert wird, wenn in Wirklichkeit die Alternativhypothese zutrifft. Bei einem β von z. B. 0.2 wird die Nullhypothese maximal in 20% der Fälle akzeptiert, obwohl in Wirklichkeit die Alternativhypothese richtig ist.

Für folgende Voraussetzungen

Signifikanzniveau	0.05
Güte	0.8
Alternativhypothese	0.5
Nullhypothese	0

berechnet man den notwendiger Stichprobenumfang mit 21 Filialen, wenn man für die Standardabweichung der unabhängigen Variablen und der Fehlervariablen folgende Werte annimmt:

Standardabweichung der unabhängigen Variable Verkaufsfläche: $\sigma_x = 5$

Standardabweichung der Fehlervariablen: $\sigma_\varepsilon = 4$

Diesen Umfang kann man mit Hilfe der Formel

$$n = \frac{\left(z_{1-\alpha} + z_{1-\beta}\right)^2}{\left(\zeta(r)\right)^2} + 3 = \frac{(1.645 + 0.842)^2}{(0.59)^2} + 3 = 20.768$$

berechnen. Die z-Werte sind die entsprechenden Quantile der Standardnormalverteilung und r wird durch folgende Formel bestimmt:

$$r = \frac{\lambda}{\sqrt{\lambda^2 + 1}} = \frac{0.625}{\sqrt{0.625^2 + 1}} = 0.53$$

$$\lambda = \frac{\beta_1 \cdot \sigma_x}{\sigma_\varepsilon} = \frac{0.5 \cdot 5}{4} = 0.645$$

Um Normalverteilung zu erzwingen, wird r zeta-transformiert:

$$\zeta(r) = \frac{1}{2} \cdot \ln\left(\frac{1 + r}{1 - r}\right) = \frac{1}{2} \cdot \ln\left(\frac{1 + 0.53}{1 - 0.53}\right) = 0.59$$

Durch diese Transformation erreicht man Normalverteilung.

Man muss also (aufgerundet) 21 einschlägige Betriebe danach untersuchen, wie viele Quadratmeter Verkaufsfläche sie haben und wie viel Jahresumsatz sie erreichten. Der Stichprobenumfang von 21 Erhebungseinheiten garantiert, dass

a) die Nullhypothese $\beta_1 = 0$ maximal in 5% der Fälle fälschlicherweise abgelehnt wird, wenn in Wirklichkeit die Nullhypothese zutrifft und

b) die Nullhypothese $\beta_1 = 0$ maximal in 20% der Fälle fälschlicherweise akzeptiert wird, wenn in Wirklichkeit die Alternativhypothese $\beta_1 = 0.5 > 0$ zutrifft.

Wenn aber in Wirklichkeit der Regressionskoeffizient β_1 zwischen den Grenzen 0 und 0.5 liegt, dann kann keine Aussage über den β–Fehler gemacht werden.

Die folgende Grafik zeigt den notwendigen Stichprobenumfang in Abhängigkeit von der Güte:

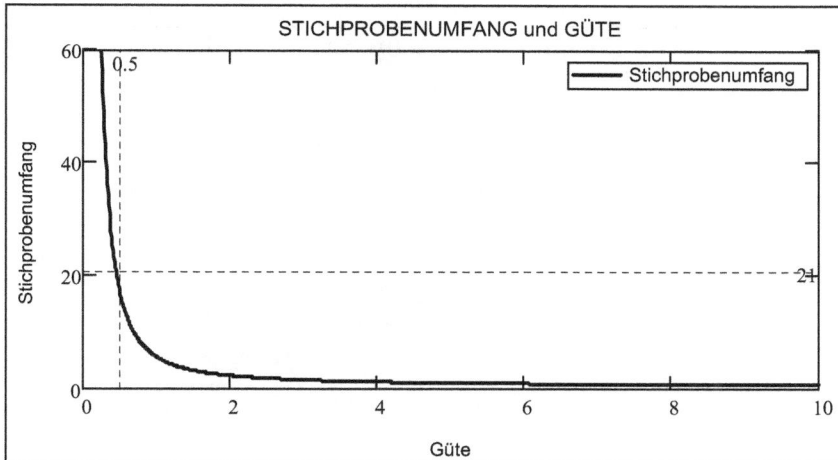

b) Bayes-Modell

Bei einer internationalen Studie geht hervor, dass im Durchschnitt der Umsatz pro Tausend m^2 zusätzlicher Verkaufsfläche um 3 Mio. Geldeinheiten zunimmt.

Berücksichtigt man die Information in Form einer hypothetischen Stichprobe im Umfang von

"Hypothetischer Stichprobenumfang"	1
"Prioriregressionskoeffizient"	0.5

dann ergibt sich der notwendige Stichprobenumfang für die Wahrscheinlichkeit von 95% näherungsweise durch folgende Formel:

$$n = \frac{\left(z_{1-\alpha}\right)^2}{\left(\zeta(r)\right)^2} + 3 - n_p = \frac{(1.645)^2}{(0.59)^2} + 3 - 1 = 9.769$$

Im Bayes-Modell müssen (aufgerundet) 10 Filialen untersucht werden, wenn man von den oben angeführten Hypothesen ausgeht.

Der Stichprobenumfang von 10 Einheiten garantiert, dass der Bayes-Faktor für die Nullhypothese $W(H_0|x)/(1 - W(H_0|x))$ mindestens 19 ist, wenn die Nullhypothese zutrifft. D. h. die Posterioriwahrscheinlichkeit für die Nullhypothese ist in diesem Fall mindestens 95%.

Die folgende Grafik zeigt den Bayes'schen Stichprobenumfang in Abhängigkeit vom hypothetischen Stichprobenumfang:

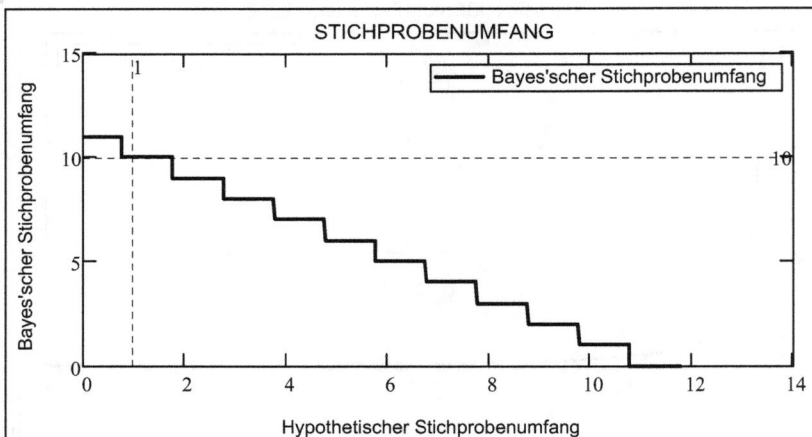

c) Wald-Modell

Die Kalkulation für die Errichtung einer Filiale von Tausend m2 liefert einen Break-even-point für den notwendigen Umsatz von 0.5 Mio. Geldeinheiten. Soll die Filiale mit 1000 m2 errichtet werden?

Die aus der Kalkulation ermittelten Opportunitätskosten pro Einheit Abweichung vom Break-even-point betragen 3.5 Mio. Geldeinheiten. Die Schadenfunktion für die Aktion a_0 ist daher gleich

$$s(a_0, \beta_1) = \begin{bmatrix} 0 & \text{für} & \beta_1 \leq 0.5 \\ 3.5 \cdot (\beta_1 - 0.5) & \text{für} & \beta_1 > 0.5 \end{bmatrix}$$

$s(a_0, \beta_1)$ ist die lineare Schadenfunktion für die Aktion, keine Filiale zu errichten, da keine ausreichende Abhängigkeit zwischen dem Umsatz und der Verkaufsfläche besteht. Wenn das Unternehmen keine Erweiterung der Filiale durchführt, der Umsatz aber tatsächlich über 0.5 Mio. Geldeinheiten pro 1000 m2 liegt, dann entsteht ein Schaden der der Differenz von $(\beta_1 - 0.5) \cdot 3.5$ entspricht. Liegt der Umsatz unter 0.5, dann entsteht bei der Wahl von Aktion a_0 kein Schaden. Für die Aktion a_1 ist der mögliche Schaden durch folgende Funktion bestimmt:

$$s(a_1, \beta_1) = \begin{bmatrix} 0 & \text{für} & \beta_1 \geq 0.5 \\ 3.5 \cdot (0.5 - \beta_1) & \text{für} & \beta_1 < 0.5 \end{bmatrix}$$

Kein Schaden tritt bei der Wahl von a_1 auf, wenn der Umsatz tatsächlich größer als 0.5 Mio. Geldeinheiten pro 1000 m2 ist. Wenn er kleiner als 0.5 Mio. Geldeinheit ist, dann entsteht ein Schaden in der Höhe von $3.5 \cdot (\beta_1 - 0.5)$ Geldeinheiten.

Für die Prioriinformationen

$$n' = 1$$

$$\beta'_1 = 0.5$$

und eine lineare Schadenfunktion findet man den Schadenerwartungswert für die Aktion a_0 (= Annahme der Nullhypothese) mit Hilfe folgender Formel

$$SE(a_0) = s_2 \cdot \int_{\beta_{1.0}}^{\infty} (\beta_1 - \beta_{1.0}) \cdot f_N(\beta_1, \beta'_1, \sigma'_{\beta1}) \, d\beta_1$$

$$= s_2 \cdot \sigma'_{\beta1} \left[f_Z\left(\frac{\beta_{1.0} - \beta'_1}{\sigma'_{\beta1}}\right) - \frac{\beta_{1.0} - \beta'_1}{\sigma'_{\beta1}} \cdot \left(1 - F_Z\left(\frac{\beta_{1.0} - \beta'_1}{\sigma'_{\beta1}}\right)\right) \right]$$

$$= 3.5 \cdot 0.8 \cdot \left[f_Z\left(\frac{0 - 0.5}{0.8} \right) - \frac{5 - 0.5}{0.8} \cdot \left(1 - F_Z\left(\frac{5 - 0.5}{0.8} \right) \right) \right]$$

$$= 2.203$$

mit

$$\sigma'_{\beta 1} = \frac{1}{\sqrt{n_p}} \cdot \frac{\sigma_\varepsilon}{\sigma_x} = \frac{1}{\sqrt{1}} \cdot \frac{4}{5} = 0.8$$

Für die Aktion a_1 (= Annahme der Alternativhypothese) ist der Schadenerwartungswert

$$SE(a_1) = s_1 \cdot \int_{-\infty}^{\beta 1.0} (\beta_{1.0} - \beta_1) \cdot f_N(\beta_1, \beta'_1, \sigma') \, d\beta_1$$

$$= s_1 \cdot \sigma'_{\beta 1} \cdot \left(\frac{\beta_{1.0} - \beta'_1}{\sigma'_{\beta 1}} \cdot F_Z\left(\frac{\beta_{1.0} - \beta'_1}{\sigma'_{\beta 1}} \right) + f_Z\left(\frac{\beta_{1.0} - \beta'_1}{\sigma'_{\beta 1}} \right) \right)$$

$$= 3.5 \cdot 0.8 \cdot \left(\frac{0 - 0.5}{0.8} \cdot F_Z\left(\frac{0 - 0.5}{0.8} \right) + f_Z\left(\frac{0 - 0.5}{0.8} \right) \right)$$

$$= 0.453$$

F_Z ist die Verteilungsfunktion der Standardnormalverteilung. Die Aktion a_0, die Nullhypothese anzuneh-men hat auf Grund der Prioriinformationen einen Schadenerwartungswert von 2.203 Geldeinheiten und die Aktion a_1 einen Schadenerwartungswert von 0.453 Geldeinheiten. Dies ist auch der EWPI.

Kennt man die Erhebungskosten, dann kann man mit Hilfe des EWPI auch den maximalen Stichproben-umfang berechnen, der für eine Stichprobenerhebung in Frage kommt. Man muss mit folgenden Erhe-bungskosten rechnen:

Fixe Erhebungskosten k_fix	0
Variable Erhebungskosten k	0.001

Man muss keine fixen Kosten in Rechnung stellen, aber jede zu testende Person kostet ihn 0.01 Geldein-heiten. Der maximale Stichprobenumfang ist daher gleich

$$n_{max} = \frac{EWPI}{k} - \frac{k_{fix}}{k} = \frac{0.453}{0.001} = 453$$

453 Personen. Um nun jenen Stichprobenumfang zu finden, bei dem der Informationsgewinn am größten ist, berechnet man für jeden der Stichprobenumfänge von 1 bis 453 den erwarteten Wert der Stichprobeninformation, kurz EWSI, und zieht davon die entsprechenden Erhebungskosten ab. Das Ergebnis ist der erwartete Nettowert der Stichprobeninformation (kurz ENSI) oder anders ausgedrückt der Informationsgewinn der Stichprobe. Für das vorliegende Beispiel zeigt sich, dass dieser ENSI für einen Stichprobenumfang von

$$n_{opt} = 21$$

am größten ist.

Der erwartete Wert der Stichprobeninformation einer Stichprobe vom Umfang n wird für eine lineare Schadenfunktion und gleichen Schäden $s_1 = s_2 = s$ nach folgender Formel berechnet:

$$EWSI(n) = \begin{pmatrix} s \cdot L_1(\beta''_1) & \text{wenn Priorientscheidung für } H_1 \\ s \cdot L_r(\beta''_1) & \text{wenn Priorientscheidung für } H_0 \end{pmatrix}$$

L_1 und L_r sind die linearen Schadenintegrale der Normalverteilung für den Posterioriregressionskoeffizient β''_1 und der Varianz

$$\sigma_{\beta1''}{}^2 = \frac{\sigma_\varepsilon{}^2}{\sigma_x{}^2} \cdot \left(\frac{1}{n'} - \frac{1}{n + n'} \right)$$

Der optimale Stichprobenumfang kann in diesem Fall über folgende Formel berechnet werden:

$$n_{opt} = \left(\frac{s \cdot \sigma'_{\beta1} \cdot n'}{2 \cdot k} \cdot f_Z(z') \right)^{\frac{1}{2}} - n'$$

Für $s_1 = s_2 = 3.5$ ist der optimale Stichprobenumfang gleich

$$n_{opt} = \left(\frac{3.5 \cdot 0.8 \cdot 1}{2 \cdot 0.001} \cdot f_Z\left(\frac{0 - 0.5}{0.8} \right) \right)^{\frac{1}{2}} - 1 = 20.434$$

wie schon oben angeführt. Der erwartete Wert der Stichprobeninformation ist für $n = 21$

$$EWSI(21) = 0.432$$

Geldeinheiten und der erwartete Informationsgewinn dieser Stichprobe sind

$$ENSI(21) = 0.411$$

Geldeinheiten. Die folgende Grafik zeigt den erwarteten Informationserlös, Informationsgewinn und Gesamterhebungskosten für die einzelnen Stichprobenumfänge.

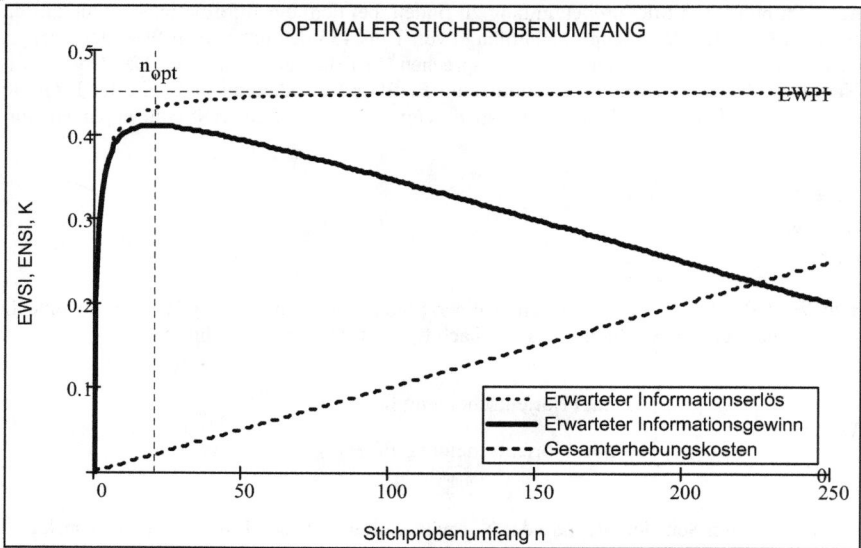

OPTIMALER STICHPROBENUMFANG

EWSI, ENSI, K

Stichprobenumfang n

.... Erwarteter Informationserlös
— Erwarteter Informationsgewinn
--- Gesamterhebungskosten

SOFTWAREAUSGABE
EINIGER RECHENBEISPIELE

Die Beschreibung der einzelnen statistischen Auswertungsverfahren an Hand einfacher Beispiele zeigt, dass selbst für einfache Verfahren der Rechenaufwand groß ist. Mit Hilfe der von den Autoren entwickelten Software wird dem Anwender nicht nur die Berechnung abgenommen, sondern auch die Interpretation der Berechnungsergebnisse. Ob ein Unterschied zwischen 2 Stichprobenergebnissen nur als Zufallsergebnis interpretiert wird oder schon verallgemeinert werden kann wird nicht nur an Hand von Testmaßzahlen berechnet, sondern auch wörtlich interpretiert. Dies gilt sowohl für das klassische, Bayes- oder auch Wald-Modell

Für die behandelten statistischen Verfahren werden im Folgenden die Softwareausgaben für die einzelnen Beispiele gezeigt. Um diese zu erhalten, ist es nur notwendig, für die Fragen und Antworten der Stichproben die Rohdaten oder auch Häufigkeitstabellen, Kreuztabellen oder Korrelationsmatrizen einzugeben. Für das klassische Modell sind die Angabe des Konfidenz- oder Signifikanzniveaus erforderlich, weiteres eventuelle Vorinformationen für das Bayes Modell und Schadeninformationen für das Wald Modell.

Bei jedem Programm findet man noch zahlreiche weitere Ergebnisse, die unter „DETAILS" abgelegt sind, hier aber nicht angeführt werden.

ANTEILSWERT, SCHÄTZVERFAHREN:

Ziel: Häufigkeitstabelle, Grafik, Anteilswerte, Punktschätzwert und Schätzintervall

AUSWERTUNG

der Antworten auf die

Frage = "Werden Sie die Spielkonsole Yoki kaufen?"

HÄUFIGKEITSVERTEILUNG (in %)

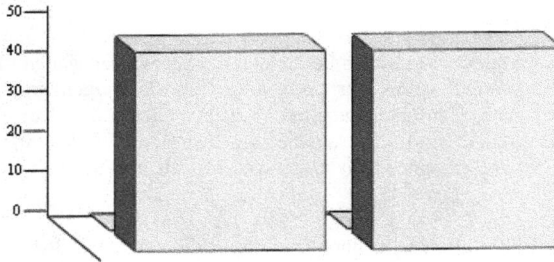

$$L = \begin{pmatrix} \text{"Antworten:"} & \text{"Nein"} & \text{"Ja"} \\ \text{"in \%: "} & 50 & 50 \end{pmatrix}$$

Häufigkeitsverteilung der Antworten:

$$T = \begin{pmatrix} \text{"Kaufabsicht"} & \text{"Häufigkeit"} & \text{"in Prozent"} \\ \text{"Nein"} & 15 & 50 \\ \text{"Ja"} & 15 & 50 \\ \text{"Summe"} & 30 & 100 \end{pmatrix}$$

KLASSISCHES MODELL

Die_Antwort = "Ja" auf die Frage = "Werden Sie die Spielkonsole Yoki kaufen?" wurde
von = 50 Prozent der Stichprobenbefragten gewählt. Dies ist der beste Punktschätzwert für den
unbekannten Prozentsatz diese Antwort in der Grundgesamtheit.

Man kann mit_ = 95 % Vertrauen annehmen, dass in der Grundgesamtheit der Prozentsatz für
die_Antwort = "Ja" zwischen den Grenzen 31 % und 69 % liegt."

BAYES MODELL

Für die Antwort_ = "Ja" ist der beste Schätzwert der Modus der Posterioriverteilung mit = 47 % für den unbekannten wahren Prozentsatz in der Grundgesamtheit. Dieser unbekannte Prozentsatz der Antwort_ = "Ja" liegt in der Grundgesamtheit mit einer Wahrscheinlichkeit von_ = 95 % zwischen den Grenzen = "32 und 61 Prozent" .

Die absoluten und relativen Häufigkeiten für die gewählte Antwort zeigt folgende Tabelle für die beiden Informationsquellen "Stichprobe" und "Prioriinformation" sowie die Kombination daraus "Posterioriinformation":

$$
TB = \begin{bmatrix}
\text{"Kaufabsicht"} & \text{"Stichprobe"} & & \text{"Priori"} & & \text{"Posteriori"} & \\
\text{("Antworten:"} & \text{"absolut"} & \text{"in \%"} & \text{"absolut"} & \text{"in \%"} & \text{"absolut"} & \text{"in \%"} \\
\text{"Ja"} & 15 & 50 & 6 & 40 & 21 & 46.667 \\
\text{"Nicht - Ja"} & 15 & 50 & 9 & 60 & 24 & 53.333 \\
\text{"Summe"} & 30 & 100 & 15 & 100 & 45 & 100
\end{bmatrix}
$$

WALD MODELL

Für die Antwort_ = "Ja" ist = 43 % der beste Schätzwert für den unbekannten wahren Prozentsatz in der Grundgesamtheit, wenn man eine = "lineare" Schadenfunktion voraussetzt. Dieser Prozentsatz hat unter allen möglichen Schätzwerten den kleinsten Schadenerwartungswert _von = 4.018 Geldeinheiten.

Dieser beste Schätzwert liegt in der Grundgesamtheit zwischen der Untergrenze_von= 35 und der Obergrenze_von= 56 %. Dieses Intervall hat unter allen möglichen Intervallen den kleinsten Schadenerwartungswert von SE = 1.392 Geldeinheiten.

Die Opportunitätskosten (= Schadeninformationen) für die Punkt-(= SI) und Intervallschätzung (= SII) sowie die gewählte Antwort zeigt folgende Tabelle:

$$
SI = \begin{pmatrix}
0 & \text{"für"} & \text{"a = pi"} \\
\text{"100 . (a - pi)"} & \text{"für"} & \text{"a > pi"} \\
\text{"50 . (pi - a)"} & \text{"für"} & \text{"a < pi"}
\end{pmatrix}
$$

$$
SII = \begin{bmatrix}
\text{"5.(Obergrenze-Untergrenze) +"} & \begin{pmatrix} \text{"100.(Untergrenze-a)"} & \text{"für"} & \text{"a < Untergrenze"} \\ \text{"50.(a-Obergrenze)"} & \text{"für"} & \text{"a > Obergrenze"} \end{pmatrix}
\end{bmatrix}
$$

STICHPROBENUMFANG, ANTEILSWERT, SCHÄTZVERFAHREN:

Ziel: Häufigkeitstabelle, Grafik, Anteilswert, Punktschätzwert und HPD-Intervall

KLASSISCHES MODELL

STICHPROBENUMFANG FÜR EIN SCHÄTZINTERVALL
für den Anteilswert der Antwort = "Ja" auf
die Frage = "Werden Sie die Spielkonsole Yoki kaufen?"
KLASSISCHES MODELL

Der Stichprobenumfang von n_{not} = 43 Erhebungseinheiten garantiert, dass mit einer Wahrscheinlichkeit von = 70 Prozent das aus einer Zufallsstichprobe berechnete = 95 % Konfidenzintervall innerhalb der Grenzen = "p - 0,25 und p + 0,25" liegt, .d. h. dass = 70 % der aus allen möglichen Zufallsstichproben berechneten Konfidenzintervalle innerhalb der angegebenen Grenzen liegen. Das Konfidenzintervall hat eine vorgegebene Länge _von = 1

Lässt man die Güte gegen 0 gehen, dann ist der notwendige Stichprobenumfang gleich n_{α} = 23 Einheiten. Die folgende Grafik zeigt den notwendigen Stichprobenumfang in Abhängigkeit von der Güte:

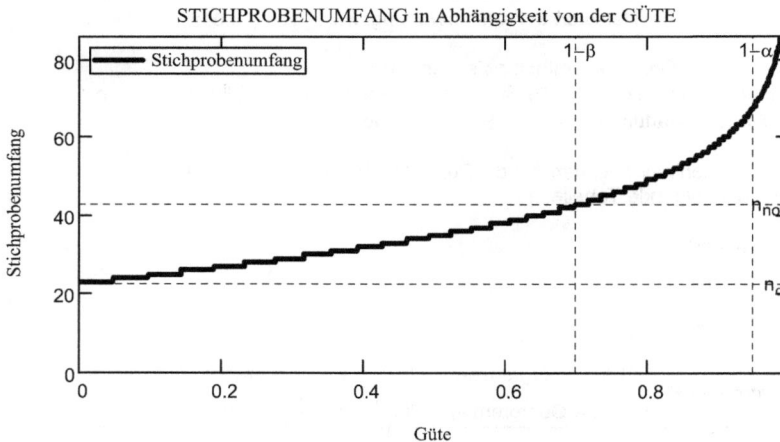

STICHPROBENUMFANG in Abhängigkeit von der GÜTE

BAYES MODELL

STICHPROBENUMFANG FÜR EIN SCHÄTZINTERVALL
für den Anteilswert der Antwort = "Ja"   auf
die Frage = "Werden Sie die Spielkonsole Yoki kaufen?"
BAYES MODELL

Der Stichprobenumfang $n_{Bnot} = 8$ garantiert, dass der Posteriorianteilswert mit einer Wahrscheinlichkeit von_ = 95 Prozent innerhalb der

Grenzen_ = "Posteriorianteilswert - 0,25"   und = "Posteriorianteilswert + 0,25"   liegt. Das Schätzintervall hat eine Länge_von = 1 .

Die folgende Grafik zeigt den Bayes'schen Stichprobenumfang in Abhängigkeit vom hypothetischen Stichprobenumfang:

STICHPROBENUMFANG in Abhängigkeit vom hypothetischen Umfang

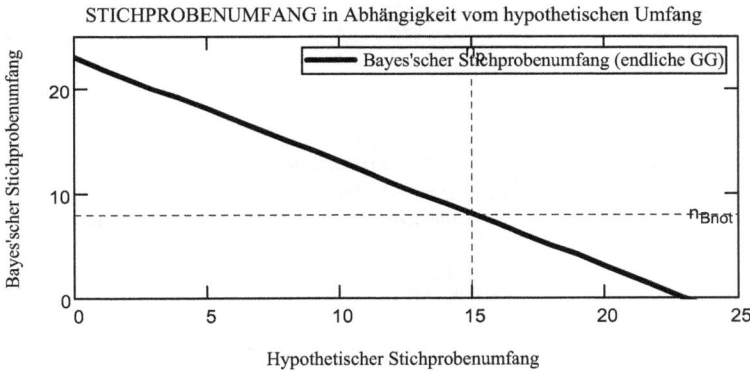

Hypothetischer Stichprobenumfang

WALD MODELL

STICHPROBENUMFANG FÜR EIN SCHÄTZINTERVALL
für den Anteilswert der Antwort = "Ja"   auf
die Frage = "Werden Sie die Spielkonsole Yoki kaufen?"
WALD MODELL

Optimales Schätzintervall

Der Stichprobenumfang von $n_{optl} = 18$ Einheiten garantiert, dass der erwartete Informationsgewinn dieser Stichprobe für die Intervallschätzung des Posteriorianteilswertes mit $ENS_{opt} = 0$ Geldeinheiten am größten ist. Das Schätzintervall = "hat die vorgegebene Länge von 0,5 Einheiten"
Die folgende Grafik zeigt den erwarteten Informationserlös, Informationsgewinn und Gesamterhebungskosten für die einzelnen Stichprobenumfänge.

OPTIMALER STICHPROBENUMFANG INTERVALLSCHÄTZUNG

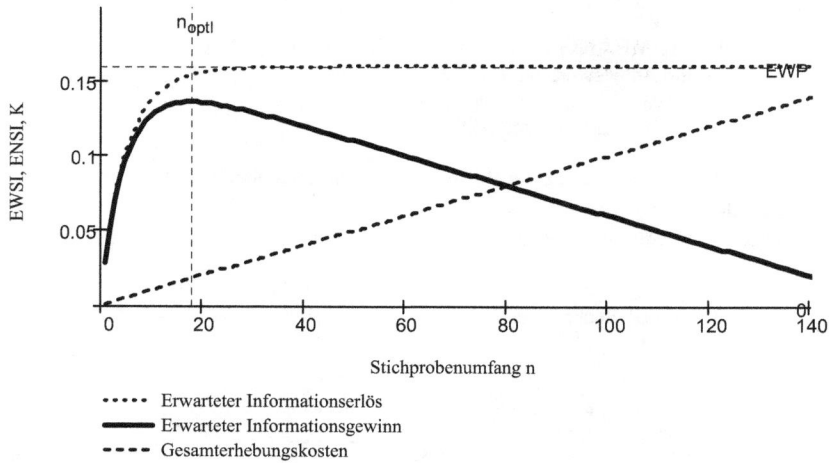

- ····· Erwarteter Informationserlös
- ——— Erwarteter Informationsgewinn
- ─ ─ ─ Gesamterhebungskosten

Optimale Punktschätzung für den Anteilswert

Der optimale Stichprobenumfang von $n_{opt} = 548$ Einheiten garantiert, dass der erwartete Informationsgewinn dieser Stichprobe für die Punktschätzung des Posteriorianteilswertes mit $ENSI_{opt} = 5$ Geldeinheiten am größten ist. Die folgende Grafik zeigt die erwarteten Informationsgewinne für die einzelnen Stichprobenumfänge.

OPTIMALER STICHPROBENUMFANG PUNKTSCHÄTZUNG

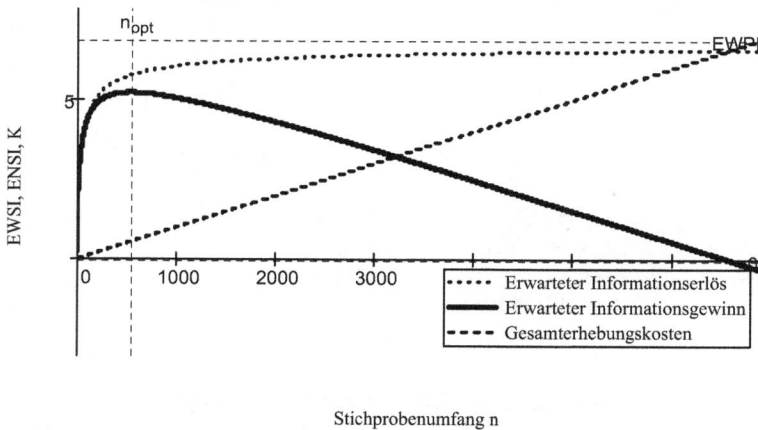

- ····· Erwarteter Informationserlös
- ——— Erwarteter Informationsgewinn
- ─ ─ ─ Gesamterhebungskosten

DURCHSCHNITT, z-TEST, 1 STICHPROBE:
Ziel: Häufigkeitstabelle, Grafik, Durchschnitt, Unterschied zu Durchschnitt der Grundgesamtheit

AUSWERTUNG
der Antworten auf die

Frage = "Wie viele Stunden verbringen Sie pro Woche vor dem Computer?"

HÄUFIGKEITSVERTEILUNG (in %)

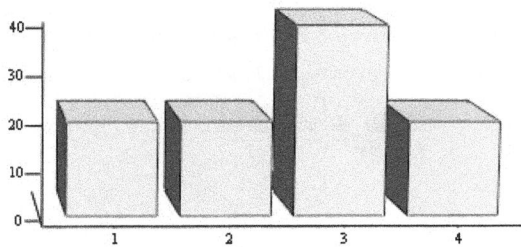

$$Le = \begin{pmatrix} \text{"Nr."} & 1 \; 2 \; 3 \; 4 & \text{"Intervall"} \\ \text{"Intervallmittelpunkte"} & 2 \; 6 \; 8 \; 11 & \text{"Zeit"} \end{pmatrix}$$

Häufigkeitsverteilung der Antworten:

$$T = \begin{pmatrix} \text{"Unter-"} & \text{"Ober-"} & \text{"Mittel-"} & \text{"Häufig-"} & \text{"Prozente"} & \text{"Kumulierte"} \\ \text{"grenze"} & \text{"grenze"} & \text{"punkt"} & \text{"keiten"} & \text{"\%"} & \text{"\%"} \\ 0 & 5 & 2 & 1 & 20 & 20 \\ 5 & 7 & 6 & 1 & 20 & 40 \\ 7 & 10 & 8 & 2 & 40 & 80 \\ 10 & 13 & 11 & 1 & 20 & 100 \\ \text{"Zeit"} & \text{"Zeit"} & \text{"Summe"} & 5 & 100 & \text{"*"} \end{pmatrix}$$

KLASSISCHES MODELL

Unterschied zwischen dem Stichprobendurchschnitt = 8 der
Frage = "Wie viele Stunden verbringen Sie pro Woche vor dem Computer?"
und = "dem Durchschnitt der Grundgesamtheit von höchstens 5."

Der Durchschnitt aus den Antworten auf die
Frage = "Wie viele Stunden verbringen Sie pro Woche vor dem Computer?" ist = 8 in der Stichprobe mit
einer Standardabweichung_von= 3 und einem Umfang von $n = 5$ . .

Kann man auf Grund dieses Stichprobenergebnisses behaupten, dass die Stichprobe aus einer
Grundgesamtheit stammt, mit = "dem Durchschnitt von höchstens 5?"
Ergebnis:

$$Es = \begin{pmatrix} \text{"Man kann nicht annehmen, dass die Stichprobe aus einer Grundgesamtheit stammt, "} \\ \text{"mit dem Durchschnitt von höchstens 5"} \end{pmatrix}$$

Das Risiko, dass diese Entscheidung falsch ist_ = "ist höchstens 5 %."   (Die Wahrscheinlichkeit
$p = 0.01$)

BAYES MODELL

Unterschied zwischen dem Stichprobendurchschnitt = 8 der
Frage = "Wie viele Stunden verbringen Sie pro Woche vor dem Computer?"
und = "dem Durchschnitt der Grundgesamtheit von höchstens 5."

Der Durchschnitt aus den Antworten auf die
Frage = "Wie viele Stunden verbringen Sie pro Woche vor dem Computer?" ist = 8 in der Stichprobe mit
einer Standardabweichung_von= 3 und einem Umfang von $n = 5$.

Auf Grund der Stichprobenergebnisse und ev. Prioriinformationen kann man behaupten, dass die
Stichprobe aus einer Grundgesamtheit stammt mit_einem_Durchschnitt = "grösser als 5" .

Die Wahrscheinlichkeit für diese Hypothese_ist = 98.249 Prozent.

Die Informationen für die gewählte Antwort zeigt folgende Tabelle für die beiden Informationsquellen
"Stichprobe" und "Prioriinformation" sowie die Kombination daraus "Posterioriinformation":

PI =	"INFORMATIONEN"	"Priori"	"Stichprobe"	"Posteriori"
	"Mittelwert: "	6	8	7
	"Umfang: "	5	5	10

WALD MODELL

Unterschied zwischen dem Stichprobendurchschnitt $= 8$ der
Frage = "Wie viele Stunden verbringen Sie pro Woche vor dem Computer?"
und = "dem Durchschnitt der Grundgesamtheit von höchstens 5."

Der Durchschnitt aus den Antworten auf die
Frage = "Wie viele Stunden verbringen Sie pro Woche vor dem Computer?" ist $= 8$ in der Stichprobe mit
einer Standardabweichung_von$= 3$ und einem Umfang von $n = 5$.

Kann man auf Grund dieses Stichprobenergebnisses und eventueller Priori- und Schadensinformationen
behaupten, dass die Stichprobe aus einer Grundgesamtheit stammt,
mit = "dem Durchschnitt von höchstens 5?"

Man kann behaupten, dass die Stichprobe aus einer Grundgesamtheit stammt
mit_einem_Durchschnitt = "grösser als 5" , wenn man eine = "lineare" Schadenfunktion voraussetzt. Der
Schadenerwartungswert ist für diese Entscheidung $= 0.12$ Geldeinheiten.

Die Schadensinformationen für dieses Entscheidungsproblem sind

$$SI = \begin{bmatrix} \begin{pmatrix} \text{"AKTION\_0:"} \\ \text{"mü\_0 <= 5 annehmen"} \end{pmatrix} \text{ " = "} & \begin{pmatrix} 0 & \text{"für"} & \text{"mü\_0 <= 5"} \\ \text{"30 . (M - 5)"} & \text{"für"} & \text{"mü\_0 > 5"} \end{pmatrix} \\ \begin{pmatrix} \text{"AKTION\_1:"} \\ \text{"mü\_0 > 5 annehmen"} \end{pmatrix} \text{ " = "} & \begin{pmatrix} \text{"20 . (5 - M)"} & \text{"für"} & \text{"mü\_0 <= 5"} \\ 0 & \text{"für"} & \text{"mü\_0 > 5"} \end{pmatrix} \end{bmatrix}$$

STICHPROBENUMFANG, MITTELWERT, TESTVERFAHREN:

Ziel: notwendiger und optimaler Stichprobenumfang

KLASSISCHES MODELL

STICHPROBENUMFANG FÜR DEN TEST DER NULLHYPOTHESE:

Der Durchschnitt der Antworten
auf die Frage = "Wieviele Stunden sehen Sie pro Tag fern?"
ist = "Der Durchschnitt mü_0 ist 5" ,
gegen die Alternativhypothese: Der Durchschnitt der Antworten
auf die Frage = "Wieviele Stunden sehen Sie pro Tag fern?"
ist_ = "Der Durchschnitt mü_1 ist kleiner gleich 4 oder größer gleich 6"

KLASSISCHES MODELL

STICHPROBENUMFANG in Abhängigkeit von der DIFFERENZ H_0 - H_1

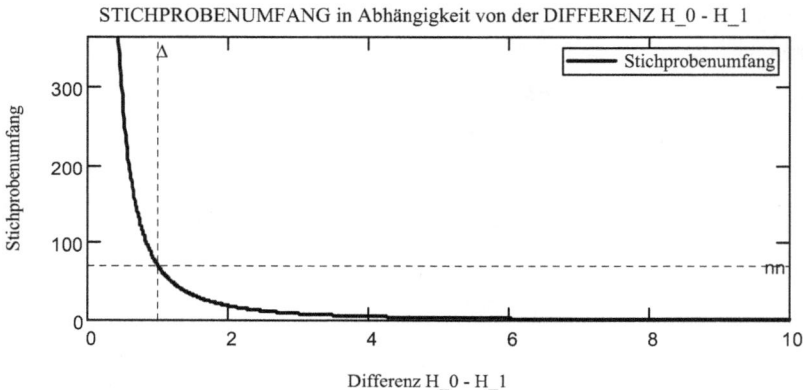

Der Stichprobenumfang von $n_{not} = 73$ Erhebungseinheiten garantiert, dass

a) die_Nullhypothese = "Der Durchschnitt mü_0 ist 5" maximal in = 5 % der Fälle fälschlicherweise abgelehnt wird, wenn in Wirklichkeit die Nullhypothese zutrifft und

b) die_Nullhypothese = "Der Durchschnitt mü_0 ist 5" maximal in_ = 20 % der Fälle fälschlicherweise akzeptiert wird, wenn in Wirklichkeit die

Alternativhypothese = "Der Durchschnitt mü_1 ist kleiner gleich 4 oder größer gleich 6" zutrifft.

Wenn aber in Wirklichkeit der_Durchschnitt = "mü_1 zwischen den Grenzen 4 und 6 liegt," dann kann keine Aussage über den β–Fehler gemacht werden.

Wenn der aus den $n_{not} = 73$ Erhebungseinheiten berechnete

Stichprobendurchschnitt = "xquer kleiner gleich 4 oder größer gleich 6 ist," dann kann die Nullhypothese abgelehnt werden. Das Risiko einer Fehlentscheidung ist in diesem Fall höchstens = 5 %. Ist dieser Durchschnitt = "xquer größer als 4 und kleiner als 6 ," dann kann die Nullhypothese nicht abgelehnt werden. Trifft in Wirklichkeit die

Alternativhypothese = "Der Durchschnitt mü_1 ist kleiner gleich 4 oder größer gleich 6" zu, dann ist in diesem Fall das Risiko einer Fehlentscheidung höchstens_ = 20 %.

BAYES MODELL

STICHPROBENUMFANG FÜR DEN TEST DER NULLHYPOTHESE:
Der Durchschnitt der Antworten
auf die Frage = "Wieviele Stunden sehen Sie pro Tag fern?"
ist = "Der Durchschnitt mü_0 ist 5"
gegen die Alternativhypothese: Der Durchschnitt der Antworten
auf die Frage = "Wieviele Stunden sehen Sie pro Tag fern?"
_ist = "Der Durchschnitt mü_1 ist ungleich 5"
BAYES MODELL

Der Stichprobenumfang von $n_{Bnot} = 33$ Einheiten garantiert, dass der Bayes Faktor für die Nullhypothese $W(H_0|x)/(1 - W(H_0|x))$ mindestens $= 19$ ist, wenn die Nullhypothese zutrifft. D. h. die Posterioriwahrscheinlichkeit für die Nullhypothese ist in diesem Fall mindestens_ $= 0.95$.

Die folgende Grafik zeigt den Bayes'schen Stichprobenumfang in Abhängigkeit vom hypothetischen Stichprobenumfang:

STICHPROBENUMFANG in Abhängigkeit vom hypothetischen Umfang

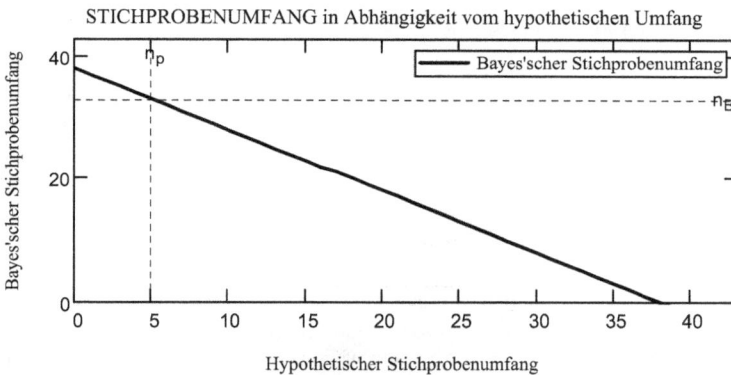

WALD MODELL

STICHPROBENUMFANG FÜR DEN TEST DER NULLHYPOTHESE:

Der Durchschnitt der Antworten
auf die Frage = "Wieviele Stunden sehen Sie pro Tag fern?"
ist$_e$ = "Der Durchschnitt mü_0 ist höchstens 5"
gegen die Alternativhypothese: Der Durchschnitt der Antworten
auf die Frage = "Wieviele Stunden sehen Sie pro Tag fern?"
_ist$_e$ = "Der Durchschnitt mü_1 ist mindestens 5"

WALD MODELL

Der Stichprobenumfang von n_{opt} = 17 Einheiten garantiert, dass der erwartete Informationsgewinn dieser Stichprobe für das Testproblem des Posterioridurchschnittes mit $ENSI_{opt}$ = 1.6 Geldeinheiten am größten ist.

Die folgende Grafik zeigt den erwarteten Informationserlös, Informationsgewinn und Gesamterhebungskosten für die einzelnen Stichprobenumfänge.

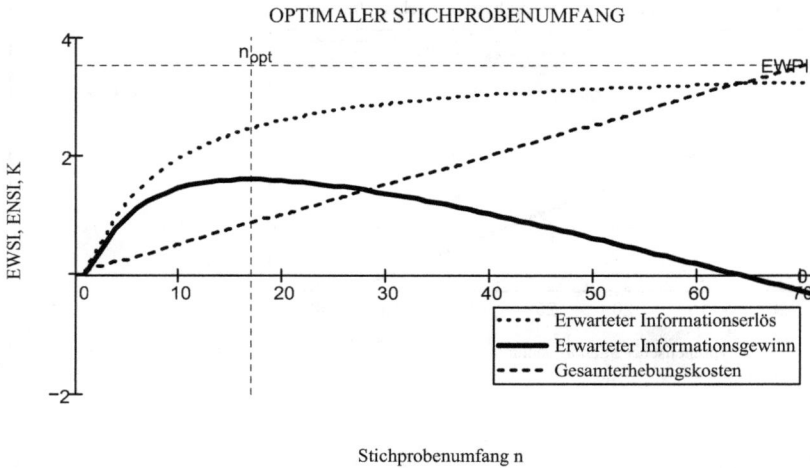

OPTIMALER STICHPROBENUMFANG

····· Erwarteter Informationserlös
—— Erwarteter Informationsgewinn
- - - Gesamterhebungskosten

ANTEILSWERTDIFFERENZ, 2 UNABHÄNGIGE STICHPROBEN, z-TEST:

Ziel: Kreuztabelle, Grafik, Anteilswerte, Unterschied zwischen den Anteilswerten

UNTERSCHIED
zwischen den Antworten der
Frage1 = "Welcher Lieferant?"
und der
Frage2 = "Prüfung der Chips?"

$$L^T = \begin{pmatrix} \text{"defekt"} & 1 \\ \text{"nicht defekt"} & 2 \end{pmatrix}$$

2-DIMENSIONALE VERTEILUNG (in %)

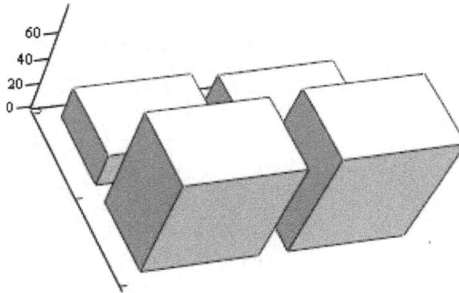

$$S = \begin{pmatrix} \text{"Lieferant"} & \text{"Lieferant"} \\ \text{"Firma A"} & \text{"Firma B"} \end{pmatrix}$$

Häufigkeitsverteilungen:
(KT1 = absolut, KT2 = Spaltensumme 100, KT3 = Zeilensumme 100 und KT4 = n 100)

	"Lieferant"	"Firma A"	"Firma B"
	"Chips"	"absolut"	"absolut"
KT1 =	"defekt"	50	63
	"nicht defekt"	150	237
	"SUMME ABSOLUT"	200	300

KLASSISCHES MODELL

Zwischen den Stichproben = "Lieferant - Firma A" und "Lieferant - Firma B" , ausgezählt nach der
_Antwort = "defekt" der Frage2 = "Prüfung der Chips?" , bestehen offensichtlich Unterschiede in den
jeweiligen Prozentsätzen für diese Antwort. Für die Stichprobe_1 = "Lieferant - Firma A"   ist der Anteil der
Befragten mit dem Merkmal = "defekt 25 %"   und in der Stichprobe_2_ = "Lieferant - Firma B 21 %"

Auf Grund der Stichprobenergebnisse kann man = "nicht behaupten,"
dass in den beiden Grundgesamtheiten = "Lieferant - Firma A" und "Lieferant - Firma B"
signifikante Anteilswertunterschiede im Hinblick auf die Antwort_ = "defekt"   bestehen. Der Anteil der
Personen mit dieser Antwort kann in der
Grundgesamtheit_1 = "Lieferant - Firma A" nicht verschieden von dem" Anteil in der
Grundgesamtheit_2 = "Lieferant - Firma B" angenommen werden.

Das Risiko, dass diese Entscheidung falsch
ist_ = "hängt von der kronkreten Alternativhypothese ab (siehe Gütefunktion)." (Die Wahrscheinlichkeit
$p = 0.147$)

BAYES MODELL

Zwischen den Stichproben = "Lieferant - Firma A" und "Lieferant - Firma B" ausgezählt nach der
_Antwort = "defekt" der Frage2 = "Prüfung der Chips?" , bestehen offensichtlich Unterschiede in den
jeweiligen Prozentsätzen für diese Antwort. Für die Stichprobe_1 = "Lieferant - Firma A" ist der Anteil der
Befragten mit dem Merkmal = "defekt 25 %"   und in der Stichprobe_2_ = "Lieferant - Firma B 21 %"

Auf Grund der Stichprobenergebnisse und ev. Prioriinformationen kann man die Behauptung annehmen,
dass der Anteilswert für die Antwort_ = "defekt"   in der
ersten_Grundgesamtheit = "Lieferant - Firma A" grösser als der" entsprechende Anteilswert in der
zweiten_Grundgesamtheit = "Lieferant - Firma B" ist. Die Wahrscheinlichkeit für diese
Hypothese_ist = 73.9 Prozent.

Die absoluten Häufigkeiten für die gewählten Antworten zeigt folgende Tabelle für die beiden
Informationsquellen "Stichprobe" und "Prioriinformation". sowie die Kombination "Posterioriinformation"

"INFO"	"Priori1"	"Priori2"	"Stichprobe1"	"Stichprobe2"	"Post1"	"Post2"
$PI =$ "Merkmal: "	22	36	50	63	72	99
"Umfang: "	100	150	200	300	300	450

WALD MODELL

Zwischen den Stichproben = ("Lieferant - Firma A"   "Lieferant - Firma B") , ausgezählt nach den Antworten der Frage2 = "Prüfung der Chips?"   , bestehen offensichtlich Unterschiede in den Prozentsätzen für die einzelnen Antworten..

Auf Grund der Stichprobenergebnisse und ev. Priori- sowie linearer Schadeninformationen kann man behaupten, dass der "Gewinnerwartungswert" der Stichprobe = "Lieferant - Firma A" unter allen Stichproben mit = −100.96 den maximalen Wert besitzt..

Die Schadensinformationen für dieses Entscheidungsproblem sind

$$cd = \begin{pmatrix} \text{"Stichproben:"} & \text{"Fixe Einnahmen (-Ausgaben)"} & \text{""Variable Einnahmen (-Ausgaben)"} \\ 1 & -100 & -4 \\ 2 & -100 & -5 \end{pmatrix}$$

STICHPROBENUMFANG, ANTEILSWERTDIFFERENZ, UNABHÄNGIG TESTVERFAHREN:

Ziel: notwendiger und optimaler Stichprobenumfang

KLASSISCHES MODELL

STICHPROBENUMFANG FÜR DIE ANTEILSWERTDIFFERENZ:

Nullhypothese: Der Anteilswert der Antwort = "defekt"

auf die Frage2 = "Prüfung der Chips?"

$$ist = \left(\begin{array}{c} \text{"für "Firma A" gleich "} \\ \text{" dem Anteilswert der Antwort für "Firma B"} \end{array} \right),$$

Alternativhypothese: Der Anteilswert der Antwort = "defekt"

auf die Frage2 = "Prüfung der Chips?"

$$ist\_ = \left(\begin{array}{c} \text{"für "Firma B" um mindestens 0,1"} \\ \text{" kleiner oder größer als der Anteilswert der Antworten für "Firma A"} \end{array} \right)$$

KLASSISCHES MODELL

Der Stichprobenumfang von $n_1 = 193$ Erhebungseinheiten für die Gruppe1 = "Lieferant - Firma A" und von $n_2 = 118$ für die Gruppe2 = "Lieferant - Firma B" garantiert, dass

a) die Nullhypothese maximal in = 5 % der Fälle fälschlicherweise abgelehnt wird, wenn in Wirklichkeit die Nullhypothese zutrifft und

b) die Nullhypothese maximal in_ = 20 % der Fälle fälschlicherweise akzeptiert wird, wenn in Wirklichkeit die Alternativhypothese zutrifft.

Wenn aber in Wirklichkeit die_Differenz = "zwischen den Grenzen -0,1 und 0,1 liegt," dann kann keine Aussage über den β–Fehler gemacht werden.

STICHPROBENUMFANG in Abhängigkeit von der DIFFERENZ

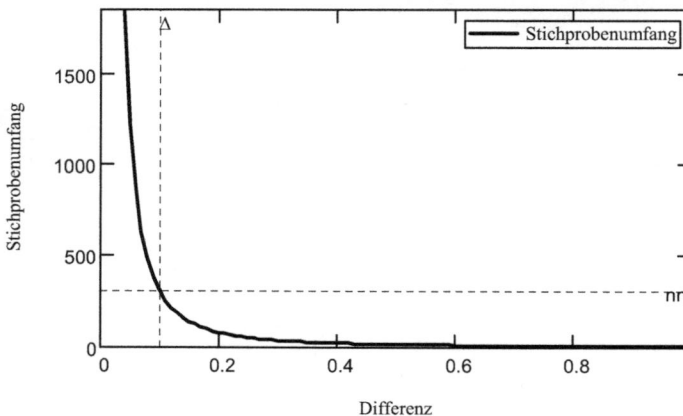

BAYES MODELL

STICHPROBENUMFANG FÜR DIE ANTEILSWERTDIFFERENZ:

Nullhypothese: Der Anteilswert der Antwort = "defekt"

auf die Frage2 = "Prüfung der Chips?"

$$\text{ist} = \begin{pmatrix} \text{"für "Firma A" gleich "} \\ \text{" dem Anteilswert der Antwort für "Firma B" } \end{pmatrix}$$

Alternativhypothese: Der Anteilswert der Antwort = "defekt"

auf die Frage2 = "Prüfung der Chips?"

$$\_\text{ist} = \begin{pmatrix} \text{"Firma B" ungleich"} \\ \text{"dem Anteilswert der AntwortenFirma A" } \end{pmatrix}$$

BAYES MODELL

Der Stichprobenumfang von $nB_1 = 69$ Erhebungseinheiten für die Gruppe1 = "Lieferant - Firma A" und von $nB_2 = 43$ für die Gruppe2 = "Lieferant - Firma B" garantiert, dass der Bayes Faktor für die Nullhypothese $W(H_0|x)/(1 - W(H_0|x))$ mindestens = 19 ist, wenn die Nullhypothese zutrifft. D. h. die Posterioriwahrscheinlichkeit für die Nullhypothese ist in diesem Fall mindestens_ = 0.95 .

Die folgende Grafik zeigt den Bayes'schen Stichprobenumfang in Abhängigkeit von der Differenz.

STICHPROBENUMFANG in Abhängigkeit von der DIFFERENZ H_0 - H_1

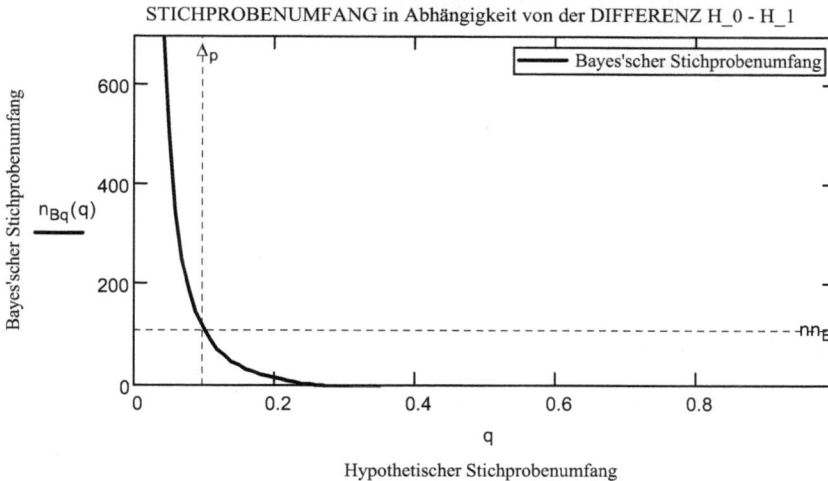

Hypothetischer Stichprobenumfang

WALD MODELL

STICHPROBENUMFANG FÜR DIE ANTEILSWERTDIFFERENZ:

Nullhypothese: Der Anteilswert der Antwort = "defekt"
auf die Frage2 = "Prüfung der Chips?"

$$\text{ist} = \left(\begin{array}{c} \text{"für "Firma A" gleich "} \\ \text{" dem Anteilswert der Antwort für "Firma B"} \end{array} \right)$$

Alternativhypothese: Der Anteilswert der Antwort = "defekt"
auf die Frage2 = "Prüfung der Chips?"

$$\_\text{ist} = \left(\begin{array}{c} \text{"Firma B" ungleich"} \\ \text{"dem Anteilswert der AntwortenFirma A"} \end{array} \right)$$

WALD MODELL

Der Stichprobenumfang von $n_{opt1} = 54$ Einheiten für die Gruppe1 = "Lieferant - Firma A" und von

$n_{opt2} = 33$ für die Gruppe2 = "Lieferant - Firma B" garantiert, dass der erwartete Informationsgewinn
dieser Stichprobe für das Testproblem der Differenz der Posteriorianteilswerte mit
$ENSI_{opt} = 3.201$ Geldeinheiten am größten ist.

Die folgende Grafik zeigt den erwarteten Informationserlös, Informationsgewinn und Gesamterhebungsk
osten für die einzelnen Stichprobenumfänge.

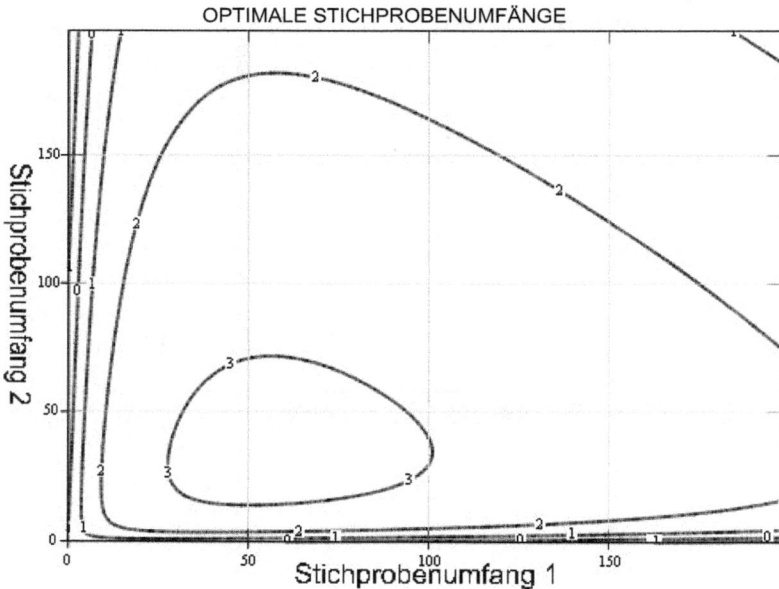

OPTIMALE STICHPROBENUMFÄNGE

DURCHSCHNITTSDIFFERENZ, 2 ABHÄNGIGE STICHPROBEN, z-TEST.

Ziel: Kreuztabellen, Grafik, Durchschnitte, Unterschiede zwischen Durchschnitten

UNTERSCHIED
zwischen den Antworten auf die verbundenen Fragen

$$F = \begin{pmatrix} \text{"Wieviel Normalbenzin brauchen Sie auf 100 km?"} \\ \text{"Wieviel Superbenzin brauchen Sie auf 100 km?"} \end{pmatrix}$$

MITTELWERTSVERGLEICHE

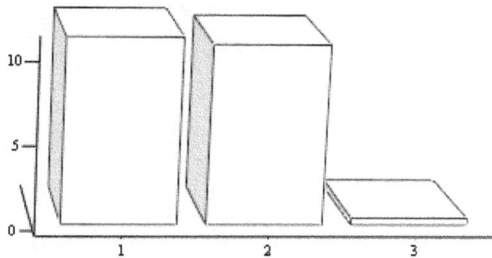

$$Le = \begin{pmatrix} 1 & 2 & 3 \\ \text{"Normalbenzin"} & \text{"Superbenzin"} & \text{"Differenz"} \\ 11.175 & 10.75 & 0.425 \end{pmatrix}$$

Häufigkeitsverteilung der Antworten:
(TT = absolut, TZ = relativ)

$$TT = \begin{pmatrix} \text{"Untergrenze"} & \text{"Obergrenze"} & \text{"Mitte"} & \text{"Normalbenzin"} & \text{"Superbenzin"} \\ 8.4 & 10.4 & 9 & 3 & 4 \\ 10.4 & 12.4 & 11 & 4 & 2 \\ 12.4 & 15.2 & 13 & 1 & 2 \\ \text{"absolut"} & \text{"absolut"} & \text{"Summe"} & 8 & 8 \end{pmatrix}$$

KLASSISCHES MODELL

Zwischen den Antworten = "Normalbenzin" und "Superbenzin " bestehen offensichtlich Unterschiede in den Durchschnitten .

Kann man behaupten, dass diese Unterschiede in den Durchschnitten auch in der Grundgesamtheit aller Personen existieren, aus der die beiden Stichproben stammen? Auf Grund dieser Stichprobenergebnisse kann man = "nicht annehmen," dass diese Unterschiede in den Durchschnitten der jeweiligen Antworten auch in der Grundgesamtheit aller Personen existieren, aus der die Stichproben stammen. Die Unterschiede sind insgesamt = "nicht groß genug," um sie als signifikant zu bezeichnen.

Das Risiko, dass diese Entscheidung falsch ist = "kann nicht angegeben werden (Beta-Fehler)." (Die Wahrscheinlichkeit p = 0.15)

BAYES MODELL

Zwischen den Stichproben = "Normalbenzin und Superbenzin" bestehen offensichtlich Unterschiede in den Durchschnitten. Für die Stichprobe_1 = "Normalbenzin" ist der Durchschnitt gleich = 11.175 und für die Stichprobe_2 = "Superbenzin" ist er = 10.75

Auf Grund der Stichprobenergebnisse und ev. Prioriinformationen kann man behaupten, dass der Durchschnitt in der ersten_Grundgesamtheit = "Normalbenzin" um den Betrag 0,425 grösser ist als der" Durchschnitt für die zweiten_Grundgesamtheit = "Superbenzin" .

Die Wahrscheinlichkeit für diese Hypothese_ist = 97.8 Prozent.

Die Informationen für die gewählte Antwort zeigt folgende Tabelle für die beiden Informationsquellen "Stichprobe" und "Prioriinformation" sowie die Kombination daraus "Posterioriinformation":

$$
PI = \begin{pmatrix}
\text{"INFO"} & \text{"Priori1"} & \text{"Priori2"} & \text{"Stichprobe1"} & \text{"Stichprobe2"} & \text{"Post1"} & \text{"Post2"} \\
\text{"Mittelwerte: "} & 10 & 8 & 11.175 & 10.75 & 10.94 & 10.2 \\
\text{"Umfang: "} & 2 & 2 & 8 & 8 & 10 & 10
\end{pmatrix}
$$

WALD MODELL

Zwischen den Stichproben = "Normalbenzin und Superbenzin" bestehen offensichtlich Unterschiede in den Durchschnitten. Für die Stichprobe_1 = "Normalbenzin" ist der Durchschnitt f gleich = 11.175 und für die Stichprobe_2 = "Superbenzin" ist er = 10.75

Auf Grund der Stichprobenergebnisse und ev. Priori- sowie linearer Schadeninformationen kann man behaupten, dass der "Gewinnerwartungswert" der Stichprobe_1 = "Normalbenzin"
unter allen Stichproben mit -109.4 den malimalen Wert besitzt..

Die Schadensinformationen für dieses Entscheidungsproblem sind

$$cd = \begin{pmatrix} \text{"Stichproben:"} & \text{"Fixe Einnahmen (-Ausgaben)"} & \text{""Variable Einnahmen (-Ausgaben)"} \\ 1 & -0 & -10 \\ 2 & -0 & -11.5 \end{pmatrix}$$

STICHPROBENUMFANG, DURCHSCHNITTSDIFFERENZ, ABHÄNGIG TESTVERFAHREN:
Ziel: notwendiger und optimaler Stichprobenumfang

KLASSISCHES MODELL

STICHPROBENUMFANG FÜR DIE DURCHSCHNITTSDIFFERENZ:
Nullhypothese: Der Durchschnitt der Antworten
auf die Frage1 = "Wieviel Normalbenzin benötigen Sie auf 100 km?"
ist = "gleich dem Durchschnitt der Antworten" auf die Frage2.
Alternativhypothese: Der Durchschnitt der Antworten
auf die Frage2 = "Wieviel Superbenzin benötigen Sie auf 100 km?"
ist_ = "um mindestens 1 kleiner oder größer als der Durchschnitt der Antworten" auf die Frage1.
KLASSISCHES MODELL

Der Stichprobenumfang von n_{not} = 34 Erhebungseinheiten garantiert, dass

a) die Nullhypothese maximal in = 5 % der Fälle fälschlicherweise abgelehnt wird, wenn in Wirklichkeit die Nullhypothese zutrifft und

b) die Nullhypothese maximal in_ = 20 % der Fälle fälschlicherweise akzeptiert wird, wenn in Wirklichkeit die Alternativhypothese zutrifft.
Wenn aber in Wirklichkeit die Differenz der_Durchschnitte = "zwischen den Grenzen -1 und 1 liegt," dann kann keine Aussage über den β–Fehler gemacht werden.

Wenn der aus den n_{not} = 34 Erhebungseinheiten berechnete

Stichprobendurchschnitt = "xquer kleiner gleich -1 oder größer gleich 1 ist," dann kann die Nullhypothese abgelehnt werden. Das Risiko einer Fehlentscheidung ist in diesem Fall höchstens = 5 %.

Ist dieser Durchschnitt = "xquer größer als -1 und kleiner als 1 ," dann kann die Nullhypothese nicht abgelehnt werden. Trifft in Wirklichkeit die Alternativhypothese zu, dann ist in diesem Fall das Risiko einer Fehlentscheidung höchstens_ = 20 %.

STICHPROBENUMFANG in Abhängigkeit von der DIFFERENZ H_0 - H_1

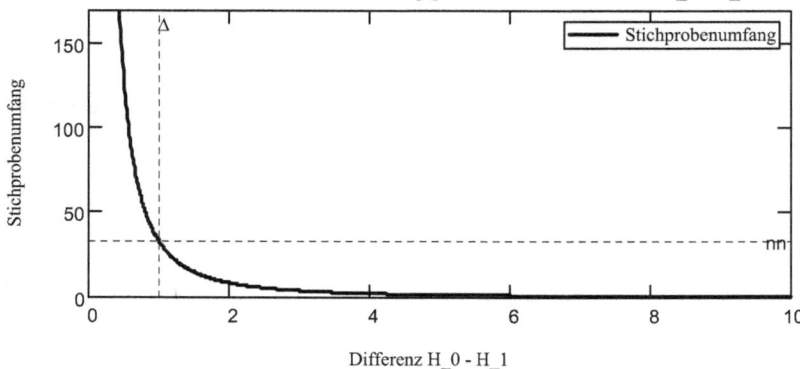

BAYES MODELL

STICHPROBENUMFANG FÜR DIE DURCHSCHNITTSDIFFERENZ:

Nullhypothese: Der Durchschnitt der Antworten
auf die Frage1 = "Wieviel Normalbenzin benötigen Sie auf 100 km?"
ist = "gleich dem Durchschnitt der Antworten" auf die Frage2.
Alternativhypothese: Der Durchschnitt der Antworten
auf die Frage2 = "Wieviel Superbenzin benötigen Sie auf 100 km?"
_ist = "kleiner oder größer als der Durchschnitt der Antworten" auf die Frage1.

BAYES MODELL

Der Stichprobenumfang von n_{Bnot} = 17 Einheiten garantiert, dass der Bayes Faktor für die Nullhypothese $W(H_0|x)/(1 - W(H_0|x))$ mindestens = 19 ist, wenn die Nullhypothese zutrifft. D. h. die Posterioriwahrscheinlichkeit für die Nullhypothese ist in diesem Fall mindestens_ = 0.95 .

Die folgende Grafik zeigt den Bayes'schen Stichprobenumfang in Abhängigkeit vom hypothetischen Stichprobenumfang:

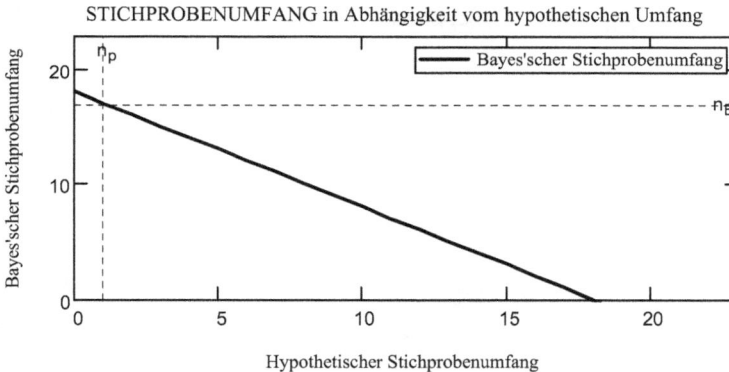

STICHPROBENUMFANG in Abhängigkeit vom hypothetischen Umfang

WALD MODELL

STICHPROBENUMFANG FÜR DIE DURCHSCHNITTSDIFFERENZ:

Nullhypothese: Der Durchschnitt der Antworten
auf die Frage = "Wieviel Normalbenzin benötigen Sie auf 100 km?"
ist_e = "höchstens gleich dem Durchschnitt der Antworten" auf die Frage2.

Alternativhypothese: Der Durchschnitt der Antworten
auf die Frage = "Wieviel Normalbenzin benötigen Sie auf 100 km?"
_ist_e = "größer als der Durchschnitt der Antworten" auf die Frage1

WALD MODELL

Der Stichprobenumfang von n_{opt} = 6 Einheiten garantiert, dass der erwartete Informationsgewinn dieser Stichprobe für das Testproblem des Posterioridurchschnittes mit $ENSI_{opt}$ = 0.456 Geldeinheiten am größten ist.

Die folgende Grafik zeigt den erwarteten Informationserlös, Informationsgewinn und Gesamterhebungskosten für die einzelnen Stichprobenumfänge.

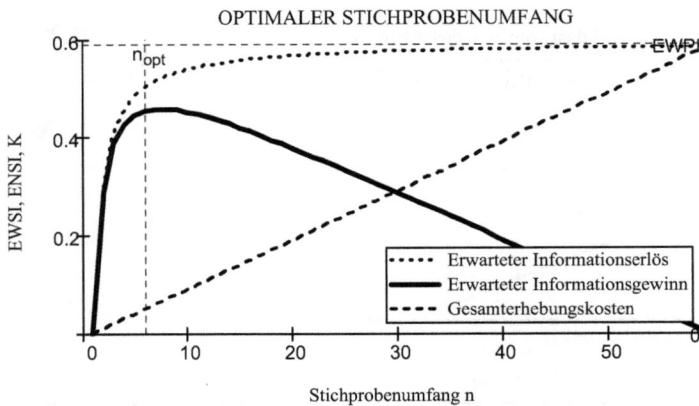

REGRESSIONSKOEFFIZIENTEN, ZUSAMMENHANG, z-TEST:

Ziel: Grafik, Test der Regressionskoeffizienten, Prognose

LINEARE ABHÄNGIGKEIT

zwischen den Antworten der unabhängigen
Frage1 = "Wie groß ist die Verkaufsfläche in Tsd qm?"
und den Antworten der abhängigen
Frage2 = "Wie groß ist der Umsatz in Mio Ge?"

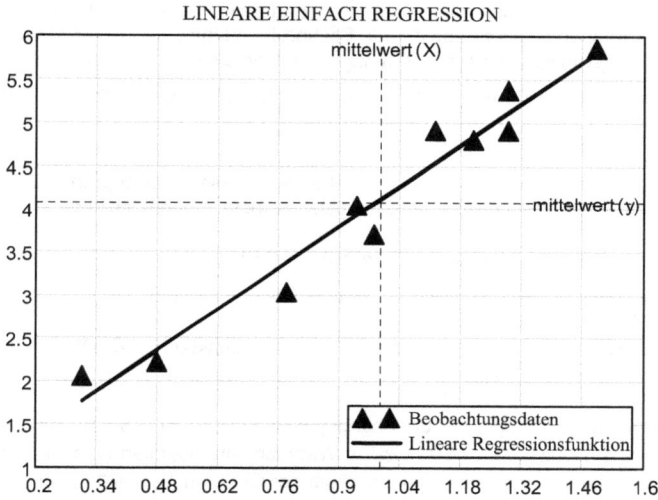

LINEARE EINFACH REGRESSION

Ly = "Umsatz"   Lx = "Verkaufsfläche"

KLASSISCHES MODELL

Zwischen der abhängigen Variable = "Umsatz" und der unabhängigen Variablen = "Verkaufsfläche" besteht offensichtlich in der Stichprobe ein Zusammenhang. Die aus der Stichprobe ermittelte Regressionsfunktion = " [Umsatz = 0,688 + (3,431) * Verkaufsfläche] " . Sie besagt, dass man mit Hilfe der unabhängigen Variablen = "Verkaufsfläche" und geeigneter Gewichtung einen Schätzwert für die abhängige Variable = "Umsatz" berechnen kann. Wenn sich der Wert der unabhängigen Variablen = "Verkaufsfläche" um eine Einheit erhöht, dann verändert sich der Wert der abhängigen Variable = "Umsatz" um = 3.431 Einheiten.

Auf Grund dieser Stichprobenergebnissen kann man = "annehmen, " dass dieser lineare

Zusammenhang zwischen der abhängigen Variablen und der unabhängigen Variablen auch in der Grundgesamtheit aller Personen existiert, aus der die Stichprobe stammt. Der Anteil der erklärten Varianz der abhängigen Variablen ist insgesamt = "groß genug," um ihn als signifikant zu bezeichnen. Die Wahrscheinlichkeit, dass diese Schlussfolgerung falsch ist = ("ist höchstens" 5 "%") (Die Wahrscheinlichkeit pr = 0)

Kann man auf Grund dieses Stichprobenergebnisses behaupten, dass die Stichprobe aus einer Grundgesamtheit stammt, mit = "dem Regressionskoeffizienten beta_1 von höchstens 3,1?" Ergebnis:

$$Es = \left(\begin{array}{l} \text{"Man kann zwischen dem Regressionskoeffizienten der Stichprobe und dem der "} \\ \qquad \text{"Grundgesamtheit keine signifikanten Unterschiede nachweisen."} \end{array} \right)$$

Das Risiko, dass diese Entscheidung falsch ist_ = "hängt von der konkreten Alternativhypothese ab (siehe Gütefunktion)." (Die Wahrscheinlichkeit proba = 0.11)

Für den Wert = "[Verkaufsfläche = 1,5]" der unabhängigen Variablen _ist = 5.834 der Schätzwert für die abhängige Variable = "Umsatz" . Mit = (95 "%") Wahrscheinlichkeit kann man in der Grundgesamtheit den unbekannten wahren Wert innerhalb der Grenzen T_u = 5.779 und

T_o = 5.889 erwarten.

BAYES MODELL

Zwischen der abhängigen Variable = "Umsatz" und der unabhängigen Variablen = "Verkaufsfläche" besteht offensichtlich in der Stichprobe ein Zusammenhang. Die aus der Stichprobe ermittelte Regressionsfunktion = " [Umsatz = 0,688 + (3,431) * Verkaufsfläche] " . Sie besagt, dass man mit Hilfe der unabhängigen Variablen = "Verkaufsfläche" und geeigneter Gewichtung einen Schätzwert für die abhängige Variable = "Umsatz" berechnen kann. Die Gewichte sind die Stichprobenregressionskoeffizienten b_0 = 0.688 und b_1 = 3.431 . Wenn sich der Wert der unabhängigen Variablen = "Verkaufsfläche" um eine Einheit erhöht, dann verändert sich der Wert der abhängigen Variable = "Umsatz" um = 3.431 Einheiten.

Auf Grund der Stichprobenergebnisse und der Prioriinformationen kann man behaupten, dass die Stichproben aus einer Grundgesamtheit stammen mit einem_Regressionskoeffizienten_β_1 = "von höchstens 3,1" .Die Wahrscheinlichkeit für diese Hypothese_ist = 96.414 Prozent.

Für den Wert = "[Verkaufsfläche = 1,5]" der unabhängigen Variablen ergibt sich = 5.595 als Posteriorischätzwert für die abhängige Variable = "Umsatz"

WALD MODELL

Zwischen der abhängigen Variable = "Umsatz" und der unabhängigen Variablen = "Verkaufsfläche" besteht offensichtlich in der Stichprobe ein Zusammenhang. Die aus der Stichprobe ermittelte Regressionsfunktion = " [Umsatz = 0,688 + (3,431) * Verkaufsfläche] " . Sie besagt, dass man mit Hilfe der unabhängigen Variablen = "Verkaufsfläche" und geeigneter Gewichtung einen Schätzwert für die abhängige Variable = "Umsatz" berechnen kann. Die Gewichte sind die Stichprobenregressionskoeffizienten b_0 = 0.688 und b_1 = 3.431 . Wenn sich der Wert der unabhängigen Variablen = "Verkaufsfläche" um eine Einheit erhöht, dann verändert sich der Wert der abhängigen Variable = "Umsatz" um = 3.431 Einheiten.

Auf Grund der Stichprobenergebnisse und der Prioriinformationen kann man behaupten, dass die Stichproben aus einer Grundgesamtheit stammen mit einem_Regressionskoeffizienten_β_1 = "grösser als 3,1" , wenn man eine = "lineare" Schadenfunktion voraussetzt. Der Schadenerwartungswert ist für diese Entscheidung = 0.002 GE.

Für den Wert = "[Verkaufsfläche = 1,5]" der unabhängigen Variablen ergibt sich = 5.595 als Posteriorischätzwert für die abhängige Variable = "Umsatz"

STICHPROBENUMFANG, REGRESSIONSKOEFFIZIENT, TESTVERFAHREN:

Ziel: notwendiger und optimaler Stichprobenumfang

KLASSISCHES MODELL

STICHPROBENUMFANG FÜR DEN REGRESSIONSKOEFFIZIENTEN:

Nullhypothese: Der Regressionskoeffizient β_1 zwischen den Antworten

auf die Frage1 = "Wie groß ist die Verkaufsfläche in Tsd qm?"
und auf die Frage2 = "Wie groß ist der Umsatz in Mio Ge?"

ist = "gleich 0" ..

Alternativhypothese: Der Regressionskoeffizient β_1 zwischen den Antworten auf die beiden Fragen

ist_ = "um mindestens 0,5 kleiner oder größer als der Regressionskoeffizient der Nullhypothese" .

KLASSISCHES MODELL

Der Stichprobenumfang von n_{not} = 26 Erhebungseinheiten garantiert, dass

a) die Nullhypothese maximal in = 5 % der Fälle fälschlicherweise abgelehnt wird, wenn in Wirklichkeit die Nullhypothese zutrifft und
b) die Nullhypothese maximal in_ = 20 % der Fälle fälschlicherweise akzeptiert wird, wenn in Wirklichkeit die Alternativhypothese zutrifft.
Wenn aber in Wirklichkeit
der_Regressionskoeffizienten = "zwischen den Grenzen -0,5 und 0,5 liegt," dann kann keine Aussage über den β–Fehler gemacht werden.

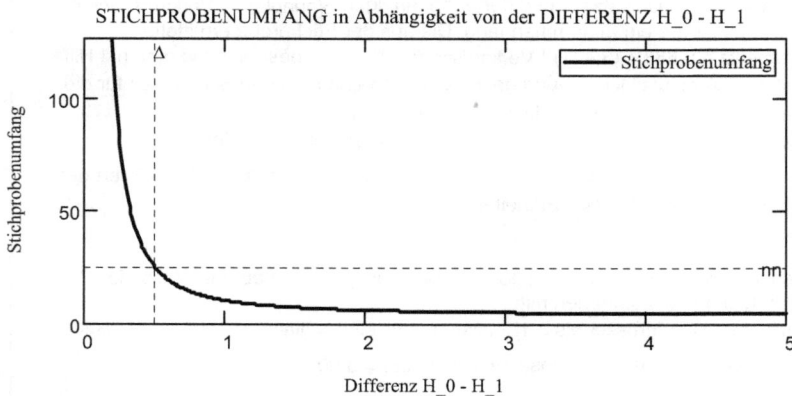

STICHPROBENUMFANG in Abhängigkeit von der DIFFERENZ H_0 - H_1

Differenz H_0 - H_1

BAYES MODELL

STICHPROBENUMFANG FÜR DEN REGRESSIONSKOEFFIZIENTEN:

Nullhypothese: Der Regressionskoeffizient β_1 zwischen den Antworten

auf die Frage1 = "Wie groß ist die Verkaufsfläche in Tsd qm?"

und auf die Frage2 = "Wie groß ist der Umsatz in Mio Ge?"

ist = "gleich 0" ..

Alternativhypothese: Der Regressionskoeffizient β_1 zwischen den Antworten auf die beiden Fragen

_ist = "kleiner oder größer als der Regressionskoeffizient 0" .

BAYES MODELL

Der Stichprobenumfang von n_{Bnot} = 14 Einheiten garantiert, dass der Bayes Faktor für die

Nullhypothese $W(H_0|x)/(1 - W(H_0|x))$ mindestens = 19 ist, wenn die Nullhypothese zutrifft. D. h. die

Posterioriwahrscheinlichkeit für die Nullhypothese ist in diesem Fall mindestens_ = 0.95 .

Die folgende Grafik zeigt den Bayes'schen Stichprobenumfang in Abhängigkeit vom hypothetischen Stichprobenumfang:

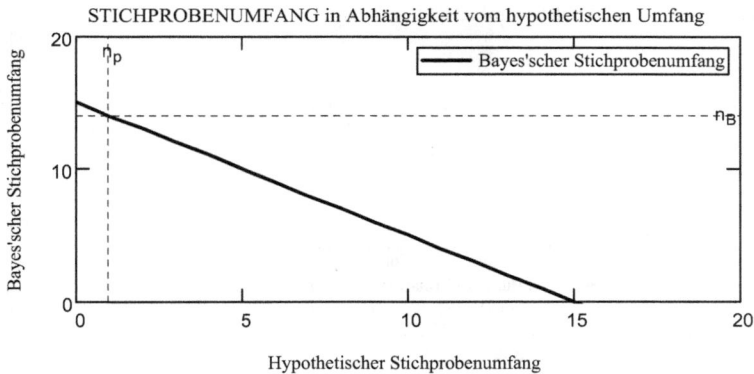

STICHPROBENUMFANG in Abhängigkeit vom hypothetischen Umfang

WALD MODELL

STICHPROBENUMFANG FÜR DEN REGRESSIONSKOEFFIZIENTEN:

Nullhypothese: Der Regressionskoeffizient β_1 zwischen den Antworten

auf die Frage1 = "Wie groß ist die Verkaufsfläche in Tsd qm?"

und auf die Frage2 = "Wie groß ist der Umsatz in Mio Ge?"

ist = "gleich 0" ..

Alternativhypothese: Der Regressionskoeffizient β_1 zwischen den Antworten auf die beiden Fragen

_ist = "kleiner oder größer als der Regressionskoeffizient 0" .

WALD MODELL

Der Stichprobenumfang von $n_{opt} = 21$ Einheiten garantiert, dass der erwartete Informationsgewinn dieser Stichprobe für das Testproblem des Posteriori-Korrelationskoeffizienten mit
$ENSI_{opt} = 0.411$ Geldeinheiten am größten ist.

Die folgende Grafik zeigt den erwarteten Informationserlös, Informationsgewinn und Gesamterhebungskosten für die einzelnen Stichprobenumfänge.

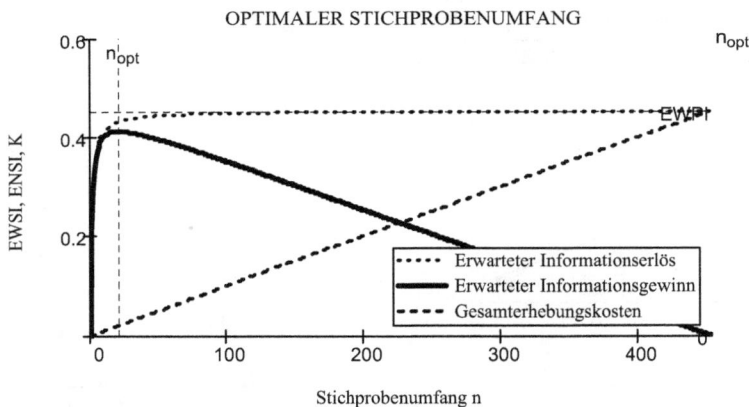

OPTIMALER STICHPROBENUMFANG

- ······ Erwarteter Informationserlös
- —— Erwarteter Informationsgewinn
- - - - Gesamterhebungskosten

Stichprobenumfang n

LITERATURVERZEICHNIS

Abramovitz, M., Stegun, I. A. (1972). Handbook of Mathematical Functions. Dover Publications.

Albert, J. H., Rossmann A. J. (2001). Workshop Statistics: Discovery with Data, a Bayesian Approach. Springer.

Bamberg, G., Coenenberg, G. (1985). Betriebswirtschaftliche Entscheidungslehre. Vahlen.

Berger, J. O. (1993). Statistical Decision Theory and Bayesian Analysis. Springer.

Bernardo, J. M., Smith, A. F .M. (1994). Bayesian Theory. Wiley.

Bickel, P. J., Doksum, K. A. (1977). Mathematical Statistics: Basic Ideas and Selected Topics. Holden.

Bock, J. (1997). Bestimmung des Stichprobenumfangs. Odenbourg.

Bohley, P. (1989). Statistik. Odenbourg.

Broemeling, L. D. (1985). Bayesian Analysis of Linear Models. Marcel Dekker.

Boot, J. C. G., Cox, E. B. (1974). Statistical Analysis for Managerial Decisions. McGraw-Hill.

Borovcnik, M. (1992). Stochastik im Wechselspiel von Intuitionen und Mathematik. Wissenschaftsverlag.

Box, G. E. P., Tiao, G. C. (1973). Bayesian Inference in Statistcal Analysis. Addison-Wesley.

Braverman, J. D. (1972). Probability, Logic and Management Decision. McGraw-Hill.

Barnett, V. (1982). Comparative Statistical Inference. Wiley.

Bolstad, W. M. (2004). Introduction to Bayesian Statistics. John Wiley & Sons Inc.

Bühlmann, H., Loeffel, H., Nievergelt, E. (1975). Entscheidungs- und Spieltheorie. Springer.

Carlin, B. P., Louis, T. A. (2000). Bayes and Empirical Bayes Methods for Data Analysis. Chapman & Hall.

Chung, K. L. (1978). Elementare Wahrscheinlichkeitstheorie und stochastische Prozesse. Springer.

Cochran, W. G. (1977). Sampling Techniques. Wiley.

Congdon, P. (2005). Bayesian Models for Categorical Data. John Wiley & Sons.

Congdon, P. (2003). Applied Bayesian Models. John Wiley.

Cye, R. M., De Groot, M. H. (1978). Bayesian Analysis and Uncertainty in Economic Theory. Chapman and Hall.

De Finetti, B. (1981). Wahrscheinlichkeitstheorie. Odenbourg.

De Groot, M. H. (1978). Probability and Statistics. Addison-Wesley.

De Groot, M. H. (2004). Optimal Statistical Decisions. John Wiley & Sons Inc.

Dey, D. K. C. R. Rao. Bayesian Thinking: Modeling and Computation (Handbook of Statistics).

Felsenstein, K. (1997). Bayes'sche Statistik für kontrollierte Experimente. Vandenhoeck & Ruprecht.

Ferschl, F. (1975). Nutzen- und Entscheidungstheorie. Opladen.

Fishburn, P. C. (1970). Utility Theory for Decision Making.

Gatsonis, C. (2001). Case Studies in Bayesian Statistics. Springer.

Gelman, A., Carlin, J. B., Stern, H. S., and Rubin, D. B. (2003) Bayesian data analysis. Chapman & Hall Press.

Gill, J. (2002). Bayesian Methods. Chapman & Hall.

Gottinger, H.W. (1974). Grundlagen der Entscheidungstheorie.

Grimmett, G. R., Strizaker, D. R. (1982). Probability and Random Processes. Clarendon Press.

Guttmann, R., Wilks, S. S., Hunter, J. S. (1982). Introductory Engineering Statistics. Wiley.

Howson, C. Urbach, P. (2006). Scientific Reasoning: The Bayesian Approach. Open Court Publishing Company.

Iversen, G. R. (1984). Bayesian Statistical Inference. Sage Publications.

Jeffreys, H. (1961). Theory of Probability. University Press.

La Valle, J. H. (1970). An Introduction to Probability, Decision and Inference. Rinehart and Winston.

Lee, P. M. (2004). Bayesian Statistics: An Introduction. Arnold.

Lindley, D. V. (1965). Introduction to Probability and Statistics from a Bayesian Viewpoint. University Press.

Lindley, D. V. (1985). Making Decisions. Wiley.

Mag, W. (1977). Entscheidung und Information. Vahlen.

Marinell, G., Seeber, G. (1993). Angewandte Statistik. Oldenbourg.

Marinell, G., Seeber, G. (1992). Präposteriorianalyse bei Testverfahren. Österr. Zeitschrift für Statistik und Information 22, 27-36.

Marinell, G. (1987). Statistik. Eine entscheidungsorientierte Einführung. Oldenbourg.

Marinell, G., Steckel-Berger G. (2001). Einführung in die Bayes-Statistik. Oldenbourg.

Melsa, J. L., Cohn, D. L. (1978). Decision and Estimation Theory. McGraw-Hill.

O'Hagen, A. (1988). Probability. Methods and Measurement. Chapmann and Hall.

O'Hagan, A., Forster, J. J. (2004). Bayesian Inference, volume 2B of "Kendall's Advanced Theory of Statistics". Arnold.

Parmigiani, G. (2002). Statistics in Practice - Modeling in Medical Decision Making. Wiley & Sons.

Polasek, W., Schließende Statistik, Springer.

Pratt, J. W., Raiffa, H., Schlaifer, R. (1965). Introduction to Statistical Decision Theory. McGraw-Hill.

Press, S. J. (1982). Applied Multivariante Analysis. R.E.Krieger.

Press, S. J. (2005). Applied Multivariate Analysis: Using Bayesian and Frequentist Methods of Inference. Dover Publications.

Press, S. J. (2003). Subjective and Objective Bayesian Statistics. Wiley-Interscience.

Rehkugler, H., Schindel, V. (1981). Entscheidungstheorie. Florentz.

Raiffer, H., Schlaifer, R. (1972). Applied Statistical Decision Theory. M.I.T.

Rossi, P. E., Allenby, G., Rob McCulloch (2005). Bayesian Statistics and Marketing. John Wiley and Sons.

Saliger, E. (1981). Betriebswirtschaftliche Entscheidungstheorie. Odenbourg.

Silva, D. S. (1996). Data Analysis: A Bayesian Tutorial. Oxford University Press.

Spurr, W. A., Bonini, C. P. (1973). Statistical Analysis for Business Decision. Richard D. Irvin.

Steckel-Berger, G. (1993). Optimaler Stichprobenumfang im Poisson Prozeß. Habilitationsschrift.

Tong, Y. L. (1990). The Multivariante Normal Distribution. Springer.

Viertl, R. (1990). Einführung in die Stochastik. Mit Elementen der Bayes Statistik und Ansätzen für die Analyse unscharfer Daten. Springer.

Viertl, R. (1987). Probability and Bayesian Statistics. Springer.

Villegas, C. (1975). On the Representations of Ignorance, Journal of the American Statistical Association 72, 651-654.

Weibel, B. (1978). Bayes'sche Entscheidungstheorie. Haupt.

Winkler, R.L. (1972). Introduction to Bayesian Inference and Decision. Holt, Rinehart and Winston.

STICHWORTVERZEICHNIS

www.ingramcontent.com/pod-product-compliance
Lightning Source LLC
Chambersburg PA
CBHW081100220326
41598CB00038B/7164